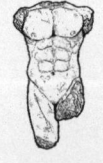

ARRUINADOS pelo AMOR de DEUS

# YAGO MARTINS

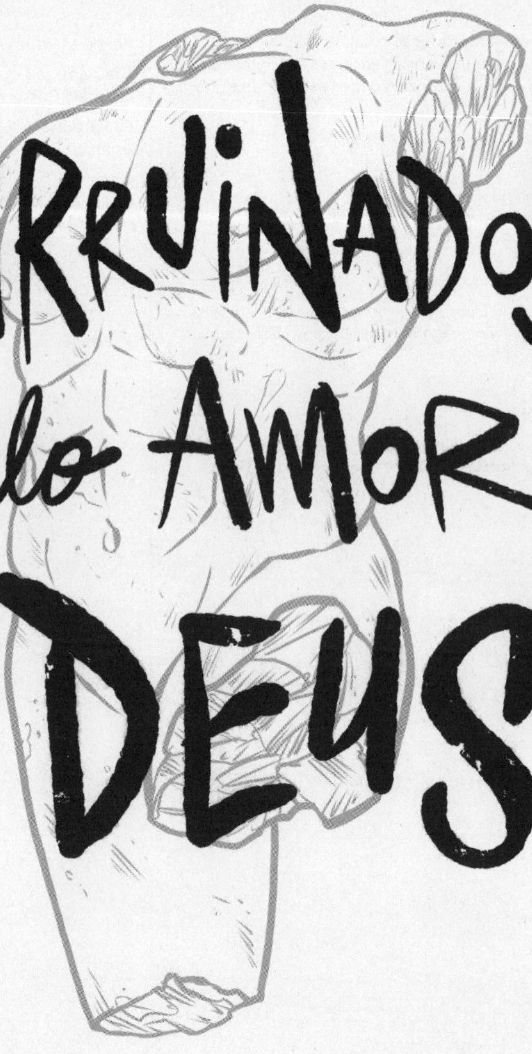

# ARRUINADOS pelo AMOR de DEUS

O QUE JONAS E NAUM NOS ENSINAM
SOBRE JUÍZO, GRAÇA E RESTAURAÇÃO

Copyright © 2025 por Yago de Castro Martins

Os textos bíblicos foram extraídos da *Nova Almeida Atualizada* (NAA), da Sociedade Bíblica do Brasil, salvo indicação específica.

Todos os direitos reservados e protegidos pela Lei 9.610, de 19/02/1998.

É expressamente proibida a reprodução total ou parcial deste livro, por quaisquer meios (eletrônicos, mecânicos, fotográficos, gravação e outros), sem prévia autorização, por escrito, da editora.

*CIP-Brasil. Catalogação na publicação*
*Sindicato Nacional dos Editores de Livros, RJ*

M347a

    Martins, Yago
        Arruinados pelo amor de Deus : o que Jonas e Naum nos ensinam sobre juízo, graça e restauração / Yago Martins. - 1. ed. - São Paulo : Mundo Cristão, 2025.
        272 p.

        ISBN 978-65-5988-429-2

        1. Bíblia. A.T. Jonas - Crítica e interpretação. 2. Bíblia. A.T. Naum - Crítica e interpretação. 3. Profetas - Crítica e interpretação. I. Título.

25-96800.0                                         CDD: 224.9
                                                              CDU: 221.7(38)

*Gabriela Faray Ferreira Lopes - Bibliotecária - CRB-7/6643*

*Categoria:* Espiritualidade
1ª edição: maio de 2025

*Edição*
Daniel Faria

*Preparação*
Matheus Fernandes

*Revisão*
Guilherme H. Lorenzetti

*Produção*
Felipe Marques

*Diagramação*
Gabrielli Casseta

*Colaboração*
Ana Luiza Ferreira

*Capa*
Guilherme Match

Publicado no Brasil com todos os direitos reservados por:
Editora Mundo Cristão
Rua Antônio Carlos Tacconi, 69
São Paulo, SP, Brasil
CEP 04810-020
Telefone: (11) 2127-4147
www.mundocristao.com.br

*Para Davi Vitor Macedo Madureira,
irmão de serviço e parceiro no ministério,
por nunca fugir do chamado mesmo diante das ruínas da vida.*

# SUMÁRIO

Introdução — 11

### ATO I: A MISSÃO QUE ARRUÍNA O PROFETA

1. Quando Deus sente nosso cheiro, profetas precisam se levantar (Jonas 1.1-2) — 17
2. Deus está na violência (Jonas 1.3-4) — 28

### ATO II: UM NAVIO RUINDO NO MAR

3. Seja feita a vontade de cima, mas preferia ter morte seca (Jonas 1.5-6) — 39
4. Por seis vezes foi melhor ser pagão (Jonas 1.7-10) — 48
5. Prefiro morrer a me arrepender (Jonas 1.11-13) — 58
6. Conversões em sete estágios (Jonas 1.14-16) — 68

### ATO III: AFUNDANDO NAS RUÍNAS DA ALMA

7. Um altar na terceira margem do rio (Jonas 1.17—2.1) — 83
8. Um salmo no estômago do inferno
Parte 1: conversão no leito de morte (Jonas 2.2-4) — 95
9. Um salmo no estômago do inferno
Parte 2: deixai toda esperança, vós que entrais (Jonas 2.5-9) — 107
10. Como nasce um missionário (Jonas 2.10—3.3a) — 117

### ATO IV: A RESTAURAÇÃO DOS ARRUINADOS

11. Antes que Deus nos encontre (Jonas 3.3b-6) — 131
12. A salvação do governante (Jonas 3.6-9) — 140
13. O que faz Deus mudar de ideia (Jonas 3.10) — 150

### ATO V: ENCARANDO A PRÓPRIA RUÍNA

14. A ira do racista (Jonas 4.1-3) — 161
15. O Deus das terceiras chances (Jonas 4.3-5) — 170
16. Baixo marulho ao alto rujo (Jonas 4.6-9) — 177
17. A improvável misericórdia de Deus (Jonas 4.10-11) — 188

### ATO VI: SOBRE RUIR NOVAMENTE

18. A morte de Sócrates (Naum 1.1) — 199
19. Deus está pacientemente afiando sua espada (Naum 1.1) — 205
20. Angústia sem refúgio (Naum 1.7-10) — 215
21. Cristofobia, mas só por enquanto (Naum 1.11-15) — 221
22. Restaura nossa glória (Naum 2.1-2) — 230
23. Quando Lisboa tremeu (Naum 2.3-10) — 237
24. O leão e a prostituta (Naum 2.11—3.7) — 245
25. Enquanto Deus despedaça os filhos, os santos aplaudem a destruição (Naum 3.8-19) — 253

Notas — 262
Agradecimentos — 269
Sobre o autor — 271

*Faço das ruínas recreio.*
Os Lacraus


*Você alguma vez já teve a sensação de que as pessoas são incapazes de não se importar?*
Charlie, em *A baleia*

# INTRODUÇÃO

Quando realizei o sonho de conhecer o museu do Louvre, em Paris, precisei montar um pequeno mapa das peças que não podia deixar de ver. Passei pelo Código de Hamurabi, o primeiro código de leis da história; pelo quadro *A Liberdade guiando o povo*, de Eugène Delacroix, em comemoração à Revolução de julho de 1830; e obviamente enfrentei as imensas filas em busca de uma foto da Vênus de Milo e da Mona Lisa.

No meu mapa, porém, havia uma parada menos famosa, localizada no pavilhão de antiguidades gregas. É lá que fica o não tão badalado Torso masculino de Mileto, uma peça de mármore datada de 480 a.C., encontrada no sudoeste da atual Turquia, na região de Mileto. A estátua representa um torso jovem sem a cabeça, os dois braços e as pernas (a perna direita vai até acima do joelho). Diante das maravilhas que inundam o Louvre, essa escultura arruinada não atrai muita atenção.

O que tornava essa antiga escultura importante para mim não era a peça em si, mas a descrição que fizera dela o poeta austríaco Rainer Maria Rilke. Em 1902, Rilke foi a Paris para conhecer o escultor Auguste Rodin, com o objetivo de escrever um ensaio sobre ele. No entanto, ficou tão admirado com as obras do escultor que permaneceu em Paris por quatro anos, chegando a se tornar secretário de Rodin. Foi nesse período que Rilke escreveu o poema "Torso arcaico de Apolo", inspirado no Torso masculino de Mileto, que ele encontrara diversas vezes no Louvre. Em tradução de Karlos Rischbieter, o poeta diz:

> Não conhecemos sua cabeça legendária
> na qual as pupilas maturavam. Porém
> seu torso ainda arde como uma luminária,
> em que seu olhar, mais tênue, se detém,

fica e brilha. Senão o leve reflexo
da curva do seu peito não te cegaria,
nem o sorrir, no giro dos quadris, iria
correr para esse centro que portava o sexo.

Seria apenas uma pedra deformada
sob os ombros de diáfana derrocada
e como pelos de fera não brilharia
e nem teria toda sua forma rompida
como uma estrela: lugar não haveria
que não te veja. Precisas mudar tua vida.[1]

Embora nunca tivesse visto a cabeça da estátua, Rilke sabia que deveria ser incrível, que o olhar deveria ser tênue, como o brilho da escultura. Todo o poema é uma ode à beleza de uma escultura que, de tão bela, permite sentir-nos observados pelos olhos que lhe faltam. Pode parecer intrigante que o poeta se sinta observado por uma estátua sem cabeça, mas é a partir da maravilha artística do torso que ele imagina a imponência e o caráter arrebatador de sua cabeça.

Este mundo é uma grande escultura quebrada e, como Rilke, somos observados por olhos que não podemos contemplar. Não vemos Deus, mas podemos nos sentir observados por aquilo que não está explícito no mármore arruinado da existência. Uma vez que o que contemplamos da escultura de Deus é tão magnífico e poderoso, como será o que ainda não vemos — o próprio autor do torso da vida?

Mas eram os versos finais que me intrigavam, e era deles que eu me lembrava, em pé, na sala 172 da ala Denon do Louvre, em frente àquela peça de pouco mais de um metro: "lugar não haveria que não te veja". Porque aqueles olhos deveriam ser incríveis, ainda que perdidos para sempre, aquela escultura estará nos observando com sua cabeça lendária em qualquer lugar em que estivermos. Por isso, Rilke atribuiu aquele torso a Apolo, uma divindade, mesmo sem nenhuma indicação de se tratar da escultura de um deus. Apenas uma divindade poderia nos enxergar tão profundamente por meio de olhos que não podem ser contemplados. E o que isso cobra de nós? A poesia encerra com um mandamento: "Precisas mudar tua vida". Ninguém pode ser contemplado tão profundamente e continuar vivendo do mesmo jeito. A experiência de Rainer Maria Rilke é a experiência de quem entende que é visto. É a experiência de quem precisa mudar de vida por já não conseguir fugir daquele olhar lendário.

Os cristãos não acreditam na divindade de Apolo, mas acreditam em um único Deus que habita os altos céus. Embora invisível, esse Deus sempre nos contempla, com olhos de fogo, por dentro e por fora, onde quer que estejamos, e nos conclama a mudar de vida. Ele nos criou, revelou-se em Cristo Jesus e habita no meio de nós. Ele é Deus presente.

Tentar fugir de Deus é como tentar fugir da própria pele, do próprio corpo. É como tentar fugir do oxigênio, da pressão sanguínea. Não se trata dos olhos maduros de uma estátua de mármore decepada, mas dos olhos daquele que criou todas as coisas com o poder da voz. Cristãos não são panteístas — não cremos que *tudo é Deus* —, mas cremos que por ser onipresente o Senhor está ao redor de tudo, perto de tudo, ciente de tudo, tornando-se, desse modo, absolutamente inescapável. Ele está tão próximo quanto a pele está próxima do corpo.

O apóstolo Paulo, em sua ousada sabedoria, disse que "nele vivemos, nos movemos, e existimos" (At 17.28). Isto é, mesmo em nossas rebeliões, estamos sob a mão dele. Mesmo em nossos piores pecados, Deus está ao nosso lado, estendendo uma mão de misericórdia e alertando do perigo da ira vindoura. Não estaríamos livres de Deus nem se nos fosse possível criar o nosso próprio universo, totalmente novo e independente deste. O Senhor ainda seria Rei sobre todos, já que de sua Palavra todos saímos e por meio de sua vontade fomos criados.

Os livros de Jonas e Naum mostram em detalhes a incapacidade humana de fugir de Deus. E vão além: mostram como nossas fugas de Deus se manifestam como fuga do outro, como o arrependimento genuíno se manifesta mesmo naqueles que naturalmente odiaríamos, como o coração carece de perdão em nosso egoísmo cultural e como este mundo de violência pode ser alcançado por aqueles que não fogem da missão. Mostram, enfim, que, se seus olhos nos contemplam, é urgente que mudemos de vida.

Nas próximas páginas, falaremos sobre esses dois profetas menores juntos porque ambos narram a história da mesma cidade, Nínive, capital do antigo Império Assírio, um dos mais poderosos e influentes da antiguidade. Apesar de sua grandeza, contudo, Nínive eventualmente entrou em declínio e foi destruída.

Fugir de Deus é impossível, e não apenas Jonas, mas toda a população de Nínive provou isso na pele. Nas ruínas da vida, só podemos ser restaurados pelo amor de Deus. Nas páginas a seguir, quero mostrar como Rainer Maria Rilke não chegou sequer perto de entender o que é ser observado por um ser realmente divino.

# ATO I:

## A MISSÃO QUE ARRUÍNA O PROFETA

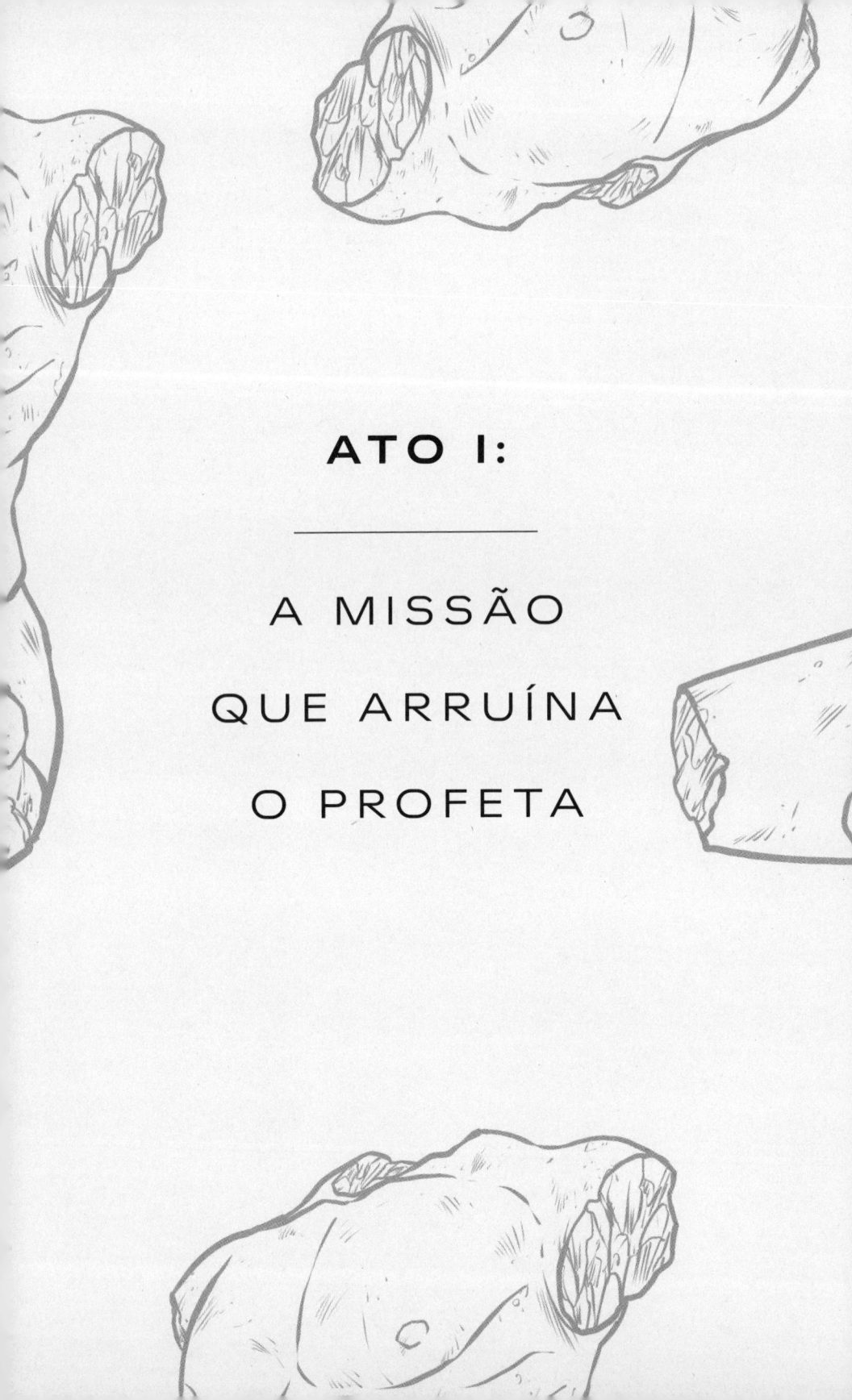

# 1

## QUANDO DEUS SENTE NOSSO CHEIRO, PROFETAS PRECISAM SE LEVANTAR

**JONAS 1.1-2**

Se existe algo em que homens e mulheres são diferentes é na tolerância a mau cheiro. Tenho uma tese de que as mulheres possuem uma tolerância a odores desagradáveis muito menor que os homens. Certo dia, Isa, minha esposa, jogava baldes e baldes de água com desinfetante, sabão, detergente e ácido sulfúrico no quintal. Então se sentou, respirou profundamente e disse: "Nossa, que insuportável esse cheiro de barata". Eu não sentia nada. Nem sabia que barata tinha cheiro.

Mulheres, geralmente, gostam de tudo cheiroso. Homens, geralmente, mantêm uma relação diferente com o cheiro. Penso que nós, homens, vamos acumulando mau odor até a medida do insuportável. É justamente aqui que mora um dos maiores conflitos do meu casamento — a questão do lixo. Lá em casa, temos divisões claras de papéis, e colocar o lixo para fora é função minha. O carro do lixo passa às terças, quintas e sábados pela manhã, exatamente no horário em que acordo. Minha filosofia é: acordo, escovo os dentes, desço as escadas e olho se ainda tem algum lixo na rua. Se tiver, significa que o caminhão não passou, e posso colocar o lixo para fora. Se não tiver, significa que o caminhão já passou e vou deixar os sacos de lixo no quintal até o próximo dia de coleta.

Mas, às vezes, o caminhão teima durante vários dias em passar antes do meu horário de acordar, e o lixo começa a acumular no quintal, sob protestos da minha esposa. O cheiro começa a se tornar insuportável

— não para mim, mas para minha esposa. Nesse momento, entendo que preciso sair da zona de conforto, ser o homem da família, mostrar que estou disposto a me sacrificar pela minha casa — e então ponho o alarme para tocar dez minutos mais cedo.

Quando sua esposa reclama de mau cheiro, você precisa se levantar e fazer alguma coisa. E se eu disser que ocorre o mesmo com Deus? Quando ele sente nosso cheiro, profetas precisam se levantar. É o que aconteceu com Nínive, uma cidade cujo cheiro do pecado acumulado se tornou tão insuportável que Deus precisou levantar um profeta para pregar sua condenação: "A palavra do Senhor veio a Jonas, filho de Amitai, dizendo: — Levante-se, vá à grande cidade de Nínive e pregue contra ela, porque a sua maldade subiu até a minha presença" (Jn 1.1-2). O pecado havia se acumulado como lixo no quintal, e aquele lixo do pecado não prejudicou apenas a saúde dos vizinhos — seu odor pútrido chegou ao trono da habitação de Deus.

E, quando o cheiro se torna insuportável, profetas acordam mais cedo.

### O PROFETA: QUEM É JONAS?

A única descrição que temos de Jonas no livro que leva seu nome é que ele era filho de Amitai. Mas, quando olhamos para 2Reis 14.24-26, encontramos mais pistas:

> Jeroboão fez o que era mau aos olhos do Senhor. Jamais se afastou de nenhum dos pecados de Jeroboão, filho de Nebate, que este levou Israel a cometer. Restabeleceu os limites de Israel, desde a entrada de Hamate até o mar da Arabá, segundo a palavra do Senhor, Deus de Israel, anunciada por meio de seu servo Jonas, filho de Amitai, o profeta, que era de Gate-Hefer. Porque o Senhor viu que a aflição de Israel era muito amarga, porque não havia nem escravo, nem livre, nem quem socorresse Israel.

Pelo texto, podemos entender que se trata do mesmo profeta.

Jonas era filho de outro profeta, Amitai, e exerceu seu ministério nos tempos de Jeroboão II, que reinou de 793 a 753 a.C., em Israel, sendo, portanto, contemporâneo dos profetas Amós e Oseias.

O texto diz que Jonas profetizou acerca da expansão do povo durante o reinado de um homem que fez o que era mau aos olhos de Deus

(2Rs 14.24), e que manteve o povo em um caminho de pecado. Ou seja, o reino do Norte havia progredido em um tempo de pecado. Geralmente, quando Israel estava em pecado, guerras eram perdidas, e o povo, amaldiçoado por Deus. Mas não foi o que aconteceu nesse período. Isso faz de Jonas um profeta muito estranho. Em um momento, nós o vemos profetizar sobre o estabelecimento militar e territorial de Israel contra povos gentílicos apesar do pecado de Israel, e mais adiante, quando enviado a uma terra gentílica, o vemos incomodado por pregar arrependimento aos gentios. Aparentemente Jonas era um homem apegado a seu povo. Sentia-se feliz com as vitórias militares de Israel e desejava que a ira de Deus recaísse sobre outros povos.

Por meio do livro que leva seu nome, veremos que Jonas se torna um paradigma do povo de Israel. O nome Jonas significa "pomba", e Oseias, seu contemporâneo, compara Israel a uma pomba por causa da tolice do povo (Os 7.11). Jonas, portanto, é um paradigma dos pecados nacionais de Israel na história ao rejeitar a realidade de que Deus pode levar salvação a outros povos. Deus trata Jonas para tratar de todo o povo, o que significa que nós também temos muito a aprender com o modo como Deus lida com o profeta.

### A CIDADE: QUEM É NÍNIVE?

Nínive é mencionada pela primeira vez em Gênesis 10.11, como uma cidade fundada por Ninrode. Ficava localizada às margens do rio Tigre, atualmente o norte do Iraque. Foi um dos impérios mais poderosos e influentes da antiguidade, florescendo durante os períodos conhecidos como o Antigo Império Assírio (2025–1750 a.C.) e o Império Neoassírio (911–609 a.C.). Mais conhecida por sua riqueza, extensão e importância cultural, Nínive era cercada por muralhas massivas e imponentes que se estendiam por muitos quilômetros, o que a tornava uma das cidades fortificadas mais impressionantes de seu tempo. Dona de um poderio militar invejável, era violenta contra os inimigos, e se orgulhava disso.

Os assírios eram inimigos políticos de Israel, tendo derrotado o reino do Norte em 722 a.C. Durante os tempos de Jeú, Israel foi forçado a pagar tributo ao rei assírio Salmaneser III. Outras referências nos profetas expressam o ódio a Nínive pelos prejuízos causados a Israel e às nações vizinhas.

Havia um desejo claro de justiça e mesmo de vingança contra esse inimigo considerado desprezível (veja, por exemplo, Sf 2.13-15 e o livro de Naum).

É nesse contexto histórico que se dá a comissão de Jonas para ir a Nínive. Os assírios haviam subjugado o povo de Deus e agora receberiam um profeta de Deus — aqueles que se consideravam poderosos estavam prestes a conhecer a sua fragilidade.

Embora o texto de Jonas 1.2 defina Nínive como a "grande cidade", ela entrou em declínio e foi destruída por volta de 612 a.C., quando foi invadida por uma coalizão de inimigos, liderada pelos babilônios e os medos. A queda de Nínive marcou o fim do Império Neoassírio e a ascensão da Babilônia como uma grande potência na região. Hoje, as ruínas de Nínive são um importante sítio arqueológico e parte do patrimônio cultural do Iraque, embora tenham sido alvo de destruição e danos significativos durante os conflitos recentes na região. Elas representam uma janela para o passado e uma oportunidade para entender melhor a história da Mesopotâmia.

À medida que nos aprofundamos nas narrativas de Jonas e Naum, não apenas desvendamos as lições escondidas nessas páginas antigas, mas também encontramos conexões surpreendentes entre as ruínas daquela cidade e daquelas almas com nosso próprio tempo e experiências.

## O SENHOR: QUEM FALA?

O texto diz que a Palavra do Senhor vem a Jonas. Há um Deus que age e, quando ele fala, nem o profeta fica em paz, nem a cidade consegue seguir seu curso conforme os próprios interesses.

Deus não é passivo nem omisso em relação à maldade do mundo. Ele vê as injustiças, os poderosos que prejudicam os fracos, os criminosos que vitimam os justos. Ele vê a tirania política e econômica, vê a violência. Mas Deus é maior do que esse exercício de maldade. Nínive acreditava ser maior que todos, que sua crueldade era intocável e imparável, que seu exército era invencível e que seus muros eram inexpugnáveis. Quem poderia parar Nínive?

No entanto, o cheiro do seu pecado se acumulava diante do Senhor. Leslie Allen diz de forma muito simples que "se Nínive é grande, Deus é maior, pois fala do alto do céu".[1] Por maior que seja qualquer cidade humana, há um Deus que está muito acima de tudo aquilo que está fincado na terra. Toda cidade precisa ter seus alicerces fundados no chão. Porém, há um Deus que habita no alto lugar. Por isso, os poderes deste mundo não são nada diante daquele que fala do seu trono. Deus é mais alto do que todas as corporações, conglomerados, poderios militares, maior que quaisquer pessoas ou instituições que usem seus poderes para abusar de outros. Nenhuma bomba atômica é mais poderosa ou estrondosa que a fala daquele que habita os altos céus.

A Bíblia mostra que Deus se comunica de várias formas com aqueles que ele escolhe. Em Hebreus 1.1-2, lemos: "Antigamente, Deus falou, muitas vezes e de muitas maneiras, aos pais, pelos profetas, mas, nestes últimos dias, nos falou pelo Filho, a quem constituiu herdeiro de todas as coisas e pelo qual também fez o universo".

Jonas era um legítimo profeta. Agia a partir daquilo que Deus falava. A mensagem de Jonas foi particular e específica para ele. Deus fala conosco de maneira geral, por isso tendemos a achar que se trata de uma comunicação inferior a sua Palavra. Mas se trata justamente do contrário. Jonas daria tudo para ter o que temos. Moisés, aquele que era descrito como o amigo de Deus, daria tudo para ter a revelação completa de Cristo na Palavra de Deus. Não somos Jonas, com uma mensagem específica para ir a Nínive, mas Deus nos dá uma mensagem profunda e poderosa em sua Palavra, que nos faz agir contra os males deste mundo e resistir, com a força do Senhor, aos valores das "Nínives" que nos rodeiam.

Entretanto, embora não seja comum, acredito que Deus possa falar conosco de maneira especial, nos impulsionando a agir conforme o seu querer. É o que acontece quando entendemos ser chamados ao ministério ou a alguma causa específica.

É o que Deus faz com Jonas. Dá-lhe uma missão.

### A MISSÃO: PARA O QUE JONAS FOI CHAMADO?

A missão de Jonas é pregar. A fórmula "levante-se, vá até a cidade..." é bastante comum (1Rs 17.8). Deus aparecia e ordenava que o profeta seguisse novo rumo. Ele deveria levar a mensagem de Deus a uma cidade estrangeira, porque Deus se importa com o resto do mundo. Embora Nínive fosse uma cidade cheia de pecados, Deus tinha uma mensagem para ela.

Israel deveria ser luz para as nações ao levar a mensagem de Deus a outros povos. A salvação viria dos judeus, mas não apenas para eles. Embora muitos gentios tenham sido salvos no Antigo Testamento, Israel, infelizmente, falhou em ser luz para outros povos porque se focou si mesmo. Em vez de ser nação de sacerdotes, tornou-se cada vez mais autocentrada.

Deus não traz sua palavra a Jonas para que ele resolvesse algo arraigado em seu povo. Jonas deveria ir e pregar para um povo sem Deus. Ele tinha que olhar para fora, o que também vale para nós. Muitas vezes ficamos maravilhados com o trabalho dentro da igreja e nos esquecemos de que existe um trabalho para fora. É tentador focar os olhos na própria expansão, mas há nações que ainda não conhecem Deus. Há povos que cada vez mais se afundam na maldade. Eles precisam ouvir a mensagem de alguém levantado para lembrá-los de que o cheiro se acumula e tem chegado até o Senhor.

Nínive era uma cidade cheia de violência e de imoralidade. Em vez de levantar um político ou um transformador social, Deus levanta um profeta com a incumbência de pregar. Essa é a missão dos santos diante de um mundo caído. Ser voz do Senhor, mediante a pregação de sua Palavra, para as cidades cujo pecado se acumula diante dele.

Infelizmente, muitas vezes, achamos que nossa função diante de uma cidade pecadora é eleger políticos ou magistrados cristãos, apoiar autoridades que falem em nome de Deus e da igreja, construir casas, entregar cesta básica etc. Tudo isso tem seu papel. Existe, sim, o modo correto de o cristão se relacionar com a política, a sociedade e a cultura. Mas nada disso representa o centro da missão daqueles que encontraram Jesus. O centro daqueles que tiveram um encontro com Jesus é *pregar*. Porque o problema do mundo não é político, não é econômico, não é social. O problema do mundo é espiritual. O problema do mundo é com Deus.

Em todo ano de eleição, muitos tentam nos convencer de que os males da cidade deveriam nos transformar em pessoas mais politizadas. Não quero dizer que devamos ser apolíticos, mas sim que devemos entender que somos de outro reino. Nossa missão para este mundo é, acima de qualquer outra, lembrar que o dia se aproxima, e que Deus está sentindo o cheiro dos pecados que se acumulam.

Esta era a missão de Jonas: levar a mensagem de Deus para um mundo que fede por causa de seus pecados. E essa deve ser nossa missão.

## A MENSAGEM: O QUE JONAS DEVERIA PREGAR?

De acordo com o texto, a mensagem que ele deveria levar era muito simples: "pregue contra ela, porque a sua maldade subiu até a minha presença". A mensagem de Jonas era de condenação. Ele não prega arrependimento, não fala de possível libertação, não apresenta algum caminho para encontrar o perdão do Senhor. Tudo diz respeito a condenação. Tanto é que Jonas se ira quando o povo se arrepende, pois esperava a condenação iminente. Ele tinha medo de que aquele povo se arrependesse e Deus retardasse sua condenação.

Em Sofonias 2.12-13, há uma breve condenação: "Também vocês, ó etíopes, serão mortos pela espada do Senhor. Ele estenderá também a mão contra o Norte e destruirá a Assíria; e fará de Nínive uma desolação e terra seca como o deserto". Todo o livro de Naum, cronologicamente posterior a Jonas, também apresenta uma forte mensagem de condenação a Nínive. Deus, no entanto, usa a mensagem de condenação para salvação. E era o que Jonas temia. É interessante observar que não faria sentido anunciar a condenação se ela não pudesse ser revertida pelo arrependimento. Se assim não fosse, bastaria Deus destruí-la. O objetivo da mensagem de condenação era justamente promover comoção e arrependimento. Mensagens negativas também têm um papel para os profetas de Deus.

Como pregadores, precisamos falar sobre condenação. É muito conveniente fazer um evangelismo sempre positivo. No entanto, não podemos negligenciar o ensino de Deus sobre a condenação. Ele espera que parte de nossa mensagem seja condenar a cidade para que haja o arrependimento. Não podemos ser conhecidos apenas como apaziguadores das dores da cidade. Também temos de ser conhecidos como condenadores e como aqueles que colocam o dedo na ferida de um mundo sem Deus.

Resistimos a esse tipo de mensagem porque somos ensinados que precisamos ter um comportamento tal que seja aceito e positivo. Muitas vezes, porém, teremos de ser odiados pelo mundo, trazendo as "más-novas" que levarão às boas-novas. Antes de pregar que Deus nos ama, temos de lembrar que ele tem motivo para nos odiar. Antes de lembrar que a graça perdoa os pecadores, devemos falar que há uma lei que condena os pecadores. O evangelho só se torna uma boa notícia quando as pessoas entendem que há uma má notícia. Quando dizemos a alguém que ele deve ser salvo, significa que está em perigo. Quando as pessoas estão em perigo iminente, devem ser lembradas do que estão sendo salvas: do furor daquele que sente o cheiro da maldade delas.

### A PRESENÇA: AS MALDADES DA CIDADE

Por fim, lemos que "sua maldade subiu até a minha presença". A maldade de Nínive, da qual seus habitantes tanto se orgulhavam, era tão grande quanto a própria cidade. Orgulhavam-se tanto das torturas perpetradas que chegavam a entalhar em obeliscos e pilares suas crueldades. Assurbanipal II (883–859 a.C.) costumava arrancar os lábios e as mãos de suas vítimas. Ele mesmo escreveu:

> Eu esfolei a pele de tantos nobres quantos se rebelaram contra mim e coloquei suas peles sobre a pilha de cadáveres. Cortei as cabeças de seus combatentes e construí com elas uma torre diante de sua cidade. Queimei seus moços e moças [...]. Capturei muitos soldados vivos: cortei de alguns seus braços e mãos; cortei de outros narizes, orelhas e extremidades. Arranquei os olhos de muitos soldados. Fiz uma pilha dos vivos e outra com suas cabeças. Pendurei suas cabeças em árvores ao redor da cidade.[2]

O filho de Assurbanípal II, Salmaneser III (858–824 a.C.), ficou famoso por suas representações gráficas de crueldade em grandes painéis de parede em relevo de pedra. Em uma dessas imagens, há um soldado assírio segurando a mão e o braço de um inimigo capturado vivo, cuja outra mão e cujos dois pés já haviam sido cortados. Mãos e pés desmembrados voam pela cena. Cabeças inimigas decepadas pendem das muralhas da cidade conquistada.[3] Foram esses os dois imperadores que governaram o império um pouco antes de Jonas nascer.

Cidades poderosas, orgulhosas daquilo que são, podem ser grandes caldeirões de pecados contra Deus. W. D. Jeane escreveu: "Magnitude, população, riqueza, luxo, esplendor, poder — todos são, infelizmente, consistentes com o esquecimento de Deus e com a rebelião contra sua autoridade".[4] Os ninivitas eram um povo que possuía uma cidade rica e poderosa, mas que usou isso para celebrar a violência. Pense na Roma pagã. Eles tinham tudo — comércio, influência cultural, riquezas —, mas escolheram viver em adoração à própria cidade e a seus imperadores. De igual modo, podemos ter segurança pública e ter abandono da fé. Podemos ter escolas de qualidade e nenhuma boa igreja. Podemos ter salários melhores e nenhuma generosidade. Podemos ter alta gastronomia e fome ao redor. Podemos ter praias lindas, como Fortaleza, e ser um dos maiores celeiros de prostituição infantil do planeta. Podemos ter coisas boas na cidade e, ainda assim, exalar um cheiro terrível para Deus.

Lemos nas Escrituras que nossos louvores sobem até a sala do trono de Deus como um aroma suave (2Co 2.15-16), mas também que nossas maldades se acumulam como uma nuvem negra que chega às narinas do Todo-poderoso, um cheiro de morte e condenação. Deus tudo vê, porque tudo chega a ele. Ele sabe o que acontece nos becos e também nos gabinetes dos políticos. Conhece todas as negociatas, todos os subornos, todos os quartos de motel. Deus vê, sente e sabe de tudo. E ele age diante disso.

No texto de Jonas, Deus se refere a maldades coletivas, não individuais. No Antigo Testamento, Deus tratava o mal perpetrado de modo mais comunitário que pessoal. Era próprio da antiga aliança, o que não significa que não ocorra também hoje. Devemos olhar para os pecados pessoais que sobem até Deus, mas também para os pecados que cometemos como comunidade. Deus também olha para nós como um grupo, e sua mão também se levanta contra aqueles que se erguem contra ele como grupo.

Pecados comunitários muitas vezes são aprendidos de forma endêmica. São coisas que achamos normais, mas que desagradam profundamente a Deus. O interessante de conhecer igrejas pelo Brasil é perceber os pecados particulares de cada região. Parece que em cada lugar determinados pecados encontram caminho propício para propagação. São pecados sociais. E todo esse cheiro chega até Deus. Por isso precisamos entender que tipo de cidade estamos construindo. Quando, ao matar seu irmão, Caim abandona Deus, a primeira coisa que faz é fundar uma cidade em torno de seu pecado com o nome de seu filho. Quantas cidades não construímos em torno de nossa maldade? Quantas de nossas obras não são um incenso de fedor a Deus?

Mais uma vez, W. J. Deane diz:

> Por sua própria natureza, o pecado é individual, pessoal; pois é o afastamento do ser espiritual e da vida de Deus. No entanto, como os homens

vivem em comunidades, e como essas comunidades possuem qualidades e hábitos morais determinados pelo caráter das unidades componentes, existe algo como o pecado de uma tribo, de uma cidade, de uma nação. Isso fica mais evidente quando lembramos que os Estados são personificados em seus governantes e representantes, cujas palavras e ações devem ser tomadas como as da comunidade em geral.[5]

Devemos nos importar com os pecados que cometemos como povo. Devemos nos perguntar que pecados normalizamos e com que cheiro de lixo nos acostumamos. Às vezes, só nos damos conta quando outra pessoa sente nosso cheiro. Infelizmente, não demora para que nos acostumemos com o cheiro do pecado. Como os assírios se acostumaram com sua violência, nós também nos acostumamos com a traição, a nudez, a embriaguez, o "ganhar por fora", o abuso doméstico. Precisamos que a Palavra chegue até nós. Que Deus envie seus profetas e que os ouçamos e nos arrependamos. É pela Palavra que resolvemos as coisas. Não há outro modo. A influência social tem seu papel, mas a pregação do evangelho deve prevalecer, custe o que custar. Independentemente do que o mundo cobrar, continuaremos a pregar a Palavra de Deus.

## CONCLUSÃO

Jonas era filho de Amitai, que significa "verdade" em hebraico. O filho da verdade era tudo que restava aos ninivitas. Enquanto nós, hoje, estamos numa situação muito melhor por termos Cristo, o próprio Filho de Deus que veio pregar para cada um de nós, Nínive só tinha Jonas, um profeta preconceituoso, reticente e cheio de pecados que Deus precisava tratar. Nós temos o Filho de Deus para corrigir nossos maus cheiros. Jonas era um mero spray sanitário. Jesus é quem transforma completamente todas as células de nosso corpo para que tenhamos um cheiro agradável a Deus. A palavra veio a Jonas, e ele pregou contra a cidade. A Palavra veio em Cristo, e ele pregou nossa salvação. Ele não veio para condenar o mundo, mas para salvar. Jonas recebeu a palavra para condenar.

Em Jonas, nossa maldade subiu até o trono de Deus. Em Cristo, nossa redenção desceu até as profundezas da terra para nos tirar do estado terrível em que vivemos. O arrependimento de Nínive não é duradouro — em Jonas eles se arrependem, mas em Naum eles retornam ao pecado. Em

Cristo, porém, temos um arrependimento duradouro, perfeito e que nos transforma de forma definitiva.

Se você ainda não recebeu essa transformação profunda que há em Cristo, espero que este livro seja a palavra que você precisa ler. Não apenas para livrá-lo dos pecados que nos fazem feder, mas para pregar a uma cidade que precisa de Deus.

# 2

## DEUS ESTÁ NA VIOLÊNCIA

JONAS 1.3-4

Glenn J. Winuk serviu como bombeiro voluntário por cerca de vinte anos, no distrito de Jericho, em Nova York. Ao longo de sua carreira como oficial de segurança pública, Glenn recebeu inúmeras citações por bravura, inclusive por combater os incêndios florestais do condado de Suffolk em 1995 e pelo trabalho de emergência no local do acidente de avião da Avianca em 1990, ambos em Long Island. No dia 11 de setembro de 2001, ele trabalhava no escritório de advocacia do qual era sócio quando seu prédio foi evacuado. Bem perto dali, um avião havia se chocado contra a torre norte do World Trade Center.

Segundo o relato de testemunhas, enquanto todos os civis corriam para longe do desabamento, Glenn corria em direção ao local. Quando o segundo avião acertou a torre sul, Glenn desapareceu. Seu corpo foi encontrado apenas seis meses depois. Ele usava luvas de proteção e, ao seu lado, havia uma bolsa médica que carregava para socorrer as pessoas. Em uma entrevista com o irmão de Glenn, uma frase é particularmente marcante. Ele disse: "Glenn não conseguia correr para o outro lado. Não dava. Era da natureza dele".[1]

No livro de Jonas, temos um profeta que é chamado para uma missão. O próprio Deus o chama para levar a mensagem de condenação a uma cidade pecadora. Infelizmente, aceitar aquele chamado não parecia ser de sua natureza. Em vez de correr em direção às chamas do ministério, Jonas foge para longe do lugar para o qual Deus o havia comissionado.

## FUGINDO DA MISSÃO...

Em Jonas 1.3-4, lemos o seguinte:

> Jonas se levantou, mas para fugir da presença do SENHOR, para Társis. Desceu a Jope, e encontrou um navio que ia para Társis. Pagou a passagem e embarcou no navio, para ir com eles para Társis, para longe da presença do SENHOR. Mas o SENHOR lançou sobre o mar um forte vento, e levantou-se uma tempestade tão violenta, que parecia que o navio estava a ponto de se despedaçar.

Aqui deparamos com um profeta que foge de sua missão. O texto hebraico, embora muito equivalente ao português, foi construído de modo a enfatizar a fuga de Jonas. Deus diz a Jonas no versículo 1: "dispõe-te e vai à grande cidade de Nínive" ou "levanta-te e vai à grande cidade de Nínive". No versículo 3, o texto diz literalmente: "Jonas se dispôs" ou "Jonas se levantou". Pensamos tratar-se de mais uma narrativa clássica do profeta que vai para onde Deus o direciona. Então, surge uma partícula adversativa, a conjunção "mas". Ele se levantou, *mas* para fugir de Deus. Ele se levantou, *mas* para fazer a coisa errada.

Lembro-me de uma vez em que um irmão se indispôs com outro da igreja. Eu lhe disse que procurasse o irmão e se reconciliasse com ele. Ele fez o que eu tinha dito — pelo menos em parte. Procurou o irmão, *mas* para dizer-lhe mais "umas verdades". Às vezes, aconselho jovens moças que estão sendo seduzidas por jovens descrentes, e lhes dou um conselho difícil: "Vá até ele e termine tudo". Então, no domingo seguinte, quando lhe pergunto "como foi?", ela esboça um sorriso meio de lado e diz: "Então, pastor, eu fui lá, *mas* ele veio falando daquele jeito...".

Muitas vezes temos energia para ir, mas não para fazer a coisa certa. Jonas tem energia para ir, mas a joga na desobediência. Ele não apenas se recusa a ir a Nínive, como ainda se levanta para ir ao extremo oposto. Por que Jonas se esforça para fugir? Porque sabia que Deus poderia achar um modo de levá-lo para onde quisesse, incluindo enviar outro profeta para falar-lhe. Quando Deus fala conosco e deseja nos mover em direção a alguma coisa, não temos como ficar no mesmo lugar. Jonas sabia que Deus daria um jeito. Por isso, ele foge de Israel. Usa sua energia para fugir porque, definitivamente, não quer cumprir o chamado soberano de Deus.

Nem sempre uma boa teologia da soberania é o bastante quando nosso coração quer afastar-se dos planos do Senhor. Podemos estar buscando brechas que nos façam escapar desses planos. As circunstâncias podem colocar nossas crenças à prova — e quantas vezes falhamos em viver aquilo em que acreditamos?

Certa vez, eu estava conversando com um amigo pastor cuja esposa se encontrava no leito de morte. Falávamos sobre a soberania de Deus. Ele me perguntou: "Você está me dizendo que foi Deus que colocou um câncer na minha mulher?". É aí que nossas doutrinas são postas à prova. O fato de Deus ser soberano se torna um problema. Quando nossos planos são frustrados, quando somos traídos por aquele ou aquela a quem confiamos nosso amor, quando nosso esforço no trabalho não obtém a recompensa que esperamos, é aí que nossas crenças na soberania de Deus são desafiadas.

O texto de Jonas tem um *plot twist* logo no começo. Jonas era de fato profeta, mas ele simplesmente se recusa a seguir as ordens de Deus sobre o povo gentio. Talvez alguns até aplaudissem sua decisão, mas não deveria ser esse o espírito do povo de Israel. Eles deveriam ser luz para as nações. No entanto, quando Deus diz a Jonas que vá até Nínive, o profeta desobedece. E muitas vezes é o que também fazemos. Fugimos em vez de cumprir o que o Senhor nos ordena.

Jonas ouviu a voz de Deus e, mesmo assim, ele vai embora. Ter um encontro com Deus não o impede de ser um covarde para as coisas de Deus. Quando as pessoas abandonam a fé, nem sempre significa que tiveram experiências ruins na igreja. Pode ser que elas ouviram a voz de Deus e, a despeito disso, decidiram retroceder e seguir pelo caminho do mal.

Ao tentar fugir da missão que lhe havia sido confiada, em última análise, Jonas está tentando fugir do próprio Deus. O texto hebraico diz tratar-se literalmente de fugir da face de Deus. Jonas quer fugir do ministério. É triste quando abandonamos a fé para fugir daquilo para o que Deus nos chama. Queremos o Jesus que nos dá coisas, mas não o que nos encarrega de suas missões. Muitas vezes rejeitamos o Jesus que nos tira da zona de conforto. Preferimos abandonar a fé a seguir seus mandamentos. Não fugimos da fé porque fugimos de Cristo, mas porque esse Cristo não aceita que vivamos segundo nossos interesses pessoais.

Jonas tenta fugir para Társis, para longe da atuação do poder de Deus. O texto diz que Jonas "desceu a Jope, e encontrou um navio que ia para

Társis. Pagou a passagem e embarcou no navio" (1.3). Jope era uma região portuária na costa sudoeste da Palestina, no território de Dã, que se tornou o principal porto de Jerusalém durante o reinado de Salomão. Aparentemente, tudo estava dando certo para sua fuga. No entanto, nem tudo que vai bem é sinal de que Deus está abençoando. Esse foi o caso de Jonas. E para Jonas tudo o que deu errado foi certamente punição de Deus.

Costumamos analisar as circunstâncias como aprovação/desaprovação de Deus. Deus pode querer que sigamos o caminho difícil. Às vezes, o que Satanás quer é que entremos pelas portas abertas. Não somos guiados pelo que é fácil ou difícil. Somos guiados pelos caminhos do reino. Deus falou com Jonas, e ele simplesmente seguiu o caminho mais fácil. Várias vezes já me sentei com pessoas que achavam que Deus tinha um chamado para elas e seguiram por um caminho errado simplesmente porque lhes parecia um caminho fácil. É como uma vaga disputada para um cargo moralmente questionável. Portas abertas nem sempre indicam a aprovação de Deus para que passemos por elas. O pecado, às vezes, é fácil, uma porta aberta onde tudo dá muito certo. A santidade, às vezes, machuca e maltrata. Para Jonas, doeria muito ir pregar aos assírios.

Jonas se esforça para distanciar-se o máximo possível da missão. Társis provavelmente era uma colônia fenícia na Espanha perto do estreito de Gibraltar, o ponto mais ocidental para onde os navios conseguiam navegar a partir da Palestina naquele período (Is 66.19 usa Társis como exemplo do que seria o fim do mundo conhecido da época). Ele ainda não tinha entendido que era impossível fugir de Deus. Assim como o peixe não pode fugir da água e a estrela não pode fugir do espaço, o ser humano não pode fugir da existência. Você acha que ao fugir da igreja estará fugindo de Deus? Não, não estará. Se você é crente, Deus nem o deixará muito tempo longe dela.

Jeremias foi um dos profetas mais ciente da onipresença divina. Ele escreveu: "Pode alguém se ocultar em esconderijos, de modo que eu não o veja? — diz o Senhor. Não encho eu os céus e a terra? — diz o Senhor" (Jr 23.24). Algumas vezes, quando brinco de esconde-esconde com Catarina, minha filha, fecho os olhos e começo a contar. Quando os abro, ela está no sofá "se escondendo" com a mão no rosto. Então, eu brinco: "Cadê a Catarina? Será que ela está aqui?". Assim somos nós ao desejar fugir de Deus. Não passamos de crianças no sofá com as mãos no rosto.

Deus está conosco em todo lugar para trazer-nos de volta. Em Salmos 139.7-12, o salmista diz:

> Para onde me ausentarei do teu Espírito?
> Para onde fugirei da tua face?
> Se subo aos céus, lá estás;
> se faço a minha cama no mais profundo abismo, lá estás também;
> se tomo as asas da alvorada e me detenho nos confins dos mares,
> ainda ali a tua mão me guiará, e a tua mão direita me susterá.
> Se eu digo: "As trevas, com certeza, me encobrirão,
> e a luz ao redor de mim se fará noite",
> até as próprias trevas não te serão escuras,
> e a noite é tão clara como o dia.
> Para ti, as trevas e a luz são a mesma coisa.

Deus vê no local mais oculto e distante. Deixar de frequentar a vida da fé não levará Deus a nos esquecer. Jonas tentou fugir da presença de Deus, mas a presença de Deus estava em Nínive, na terra do pecado, não em Társis, onde ele poderia encontrar paz. Deus estaria com Jonas em Nínive, como está conosco, na pessoa de Cristo, quando levamos a mensagem do evangelho.

Uma das brincadeiras favoritas da Catarina é correr pelo shopping. Quando estamos em uma loja de roupas, ela corre entre as araras, e eu vou atrás dela. Ela dobra a esquina, olha para trás e me vê longe. Ela pensa que está longe de mim e que está livre, mas corto caminho e a encontro no ponto em que ela pensava que estaria livre de mim. Então nós rimos, e ela se diverte.

Jonas quer fugir de Nínive e ir para Társis, a terra de paz, mas ele encontraria Deus na terra da violência. Ao fugir da terra da violência ele encontra a força de Deus que o faz parar e o traz de volta. A fuga de Jonas me ensina que a presença do Senhor é encontrada na missão, mesmo em meio a pecado e matança. Existe uma maturidade de relacionamento com Deus que só está disponível para quem está no combate. Temos de ir ao serviço! Os lugares onde mais ouvi a voz de Deus foi em salas de aula do Ensino Médio. Foi em rodas de conversa na Universidade Federal do Ceará, sentindo o cheiro de maconha. Foi à noite, falando com travestis que mantinham os seios de fora e que precisavam me interromper para atender um possível cliente que baixava o vidro do carro. Deus se manifesta em locais de violência.

Lembro-me de uma jovem que chegou a nossa igreja com o firme propósito de fazer a vontade de Deus. Na época, as coisas não estavam muito claras nem bem resolvidas para ela, mas tinha muita coragem. Se espremermos a história da obra missionária, dela escorrerá muita decisão meio sem jeito, atrapalhada, mas também muita coragem. Embora aquela jovem tivesse tomado algumas decisões erradas, ela veio para o seminário, e isso mudou sua compreensão de Deus. Quando ela sumia das aulas de evangelismo, eu a encontrava, chorando, na calçada. Ela encontrara Deus ao evangelizar uma drogada grávida que dormia debaixo de uma marquise. Ela encontrara Deus numa cidade violenta. Ela encontrara Deus quando se arriscou na obra missionária.

Nós, cheios de decisões sábias e cuidadosas, continuamos com o evangelho rotineiro. Falta-nos uma boa dose de coragem, à beira mesmo da irresponsabilidade, para nos colocarmos em situações nem sempre as mais confortáveis, mas que se desenvolvem no meio do combate por aqueles que se perdem. Deus quer nos levar a um mundo de violência, pecado, ira, blasfêmia, dor e pecado. Mas, como Jonas, parece que estamos fugindo do que é a verdadeira missão de Deus para seu povo. Falta-nos coragem, e a coragem é uma qualidade cristã. É ela que nos permite alcançar o mundo. O Evangelista escreve: "Então Jesus lhes perguntou: — Por que vocês são tão medrosos? Como é que ainda não têm fé?" (Mc 4.40). A fé nos ajuda a vencer a covardia.

Queremos acreditar que, na hora do combate, estaremos prontos para o autossacrifício. Imaginamos que somos daqueles que pulam na frente da bala, dos que se colocam entre o fraco e a fera. Mas quantos atos de covardia já acumulamos na vida? De quantas Nínives fugimos vez após vez? Há quem fuja covardemente do casamento porque a esposa não o respeita como deveria. Há quem abandone covardemente o ministério porque a igreja não o valoriza. Há quem saia covardemente do centro da vontade de Deus porque permanecer firme em seu amor e cuidado demanda uma cruz pesada. Então foge para Társis, para longe do Calvário.

A coragem de Cristo se mostrou pelo sacrifício, o sacrifício pelos outros. Pela morte, e morte de cruz. Se queremos ser mais Jesus que Jonas, precisamos começar a levar a sério o chamado do Calvário. Sem essa obediência, não existe outro chamado a considerar. Tudo vira covardia.

### ... E DANDO DE CARA COM DEUS

"Mas o S<small>ENHOR</small> lançou sobre o mar um forte vento, e levantou-se uma tempestade tão violenta, que parecia que o navio estava a ponto de se despedaçar" (Jn 1.4). Jonas compra uma passagem para Társis sem entender que o caminho da desobediência cobra um preço muito caro. No hebraico, há duas adversativas idênticas iniciando os versículos 3 e 4. Literalmente, temos: *"mas* se levantou Jonas" e *"mas* o S<small>ENHOR</small> lançou". Jonas foge de Deus, mas Deus não foge de Jonas. Deus não é passivo quando nós escolhemos fugir de nossos chamados. Ele não fica calado quando fugimos do que ele escolheu para nós.

O profeta encontra Deus na violência do mar, enquanto tentava fugir da violência de Nínive. Quando fugimos dele, há uma mão de disciplina que nos traz de volta. O texto de Jonas nos diz que se ergueu "uma tempestade tão violenta, que parecia que o navio estava a ponto de se despedaçar". Jonas tenta fugir da violência dos assírios, mas encontra a violência de Deus. Ele foge de Deus, mas, quando vira a esquina, dá de cara com ele. O profeta Jeremias diz: "Eis a tempestade do S<small>ENHOR</small>! O furor saiu, e um vendaval passou sobre a cabeça dos ímpios. A ira do S<small>ENHOR</small> não se desviará até que ele execute e cumpra os desígnios do seu coração. Nos últimos dias, vocês entenderão isso claramente" (Jr 23.19-20).

Que bênção quando a tempestade que se levanta sobre nós é um barco afundando, a saúde perecendo, a empresa quebrando, o casamento sofrendo. Porque temos a violência de Deus como um ato amoroso para nos manter perto dele. Terrível é a tempestade que se levanta pelo furor da ira de Deus para executar a justa punição daqueles que fugiram dele. Tentamos fugir das dores do chamado, mas fugir do chamado dói muito mais. Portanto, ou vamos em direção ao chamado, ou vamos para longe de Deus. Embora nos dois casos o Senhor vá ao nosso encontro, no primeiro estamos fazendo do jeito de Deus e o encontraremos com a face de misericórdia, no segundo estamos fazendo do nosso jeito, tentando seguir o próprio caminho, e encontraremos um Deus que nos arrastará em meio à violência ou nos punirá no fim dos tempos de acordo com sua vontade.

O que receberemos na eternidade é uma reprodução do que encontramos aqui. Se fugirmos *para* Deus, por toda a eternidade estaremos próximos dele. Se fugirmos *de* Deus, por toda a eternidade estaremos distantes dele. Aquilo para onde corremos é o que teremos para nós.

### CONCLUSÃO

Quantos crentes estão fugindo de Deus? Se assim nos denominamos, Deus nos alcançará. O ditado popular "ou vem pelo amor, ou pela dor" pode ser meio brega, mas contém uma boa dose de teologia. Se somos seus filhos, ele nos adverte. Quando não escutamos, ele nos puxa de volta. Se insistirmos em correr para longe de Deus, demonstramos que nunca fomos encontrados por ele, que nos encontrará para afastar-nos dele eternamente. Precisamos voltar enquanto é tempo.

Quantos estão fugindo do ministério? Jonas foi chamado ao ministério. Quantos não entendem que Deus pode estar chamando para o serviço do ministério — missões, diaconato, presbitério, pastoreio? Para muitos parece que esse chamado vai se afogando nas urgências e necessidades da vida, e assim vão deixando o chamado para trás. Mas Deus vai alcançá-los. É difícil correr por muito tempo. Deus tem seus planos, e não vale a pena fugir deles. Se entendemos que a melhor forma de glorificar o nome do Senhor é pelo serviço, não deixemos o coração ser tragado por qualquer outra coisa.

A história de Glenn J. Winuk é tocante porque ele era um bombeiro voluntário que, embora no momento da queda das Torres Gêmeas estivesse seguro em seu local de trabalho, correu para o local da tragédia a fim de salvar quantas vidas conseguisse. Outros 343 bombeiros morreram naquele dia enquanto lutavam para salvar o máximo de pessoas possível. O resgate dos perdidos também não se resume ao trabalho heroico de um único homem, mas é uma força-tarefa em que muitos se arriscam em prol de outros. Não é trabalho de um herói, mas de um grupo — um povo.

Oito séculos depois, seria na região de Jope que o Senhor falaria ao apóstolo Pedro sobre a importância de pregar aos gentios (At 10).

Enquanto para Pedro Jope foi o lugar onde Cristo lhe mostrou que ele não poderia viver olhando apenas para si, para Jonas representou um lugar de fuga de sua missão de levar o evangelho a outros povos. O que Jope significa para nós? Um exemplo de fuga, de rebelião? Ou um exemplo de que Deus pode tomar homens e mulheres em fuga para um encontro com ele, a fim de levarem a mensagem do evangelho a quem tanto precisa?

## ATO II:

## UM NAVIO RUINDO NO MAR

## 3

# SEJA FEITA A VONTADE DE CIMA, MAS PREFERIA TER MORTE SECA

JONAS 1.5-6

Em *A tempestade*, considerada a última obra de William Shakespeare, o rei de Nápoles voltava para a Itália de uma viagem de navio à África com seu filho e alguns nobres, quando são surpreendidos por uma terrível tempestade que os faz naufragar em uma ilha quase deserta. O que eles não sabem é que aquela tempestade fora provocada por Próspero, um mago que controlava uma figura poderosa chamada Ariel, com o propósito de casar sua filha com o filho do rei e, assim, escapar de seu isolamento naquela ilha. Uma tempestade gerada por um ser divino para cumprir um propósito oculto.

No primeiro ato, os marinheiros estão lutando contra o mar, quando um dos tripulantes faz uma pergunta ao contramestre, que lhe responde com impaciência. Interpelado por outro tripulante que lhe pede calma, o contramestre reage: "Quando o mar tiver paciência".[1]

Em Jonas, o mar também não tem paciência. Lemos que o vento batia violentamente contra o navio. Era Deus querendo evitar que Jonas fugisse de sua missão.

### QUANDO OS IDÓLATRAS SÃO MAIS CRENTES QUE NÓS

O texto diz que Jonas dormia em meio à tempestade, e foi repreendido pelos marinheiros. Mesmo acostumados às intempéries do mar, assustaram-se a ponto de cada um clamar a seu deus. Isso me lembra uma experiência de turbulência em um voo, logo após o acidente com o time da Chapecoense. Lembro-me da oração que fiz a Deus, porque nunca tive tanta convicção de que morreria. No entanto, ao observar as comissárias, tranquilas e comunicativas, conscientizei-me de que não havia real perigo. Se, ao contrário, elas estivessem fazendo sinal da cruz ou de joelhos clamando cada uma a seu deus, o desespero certamente teria se instalado.

Esse foi o caso no navio em que Jonas estava. Phillip Cary descreve bem como aqueles homens deveriam estar se sentindo:

> É como se o próprio mundo estivesse prestes a se desintegrar. [...] Nenhum trabalho da mão ou mente humana, nenhuma tecnologia ou habilidade, é páreo para o enorme poder desumano das águas, um poder de desordem que devolve todas as coisas de volta aos seus elementos básicos, madeira quebrada e carne desmembrada. [...] tudo o que Jonas tem é essa frágil estrutura de madeira sustentada por águas hostis e povoada por marinheiros aterrorizados.[2]

Trata-se de uma experiência terrível, mas muito comum na vida de muitos de nós. Nosso barco simplesmente despedaça e parece que tudo que nos resta são pequenas estruturas de madeira oscilando ao sabor das ondas, indiferentes às dores e dificuldades. São pessoas que deturpam a legislação com o intuito de aproveitar-se da boa-fé alheia. São doenças que persistem apesar de todos os esforços médicos e farmacêuticos. São dívidas que se acumulam, catástrofes que nos sobrevêm. Somos tomados por um sentimento de impotência. Aqueles que nos rodeiam, e que poderiam dar-nos alguma segurança, como nós estão tão amedrontados que a única coisa que resta é aceitar e ir adiante.

Embora pastores estejam acostumados a ouvir todo tipo de histórias e pecados, às vezes a resposta mais sincera é um simples "não faço a menor ideia do que fazer". Em momentos em que a força humana se extingue ou é insuficiente, o que nos resta é clamar a Deus, e foi exatamente o que os marinheiros fizeram. Cada um clamou a seu deus. O mais intrigante é que, enquanto esses homens estavam procurando sinceramente por deuses falsos, Jonas estava fugindo do Deus verdadeiro. Quantas vezes nós, cristãos, não somos constrangidos pela devoção de homens ímpios?

Extremistas religiosos se explodem e explodem outros em nome da mentira, e nós mal conseguimos amar em nome da verdade. Homens ímpios são capazes de demonstrar um tipo de devoção que acaba por constranger os cristãos.

Às vezes, Deus faz isso. Quando fugimos dele, ele nos constrange com uma fé falsa, que parece muito mais real que a nossa. Usamos como desculpa que nossa fé tem por objeto o que é verdadeiro — o Deus vivo —, mas na verdade nossa fé se revela uma sombra do que é, de fato, fé no Deus real. Jonas deveria estar orando para o Deus vivo, mas estava dormindo. Ele desceu ao porão. Quem está lá em cima são os homens sem Deus que, enquanto tentam deixar o navio mais leve, clamam por salvação. O interessante é que eles não apenas pedem, mas também agem a fim de resolver o problema, ainda que isso signifique perdas materiais. Enquanto Jonas dorme, inerte, os homens sem Deus se esforçam para salvar a vida de todos, até que se dão conta de que o fardo realmente pesado dormia no porão.

Aquela tempestade não era uma simples relação de causa e efeito da natureza, em que diligência e cuidado seriam suficientes. Era uma atuação de Deus, e nenhum ato humano os deixaria livres. Somente buscar o próprio Deus poderia livrá-los, mas Jonas está ocupado demais, dormindo. Talvez isso nos sirva de exemplo quando nós, como igreja, falhamos em nosso propósito de fazer diferença e ajudar o próximo — quando em algum momento da vida, as coisas ficam difíceis e grandes ondas se levantam. Nesse dia, vamos desejar ser a pessoa acordada no convés, não a que dorme no porão. É em momentos como esse que o que escutamos na igreja e o que lemos na Palavra começam a fazer sentido.

Às vezes, tudo que ouvimos nos parece um exagero, até que algo ruim nos sobrevém. O pai de um amigo do Ensino Médio teve câncer de estômago. Um verdadeiro drama familiar. Um dia, o pai reuniu a família — que era cristã — e disse: "Agora é a hora de os fortes serem fortes". Quando meu amigo me repetiu as palavras de seu pai, elas me marcaram profundamente. Tanto meu amigo como eu entendemos, naquele momento, que é para os dias maus que nos preparamos. Para dias em que precisaremos de encorajamento, em que precisaremos estar despertos. E, nesses dias, precisaremos buscar Deus em arrependimento e esperar que sua misericórdia nos alcance e ajude.

É exatamente isso que esses homens não sabiam. Eles não conheciam o Deus verdadeiro. Apenas jogar cargas ao mar não ajudaria. E é aqui que Jonas falha como profeta do Senhor. Ele é quem deveria falar que Deus poderia resgatá-los. É naquele momento que Jonas poderia ter sido um pregador da Palavra para aqueles homens. Mas ele continuava dormindo. Aquela tempestade era por causa de Jonas. Philip Cary diz que "é a grandeza da misericórdia e bondade de Deus que persegue Jonas no alto mar e não o deixa escapar".[3] Como os marinheiros não sabem disso, "então eles devem lutar contra a grandeza do vento e da tempestade sem o benefício de qualquer vislumbre da misericórdia insondável que lança essas coisas sobre eles. Para eles, a grande misericórdia do Senhor parece um desastre cruel e o fim do mundo",[4] e Jonas não estava lá para comunicar a verdade.

O mundo não está preparado para a violência da misericórdia de Deus. Quando ímpios olham para nossos sofrimentos, revoltam-se por não abandonarmos a fé. Quando ouvem os testemunhos referentes à pandemia, quando agradecemos a Deus por nos ter poupado, eles replicam: "Mas e os que ele não poupou? E os que morreram? Por que você não se revolta? Por que continua dando mérito a esse Deus?". A verdade é que Deus tem uma misericórdia que não entendemos e que muitas vezes nos chega como ondas de uma tempestade, balançando nosso barco e deixando as pessoas ao redor em desespero.

Jonas não sabia qual era exatamente a intenção de Deus. A misericórdia de Deus muitas vezes chega até nós como as ondas de uma tempestade. Sua misericórdia nos parece às vezes esquisita e até violenta, mas é ela que nos impede de andar por nossos próprios caminhos. Deus usa uma tempestade e quase afoga uma tripulação inteira para mostrar a Jonas que ele não pode andar do seu jeito. Na leitura do livro de Jonas, aprendemos que Deus pode levantar ondas sobre nossa vida como um exercício de sua misericórdia. Podemos não entender durante a tempestade, mas haverá um momento em que compreenderemos como as ondas que se levantaram sobre nosso barco representavam um ato de misericórdia de Deus sobre nós. Quando parece que tudo vai nos destruir e que vamos sufocar, podemos ainda assim confiar que, se somos dele, aquilo é sua misericórdia chegando sobre nós. Jonas precisava entender que o caminho de Deus é muito melhor.

Quando os momentos de tempestade lhe vierem à mente, lembre-se de que há um Deus que nos protege e nos ajuda a encontrar graça e misericórdia.

### A ESCOLA DO PORÃO

"Jonas, porém, havia descido ao porão do navio; ali havia se deitado, e dormia profundamente" (1.5). Jonas é o profeta da descida. Ele desce de Gate-Hefer para Jope; desce de Jope para o navio; no navio, desce para o porão; por fim, desce ao fundo do mar e, então, para dentro de um peixe. Renato do Vale comenta que "o caminho da desobediência é descendente. Um abismo chama outro abismo".[5] Todo esse processo de descida de Jonas mostra que, ao fugirmos de Deus, o que nos resta é descer cada vez mais fundo.

Como o homem que foge de Deus é capaz de dormir? Como alguém pode ter tranquilidade ao fugir do Deus vivo? Já passei por preocupações que me tiraram o sono. Ficava remoendo o que faria, o que poderia acontecer e coisas do tipo. Você deve ter passado por coisas parecidas. Jonas é um profeta que faz o oposto do que Deus manda, e ainda assim consegue dormir, tranquilo.

Aprendi em meu ainda curto tempo como pastor que nem sempre há uma consciência pesada na apostasia. Às vezes, quando falamos com pessoas em processo de exclusão da igreja por terem praticado pecados terríveis, suas palavras não mostram nenhum pesar. É o que denominamos sono espiritual, apatia. No começo de sua *Divina comédia*, Dante Alighieri diz: "Nem saberei dizer como é que entrei, tão grande era o meu sono no momento em que a via veraz abandonei".[6]

Acho que Jonas poderia dizer o mesmo. Por causa do sono, ele talvez nem soubesse quando abandonou a "via veraz". O sono é a melhor ilustração para a apatia. É por isso que Paulo diz: "Desperte, você que está dormindo, levante-se dentre os mortos, e Cristo o iluminará" (Ef 5.14). Quando estamos fracos espiritualmente, dormimos na fé. No entanto, o que Deus espera de nós é que estejamos alertas e vigilantes. Jonas, ao contrário, dorme. Ele era tudo menos alguém alerta. Algumas vezes, o mal nos encontra assim. Ele vem e não nos encontra alertas. O pecado nos alcança, e estamos sonolentos a ponto de ser levados pelas ondas do mar.

Jonas dorme, fugindo de Deus, e não se importa em caminhar na direção do pecado e fracassar na vida da fé.

Se nos deixarmos levar unicamente pelos sentimentos acerca da fé, o que Satanás fará é deixar-nos cada vez mais sonolentos a fim de que abandonemos a igreja, sem nem sequer nos causar dor. Vamos nos tornando cada vez mais indiferentes. Mas Deus, ao contrário, nos diz: "Acordem. Leiam a Bíblia. Participem da vida da igreja". Jonas é despertado por Deus: "O capitão do navio se aproximou de Jonas e lhe disse: O que está acontecendo com você? Agarrado no sono? Levante-se, invoque o seu deus!" (1.6). A palavra usada aqui no hebraico, "levante-se", é a mesma usada por Deus quando o manda levantar-se e ir a Nínive. É a mesma para dizer que Jonas se levantou para fugir de Deus. Deus usa o capitão do navio para acordar Jonas.

Às vezes, quando desobedecemos, Deus fala por meio dos ímpios. Jonas deveria estar em oração, mas em vez disso dormia. Quantas oportunidades de serviço e pregação nós perdemos por causa de nossa sonolência espiritual? Vamos para o trabalho e só pensamos em ganhar dinheiro. Jovens entram na faculdade e só pensam em tirar boas notas. Nos momentos de folga, não queremos nos incomodar com nada que seja "realmente espiritual". Dormimos cada vez mais em nossa vida com Deus. Tempos de tempestade são tempos de buscar a Deus, até ímpios e descrentes sabem disso. "Melhor dormir com um canibal sóbrio do que com um cristão bêbado", diz o narrador de *Moby Dick*.[7] Muitas vezes, os descrentes são mais sóbrios que nós — principalmente quando estamos embriagados pelo pecado. O marinheiro que se incomoda com o sono de Jonas no meio da tempestade antecipa o Cristo que se incomoda com os discípulos que dormem diante da tempestade que Deus enviou para sua alma. Até aqui, o profeta que poderia ser um tipo de Cristo, dá lugar a um ímpio que assume uma postura que deveria ser a de Jonas.

Tenho uma amiga que, mesmo tendo ouvido o evangelho várias vezes, só se converteu depois de ouvir uma música secular. Um homem que frequentava a igreja de um colega pastor, depois de rejeitar várias vezes a Palavra nas pregações, converteu-se lendo um Novo Testamento que encontrou na gaveta do criado-mudo de um motel. E imediatamente deixou aquele lugar. Hoje é pastor de igreja. Deus insiste conosco de muitas formas e de muitas maneiras. Infelizmente, muitas vezes não ouvimos e, como Jonas, fugimos do Senhor.

Enquanto aqueles homens no barco buscavam apenas sobreviver e insistissem que Jonas clamasse a seu Deus, tudo o que Jonas queria é que o "deus dele" o esquecesse. Por isso, Jonas não clama a Deus, apenas pede que seja sacrificado. Jonas prefere morrer afogado a submeter-se aos planos de Deus. Já para aqueles homens, que preferiam a morte seca, valia a pena submeter-se à vontade de um Deus que não conheciam para escapar da morte. Qualquer fé, qualquer deus.

Enquanto Jonas estava preocupado em escapar da desgraça em Nínive, Deus permite a desgraça para quem está no barco de Jonas. E aqui precisamos fazer o seguinte questionamento: quantos de nós já entramos em desgraça por causa do sono? Quantas desgraças o mundo já sofreu porque a igreja estava dormindo? Em vez de servir de coluna e baluarte da verdade, nos escondemos e dormimos. Não pregamos o evangelho, não investimos na obra missionária.

Quem era o verdadeiro idólatra nessa história? Aqueles marinheiros eram gentios e, claro, idólatras, mas, no final das contas, Jonas também o era. A tempestade mostrou àqueles homens sua incapacidade, mas Jonas ainda se considerava forte o bastante para fugir de Deus. A tempestade levou o capitão a achar que *talvez* o Deus de Jonas os ajudasse — ou seja, enquanto ele se coloca sob a vontade de Deus, sem tentar controlá-lo, Jonas está tentando escapar do controle de Deus.

Em outro trecho de *A tempestade*, os marinheiros clamam: "Está tudo perdido! Vamos rezar! Vamos rezar! Está tudo perdido!". Então, um dos tripulantes convoca todos à fé: "O rei e o filho rezam; imitemo-los, que o nosso caso é o mesmo. [...] Daria agora mil estádios de mar por uma jeira de terra estéril com urzes longas, tojo escuro... fosse o que fosse. Seja feita a vontade lá de cima; mas preferia ter morte seca".[8] A tempestade levou os ímpios à oração e a buscarem a misericórdia de Deus, enquanto Jonas foi levado a buscar a morte a fim de fugir definitivamente do Senhor.

Quando conhecemos a voz de Deus e respondemos com a fuga, mostramos que somos piores que os infiéis. A situação de Jonas era pior que a dos marinheiros, que talvez nunca tivessem ouvido falar de Javé.

A quem muito é dado, muito é cobrado.

## CONCLUSÃO

Em *A tempestade*, Miranda, a filha de Próspero, intercede pelos que naufragavam, ainda que o naufrágio a beneficiasse. Ela prefere o próprio exílio se o preço da liberdade significasse o sofrimento alheio. Seu pedido ao pai é quase uma oração.

> Se com vossa arte, pai querido, as águas selvagens levantastes, acalmai-as. Derramaria o céu pez escaldante [...]. Como a vista dos que sofriam me era dolorosa! Um navio tão bravo, que, sem dúvida, conduzia pessoas excelentes, reduzido a pedaços! Transpassaram-me o coração seus gritos. Pobres almas! Pereceram. Se eu fosse um deus potente, pela terra absorvido o mar seria, antes de naufragar tão bom navio com sua carga de almas.[9]

Miranda é um tipo melhor de Jonas. O profeta poderia ter feito como Miranda e implorado ao Pai, mas preferia ser morto a ter que olhar nos olhos de Deus.

Ao contrário de Jesus, que vivia pela fé e sabia que nada poderia impedir sua missão — e que, por isso, podia dormir tranquilamente durante uma tempestade —, Jonas traiu a verdadeira fé e dormia no porão porque fugia de sua missão. Deus não quer de nós o descanso dos ímpios, que fogem da verdadeira fé, mas o descanso dos justos, que confiam em um Senhor que é poderoso. Se queremos ser como Cristo, que dorme em meio a uma tempestade porque crê no Deus vivo, precisamos viver de acordo com o chamado de Deus para nós cientes de que seu interesse é o que há de melhor e mais justo. Se nosso coração não estiver confiante do que Deus quer fazer em nossa vida, seremos como Jonas e nos esconderemos cada vez mais dele.

A peça de Shakespeare encerra com um discurso de Próspero ao público, que muitos interpretam ser a despedida do Shakespeare idoso. Próspero pede ao público que o perdoe, porque só lhe restara um temor escuro, e clama pelo perdão de seus pecados. Ele quer seu contrato de dívida pago, como Jesus fez na cruz (Cl 2.14): "Restou-me o temor escuro, por isso, o auxílio procuro; de vossa prece que assalta até mesmo a Graça mais alta; apagando facilmente as faltas de toda gente. Como quereis ser perdoados de todos vossos pecados, permiti que sem violência me solte vossa indulgência".[10] Essa deveria ser a oração de Jonas, e a nossa. Não a uma plateia, mas àquele diante do qual vivemos nesse palco da vida.

Nas tempestades, sejamos encontrados fiéis, seguros porque, como Cristo, cremos no Deus vivo. Sejamos exemplos de permanência na fé para aqueles que Deus colocou em nossa vida, mesmo nas piores tempestades. A pergunta é: Será que podemos procurar Deus nos dias difíceis, arrependidos de nossas falhas, esperando que ele olhe para nós com a face de misericórdia? Ou permaneceremos nos porões da vida, fugindo de Deus, onde até os infiéis podem nos repreender por nossas faltas?

Precisamos decidir onde queremos estar nos dias difíceis: ao lado de Deus ou fugindo de sua boa mão?

# 4

## POR SEIS VEZES FOI MELHOR SER PAGÃO

JONAS 1.7-10

Graça especial e graça comum são duas expressões que, embora não apareçam dessa forma na Escritura, nos ajudam a compreender duas verdades reveladas por Deus em sua Palavra. Graça especial é como denominamos a graça a que as Escrituras normalmente se referem. Trata-se da graça alcançada pela obra redentora de Cristo Jesus, que nos chega pela atuação do Espírito Santo. É a graça que alcançamos pela fé e pela qual somos salvos. É dom de Deus.

Já a graça comum é o termo teológico usado para expressar o que há de bom e justo e o que é comum a todas as pessoas. É uma referência à graça de Deus que alcança toda a humanidade. É a graça de que Deus lança mão ao fazer que a chuva também caia sobre o campo do ímpio e que o sol se levante sobre ele (Mt 5.45). Deus ama o ser humano e manifesta sua graça aos descrentes, que podem responder a ela. Há muitas coisas boas produzidas por pessoas que não têm Deus, e isso provém da graça comum.

Quando ambos os conceitos são bem compreendidos, percebemos que há um tipo de graça superior ao outro. A graça especial é absolutamente superior à graça comum. A graça comum é entregue por Deus a todos os seres humanos como expressão de sua bondade, e é ela que os leva a produzir o que é bom, justo e belo, mesmo sem terem encontrado a salvação. Já a graça especial é muito melhor porque por meio dela recebemos de Deus a salvação, que não pode ser superada ou igualada ao favor genérico oferecido por Deus a todos, incluindo os que não o conhecem.

O texto de Jonas menciona um momento muito raro das Escrituras, quando a graça comum parece superar a graça especial. Pela graça comum, homens sem Deus agiram de forma muito mais correta e justa que aquele que havia recebido a revelação especial de Deus.

## OS ÍMPIOS ESTÃO PREOCUPADOS COM A VONTADE DIVINA; JONAS SE OPÕE A ELA

Jonas 1.7 começa relatando que "os marinheiros diziam uns aos outros: — Vamos lançar sortes para descobrir quem é o culpado desse mal que caiu sobre nós". A cena que acabamos de ver no capítulo anterior mostra o capitão falando com Jonas e sendo voz de Deus na vida dele. Agora, a cortina dessa peça se abre e mostra os marinheiros falando uns com os outros, e eles decidem lançar sortes entre si para descobrir o culpado do mal que recaía sobre eles.

Aparentemente os marinheiros entenderam que aquela tempestade intensa não podia ser natural. Devia ter algo divino nela, daí a decisão de tirar sortes para descobrir a vontade divina. Tirar sortes era muito comum tanto nas religiões pagãs como no judaísmo, no Antigo Testamento (Js 7.16-18; 1Sm 10.20-24; 14.40-42; Pv 16.33), e mesmo no Novo Testamento (At 1.26). Em contrapartida, Jonas — que não precisava lançar sortes por já ter ouvido o próprio Deus falar-lhe diretamente e por ser um homem dotado da graça especial — escolhe fugir.

Não é isso que também ocorre neste mundo? Pessoas que não têm, como nós temos, a mesma revelação de Cristo, que não têm a mesma maturidade, não frequentam culto nem escola bíblica dominical, na hora do aperto correm para Deus. Buscam ouvir o Senhor. Procuram um profeta, uma revelação, uma vigília, abrem a Bíblia aleatoriamente na esperança de dar com um versículo que ajude. Enquanto nós, que já temos sabedoria bíblica para tomar decisões segundo a vontade de Deus por meio das Escrituras, muitas vezes fugimos conscientemente do que é a vontade e a revelação de Deus em nossa vida.

Aqueles homens estão preocupados devido ao mal que lhes sobreviera. É interessante que esse é o segundo momento em que a palavra "mal" aparece no livro. Primeiro, para falar de Nínive e, agora, para falar daquilo que Jonas trouxe sobre quem está com ele no barco. Quando fugimos de

Deus, nos tornamos muito parecidos com aqueles que rejeitamos. Jonas não quer ir a Nínive porque os assírios causaram mal a Israel. No entanto, ao fugir de Nínive, Jonas causa mal aos gentios, aproximando-se, com isso, daquilo que ele rejeita. Por medo do que a vontade de Deus pode causar em nós, a verdade é que nos tornamos instrumento de sofrimento e dor. Jonas também estava recebendo daquele mal. Ao fugir do mal de Nínive, encontra o mal da tempestade.

Quando fugimos da dor da obediência a Deus, caímos na dor da desobediência. Obedecer a Deus é difícil, mas desobedecer-lhe é terrível.

### OS ÍMPIOS ACREDITAM; JONAS AGE COMO UM DESCRENTE

A parte final de Jonas 1.7 diz que os marinheiros "lançaram sortes, e a sorte caiu sobre Jonas". Agora, eles questionariam o profeta. Eles entendiam que, se a vontade divina apontava para Jonas como o culpado daquele mal, deveriam ir até ele. Interessante é que Jonas possuía acesso a uma vontade muito superior à que aqueles homens se devotavam, mas não vai até aqueles a quem Deus o comissiona. Os ímpios se mostram mais missionários que o profeta de Deus.

O mundo é profundamente missionário. Professores tentando convencer os alunos de suas ideologias. Empresários tentando convencer seus clientes de sua visão de mercado. Políticos e seguidores tentando convencer-nos de sua visão partidária. Muitos de nós se deixam levar pelo vento das diferentes ideologias, pregando-as sistematicamente, sem entender que temos uma revelação especial que nos faz profetas do Deus vivo. Podemos até ter nossas preferências de investimento, ideológicas, político-partidárias, mas Jesus é nossa mensagem. Jesus é nossa pregação. Enquanto o mundo é missionário, apregoando seus projetos pessoais e humanos, nós deveríamos superá-lo pregando a mensagem que destrona os reinos deste mundo e reduz sua existência a nada, porque virá aquele diante de quem os montes tremerão e as montanhas derreterão.

Se não aceitamos o fato de que Deus nos comissiona, o que estamos fazendo com nosso chamado? O que estamos fazendo com a revelação do Deus que nos envia não para politizar o mundo mas para levá-lo a arrepender-se de pecados e aproximar-se do Deus vivo? É inaceitável que pessoas sem Deus tenham mais vigor para pregar suas mensagens temporais e mundanas que nós para falar da redenção oferecida pelo Deus vivo.

Na história de Jonas, ele será enviado ao mar e engolido por um grande peixe. Ele é preparado como um objeto de sacrifício. Vários comentaristas concordam que o tirar sortes, e ela recair sobre Jonas a fim de ser jogado para fora do barco, lembra muito o que acontece na Lei, no Dia da Expiação. O sacerdote lançava sortes para escolher qual entre dois bodes seria para o Senhor e qual seria o emissário. Este era enviado ao deserto, onde vagaria como animal impuro e parte do ritual de purificação de todo o povo.

Aqui, Jonas é alguém que, como um animal impuro, se torna o bode expiatório, "rejeitado como indigno de Deus, uma abominação ao invés de uma oferta. Portanto, o bode expiatório não é sacrificado, mas simplesmente jogado fora — novamente, como Jonas lançado ao mar".[1] Nesse cenário, os gentios cumprem a função do sacerdote, preparando Jonas para ser lançado fora. Deus com isso está ensinando algo a Jonas. Embora ele estivesse rejeitando os ímpios, Deus, usando de sua graça comum, os coloca como sacerdotes diante do profeta, mostrando-lhe que os gentios também lhe pertencem.

Quando fugimos da revelação de Deus, rejeitando a graça especial, ele pode usar da graça comum para nos humilhar e ensinar.

### OS ÍMPIOS PARECEM INTERESSADOS EM ENTENDER JONAS; O PROFETA QUER SE AFASTAR DOS DESCRENTES

Lemos na sequência do texto: "Então lhe disseram: Agora nos diga: — Quem é o culpado por este mal que nos aconteceu? Qual é a sua ocupação? De onde você vem? Qual a sua terra? E de que povo você é?" (Jn 1.8). Pela terceira vez, o termo "mal" aparece no livro. Primeiro referindo-se a Nínive, depois à tempestade, e agora diretamente focado em Jonas. Ele era o culpado pelo mal. Ao fugir, Jonas se tornou mal.

Certo dia, conversando com um jovem, ele me dizia que precisava se arrepender profundamente. Ele se alegrara com a notícia de um massacre a muçulmanos. Raramente estremeço ao ouvir algo, mas a fala dele me deixou preocupado. O jovem havia gostado do que tinha visto porque se sentiu recompensado pelo que os muçulmanos fazem com os crentes. Mas ele também me disse que ouvira sobre o testemunho de conversão de um ex-muçulmano, e que isso o fizera entender que seu coração estava no lugar errado. Infelizmente, a ideia de arrependimento desse jovem não foi verdadeira, e hoje ele está longe de Deus.

Esse caso nos leva a refletir sobre o que acontece conosco quando desprezamos os outros. É fato que países islâmicos que perseguem igrejas cristãs estão praticando o mal. Contudo, quando olhamos para o mal que nos é dirigido e o projetamos nos outros, o que estamos nos tornando senão piores do que os que perpetraram o mal? Que história é essa de alegrar-nos com a morte de muçulmanos quando somos ensinados a amar incondicionalmente e orar pelos que nos perseguem? Como podemos achar bom que pessoas morram simplesmente por pertencerem à mesma religião ou etnia daqueles que matam cristãos? Talvez eles nem mesmo concordem com a ação dos radicais de seu povo. Por que temos o desejo de punir os muçulmanos como se todos fossem seres merecedores de morte, apenas porque alguns são radicais e terroristas? Quando nós, que conhecemos a verdade, temos prazer na morte dos inimigos, estamos sendo partícipes da maldade.

O coração pode facilmente tornar-se vingativo, e com isso abandonamos os princípios mais elementares do evangelho. Em vez de vermos os muçulmanos como um campo missionário, como pessoas que devem ser amadas, alcançadas e servidas, os vemos como inimigos porque há muçulmanos que matam cristãos. Havia ninivitas que matavam israelitas. Mas a função de Jonas era ir até eles e pregar. É fácil odiar e alimentar a ideia do nós contra eles. Já vi crentes levantarem a mão no culto para adorar a Deus e com a mesma mão escrever "é isso mesmo" quando veem ser agredido alguém que não comunga de sua ideologia política. A mesma boca que louva Deus insulta quem participa da manifestação do político da legenda rival.

Embora muito facilmente nos transformemos em gueto de ódio e repulsa, somos chamados para agir como Cristo agiu — amando, servindo, pregando. Nossa função não é mudar a ideologia de ninguém, mas mudar sua fé. Nossa função não é heterossexualizar o homossexual, mas transformá-lo em servo de Jesus, pela fé. O problema do radical não é seu viés ideológico, assim como o problema do homossexual não é sua orientação sexual. O problema deles é a rejeição a Jesus. Esse é o problema de todos que não professam Cristo como seu Senhor.

Os marinheiros deram oportunidade a Jonas de se defender. Eles o tratam melhor que Jonas os trataria. Dirigem-lhe uma série de perguntas. O que eles não sabiam, porém, é que essas perguntas humilhavam Jonas. Ele era, sim, o culpado. Ele era profeta do Deus vivo. Jonas, porém, não podia responder às perguntas, pois isso o incriminaria. Essas perguntas o lembravam da missão de que ele fugia. Os ímpios parecem interessados em entender Jonas, mas ele está interessado em fugir.

Às vezes, teremos de nos explicar diante do mundo perdido porque ele olha para nós.² O mundo está atento para nos condenar ao menor erro. O Sermão do Monte nos diz que o mundo deveria ver nossas obras como uma cidade iluminada em um monte (Mt 5.13-16), e por elas vislumbrar Deus. Infelizmente, embora Jonas pudesse fazer o bem para o mundo, estava sendo provado por ele. Se os dois maiores mandamentos são amar a Deus sobre todas as coisas e o próximo como a nós mesmos, ao deixar de amar Deus corretamente, Jonas deixa de amar corretamente o próximo. Em vez de promover bondade, justiça e misericórdia, Jonas promove uma tempestade sobre os outros.

No último dia, o mundo será testemunha de nossas ações e de nossa omissão. O mundo nos questionará. E teremos de responder não só ao mundo, mas a Deus por cada uma das fugas da missão para a qual ele nos comissionou.

## OS ÍMPIOS AGIRAM COM JUSTIÇA MESMO ADORANDO DEUSES FALSOS; JONAS FOI COVARDE

O texto diz que Jonas respondeu do seguinte modo: "Eu sou hebreu e temo o Senhor, o Deus do céu, que fez o mar e a terra" (Jn 1.9). Essa resposta de Jonas é absolutamente intrigante. As circunstâncias por trás da identificação de Jonas como hebreu têm um significado um pouco diferente do que temos hoje. Alguns comentaristas entendem que o termo "hebreu" não identifica Jonas de forma muito precisa. Não o identifica como pertencente a algum lugar em particular (como "assírio" ou "ninivita"), nem esclarece sua linhagem (como "israelita", literalmente "filho de Israel", ou "judeu", literalmente "filho de Judá"). O povo "hebreu", na época de Jonas, remontava não a Abraão, mas a um homem chamado Éber, muitas gerações anteriores a Abraão (Gn 11.16-27). Ou seja, ele não está se identificando exatamente como parte do povo eleito.

Phillip Cary entende, ainda, que talvez o significado primário de "hebreu", nessa época, não tenha a ver com etnia, mas com status social.³ Os hebreus eram tipicamente sem-teto, muitas vezes refugiados, soldados mercenários ou desertores, sempre com a conotação de forasteiros e estrangeiros (veja Gn 39.14; 43.32; Êx 1.15-16; 2.6-7,11-13). Não é um termo que os israelitas normalmente usassem entre si. É como se Jonas estivesse dizendo: "Eu não sou ninguém. Eu sou estrangeiro. Um homem errante, de lar incerto, um desprezado, uma escória". Embora ele não tenha coragem de se identificar como pertencente ao povo de Deus, ele reconhece quem o colocou nessa situação. No fim das contas, é isso que importa para ele. Não quem ele era, mas a quem ele servia. O problema não era a fuga em si, mas o porquê dela: ele estava fugindo do único Deus verdadeiro.

Jonas identifica Javé como o Deus que criou o mar e a terra. Os falsos deuses são geralmente muito específicos — o deus do mar, o deus da colheita, o deus da terra etc. Um deus não atuava na área do outro. Jonas apenas diz que o Deus de quem ele fugia era o Deus do céu que criou o oceano. Mas esse Deus se importava com um único homem, ainda que esse homem se autodeclarasse escória.

Quando eu era estudante universitário, ouvia muitos colegas de faculdade dizendo que Deus não se importa com o casal de namorados fazendo sexo enquanto as pessoas passam fome na África. E, no entanto, o Deus que criou o universo se importa com o pecado, seja ele qual for. O Deus que criou os céus e a terra, que cuida de cada detalhe do universo, se importa com a maneira como o marido fala com a esposa, como os pais educam seus filhos, como gastamos o nosso dinheiro. Essa realidade deveria não apenas nos consolar diante de nosso senso de pequenez, mas também nos atemorizar, pois o modo como vivemos importa para o Deus do universo.

Deus é grande. Coisas incríveis e enormes estão diante dele, mas nossa vida também é grande para ele. Aqueles homens ficaram temerosos diante da revelação de um Deus tão poderoso. Nós também deveríamos.

**OS ÍMPIOS ENTENDERAM QUE JONAS OS ESTAVA PREJUDICANDO; JONAS SÓ SE PREOCUPAVA EM NÃO SER PREJUDICADO**

"Então os homens ficaram com muito medo e lhe perguntaram: — O que é isso que você fez?" (Jn 1.10). Essa frase, "O que é isso que você fez?", não expressa dúvida, mas condenação. É isso que Deus pergunta a Eva após o primeiro pecado (Gn 3.13). É a pergunta que Deus faz a Caim após o primeiro assassinato (Gn 4.10). É a pergunta que Jacó faz a Labão quando este o engana (Gn 29.25), e que Labão faz a Jacó quando este foge (Gn 31.26). É também a pergunta que Samuel faz a Saul quando descobre que este cometeu sacrilégio (1Sm 13.11).[4] Uma pergunta de condenação.

O texto diz que os homens ficaram "com muito medo". Eles tiveram mais medo de Deus que do naufrágio, enquanto Jonas teve mais medo da tempestade que de Deus. Jonas está sendo repreendido por aqueles a quem ele deveria alcançar. Um dia, enquanto esperava Catarina terminar sua refeição para começarmos o culto doméstico, me distraí olhando os stories do Instagram. Ao ver a casa de um amigo milionário, confessei minha inveja a Isa, minha esposa. Imediatamente Catarina me olha e diz: "Papai, não diga isso. Olhe pro céu". Tomei um susto! Catarina obviamente não fazia a menor ideia do que estava dizendo, mas Deus falou por meio da minha filha. Enquanto me preparava para o culto doméstico, minha filha me disse para olhar para o céu, e não para as casas deste mundo!

Às vezes, aqueles que deveríamos estar alcançando estão nos repreendendo. Deveríamos estar pregando para nosso patrão, mas ele está nos repreendendo por sermos funcionários ruins. Deveríamos estar alcançando o cônjuge descrente, mas estamos sendo repreendidos por agirmos de modo que não glorifica a Deus nem o casamento. Muitas vezes o mundo vai nos repreender. No texto de Jonas, os marinheiros estão cobrando do profeta uma resposta, uma atitude: "O que é isso que você fez?". São os gentios olhando para o homem de Deus e questionando: "O que é isso que você fez?". Cary diz que "esta não é uma pergunta educada, mas um anúncio da culpa".[5]

É claro que o mundo vive tentando arranjar alguma desculpa para incriminar a igreja. Qualquer escorregão será aproveitado para tentar nos destruir. Qualquer pastor com alguma relevância que tenha uma fala infeliz virará notícia em páginas de jornais e nas redes sociais. O mundo cobrará da igreja um tipo de comportamento que nunca cobraria de si mesmo. Apesar disso, o mundo pode ser instrumento de Deus para nos repreender com justiça. Quantas igrejas não acabaram sendo julgadas pelo mundo durante a pandemia? Na Coreia do Sul, as pessoas estavam conseguindo evitar a covid-19 quando uma igreja neopentecostal entendeu que deveria ir à China para profetizar contra a covid-19. Essa igreja acabou trazendo a doença para seu país. Esse e tantos outros casos que ocorreram e ocorrem não são testemunhos do evangelho. Deveríamos ser os primeiros a abrir mão e a nos sacrificar em amor pelo mundo. Em vez de nos colocarmos como os últimos da fila para amar, servir e cuidar, deveríamos nos colocar como os primeiros. É por isso que muitas vezes somos dignos da repreensão dos descrentes, o que é vergonhoso.

Deus não nos fez para sermos motivo de chacota dos descrentes. Temos que estar atentos para ser simples como pombas, mas muito mais sagazes que serpentes. Precisamos ser autossacrificiais o tempo todo, para que o mundo não aponte para nós.

Jonas leva o nome de Javé. Leva o nome de seu povo. É um profeta do Deus vivo. E Jonas está sendo julgado pelos descrentes. É isso que acontece quando fugimos do chamado de Deus, quando abandonamos o modo bíblico de pensar a igreja, quando deixamos de viver para os outros e passamos a viver para satisfazer as próprias vontades. Isso fará que o mundo zombe de nós e nos questione, sem que tenhamos como nos defender.

O homem que tem a graça especial recebeu o juízo de Deus através dos ímpios, que perguntam: "O que você fez?".

### OS ÍMPIOS ENTENDERAM RAPIDAMENTE QUE NÃO DÁ PARA FUGIR DE DEUS; JONAS AINDA INSISTIA NA FUGA

"Pois aqueles homens sabiam que Jonas estava fugindo da presença do SENHOR, porque ele lhes havia contado" (1.10). Se Jonas lhes contara, por que lançaram sortes? Jonas fala de seus pecados aos descrentes, sem que eles pudessem entender o significado disso. Em vez de pregar sobre a importância de irmos a Javé, Jonas prega sua fuga pessoal de Deus.

É o que acontece quando nos desviamos. Na apostasia, a carne tende a ser muito sincera e falamos de coisas que o mundo não deveria saber. E é aqui que está a virada na história de Jonas. Quando aqueles marinheiros entendem quem é o Deus de Jonas, eles tremem. "É por isso que quando a tempestade vem sobre eles, embora todos saibam que Jonas está fugindo do Senhor, não lhes ocorre que ele é culpado por outra coisa senão por não invocar seu deus."[6] Agora que eles entendem quem é esse Deus, sabem que não é possível fugir dele.

Se até os descrentes correriam para ele se soubessem quem é esse Deus, como nós, sabendo quem ele é, podemos fugir dele? Enquanto Jonas, profeta de Javé, ainda insistia na fuga, os ímpios entenderam muito rápido a impossibilidade disso.

## CONCLUSÃO

Deus concede a graça comum aos descrentes. Devemos entender que Deus também fala através deles e, por isso, precisamos ser humildes para perceber que há algo de Deus sendo transmitido por essas pessoas. Aprendemos medicina, direito, tecnologia, entre tantos saberes, por meio de descrentes. Mas é preciso entender também que apenas pela graça especial podemos ter salvação. Jonas não seria perdoado e reerguido pela sabedoria de homens ímpios. Jonas não seria perdoado e redimido pela graça comum que alcançou aqueles homens. Não seriam eles que transformariam o coração de Jonas. O que transforma Jonas é uma revelação especial.

Diante da atitude de Jonas, talvez um ímpio pudesse até pensar que ser descrente é uma escolha melhor. O ímpio até pode nos pegar em nossas hipocrisias e erros, mas só existe uma forma de ele se redimir do pecado: em Cristo. Como igreja, algumas vezes somos passíveis da repreensão do mundo, mas o descrente só encontrará redenção na obra perfeita do nosso Deus.

O crente pode achar que o mundo tem muita razão às vezes, e que os descrentes têm motivos para nos repreender. Nossos amigos sem Deus podem nos colocar numa saia justa ao confrontar-nos por nossa hipocrisia como cristãos e questionar nossa índole. A resposta não é passar para o lado deles, mas arrepender-nos e aproximar-nos mais de Jesus Cristo. É possível que esses descrentes nem saibam que estão sendo usados pelo Deus que rejeitam a fim de beneficiar a igreja e mostrar aos crentes o caminho certo. Deus é tão gracioso que pode usar o descrente como instrumento de nossa correção. Nesses casos nossa postura deve ser baixar a cabeça, mas não para eles e, sim, para o Deus vivo. Correr não na direção do mundo, mas para o caminho que leva ao único que pode nos perdoar.

Precisamos da graça especial e saber usufruir, com sabedoria, a graça comum. Acima de tudo, precisamos nos submeter à graça de Cristo, a única capaz de salvar.

# 5

## PREFIRO MORRER A ME ARREPENDER

JONAS 1.11-13

Quando Herman Melville terminou de escrever *Moby Dick*, enviou uma carta a Nathaniel Hawthorne, dizendo: "Escrevi um livro maligno".[1] Embora ele não explique o motivo de sua afirmação, a interpretação tradicional desse clássico da literatura é que ele mostra a obsessão do homem por vencer Deus. O capitão Ahab teve uma de suas pernas devorada por uma baleia cachalote chamada Moby Dick. O texto narra de ponta a ponta a terrível saga de Ahab em busca de sua baleia inimiga — uma intensa busca por vingança. Ahab consegue juntar imediatos de diferentes culturas em seu navio, convencendo-os a participarem de sua jornada. A obsessão do capitão acaba se tornando a obsessão de todos que viajam com ele.

*Moby Dick* traz inúmeras citações bíblicas. Uma das cenas do livro mostra uma igreja em que o pregador, o pastor Mapple, profere um sermão sobre o livro de Jonas. O capítulo 9 de *Moby Dick* fala sobre o que aqueles marinheiros poderiam aprender com o exemplo de Jonas. O homem se sente mastigado por Deus, com algo arrancado de si. Vencer Deus seria a única forma de libertar-se dele. É um livro maligno, segundo Melville, justamente porque mostra como o homem está o tempo todo obcecado por vingar-se daquele que lhe tirou alguma coisa.

No livro de Jonas, temos o relato de alguém que está no mar e também tentando vencer Deus. Se, na obra de Melville, o capitão Ahab quer vencer Deus perseguindo-o insistentemente, no texto bíblico, Jonas quer distância de Deus navegando para o mais longe possível dele. Ahab quer enfrentar Deus cara a cara. Jonas quer fugir de Deus. Enquanto Ahab busca incessantemente até encontrar Moby Dick — que representa o seu deus que lhe tirou alguma coisa —, Jonas tenta fugir de Deus e acaba frente a frente não só com a "baleia", mas, principalmente, com o próprio Senhor dos mares.

## O TEMOR DOS GENTIOS

Jonas 1.11-13 mostra parte do processo da queda do profeta:

> Então lhe perguntaram:
> — O que devemos fazer com você, para que o mar se acalme?
> Disseram isto porque o mar ia se tornando cada vez mais tempestuoso.
> Jonas respondeu:
> — Peguem-me e me lancem no mar; então o mar ficará calmo. Porque eu sei que, por minha causa, esta grande tempestade caiu sobre vocês.
> Em vez disso, os homens remavam, esforçando-se por alcançar a terra, mas não podiam, porque o mar ia se tornando cada vez mais tempestuoso contra eles.

Em *Moby Dick,* o pastor Mapple diz que o navio de Jonas "foi o primeiro barco contrabandista de que se tem notícia, e o contrabando era Jonas". O profeta havia sido chamado para pregar em Nínive, que ficava cerca de quatrocentos quilômetros de Gate-Hefer, onde Jonas estava, mas ele foge para Jope, que ficava a uns oitenta quilômetros na direção oposta a Nínive. Ele pega um navio no qual seria difícil de ser encontrado e que o levaria a quatro mil quilômetros de sua localização, a cidade de Társis. A tempestade o surpreende e Jonas precisa aceitar seu destino que, muito além de ser engolido por um grande peixe, era ser engolido por Deus.

Mas, apesar da intensa tempestade e do pedido de Jonas, os marinheiros tentam remar e alcançar terra, o que sugere que talvez não estivessem tão distantes dela. Eles esperavam que Jonas os instruísse de alguma forma para que a ira de Deus fosse aplacada e eles não fossem mortos. Era o momento de Jonas exercer seu ministério, usando seu próprio pecado como meio de pregar o evangelho aos gentios. Ele poderia ter dito: "Amigos, eu estava fugindo de Deus, mas entendi que não dá para fugir dele. Este Deus é poderoso, é o Deus de Israel, para o qual todos devemos nos voltar em oração e arrependimento a fim de que ele nos perdoe". Mas não é que Jonas faz. Ele não só evita ir pregar a quem precisa como ainda evita pregar quando o povo vem a ele. Jonas perde a oportunidade do arrependimento.

Uma situação muito semelhante à nossa quando Deus traz até nós pessoas que não o conhecem para que preguemos o evangelho, mas perdemos a oportunidade porque não sabemos o que fazer. Deus está nos dando a chance de explicar ao mundo a grande razão de seu sofrimento: o pecado. No texto bíblico, ao olharem para Jonas, os marinheiros não veem o profeta do Deus vivo, aquele que estava com o povo de Israel profetizando o aumento das fronteiras. Em vez disso, veem o Jonas fraco, frágil e pecador.

Às vezes, simplesmente não estamos prontos para usar nossas falhas como instrumento para pregar o evangelho. Às vezes, o mundo não nos encontrará no melhor momento e, quando os ímpios nos pegam no pecado, fingimos que nem somos crentes. No entanto, é quando os ímpios nos pegam em nossos pecados que Deus nos dá a oportunidade de, como uma forma de arrependimento, ensinar os ímpios. É o momento de assumir nossos erros e de confessar que contrariamos a própria fé.

Pode ocorrer de o descrente querer nos desculpar por nosso pecado com frases como: "Que é isso, cara. Todo mundo faz isso. Você é crente, mas é homem também". É nesse momento que nossa postura diante dele deve ser de arrependimento. Nosso arrependimento pode ser um instrumento para levar o evangelho a quem está ao redor. Jonas não usa a oportunidade de voltar atrás como um recurso para apresentar àqueles homens não apenas a severidade, mas também a bondade e a misericórdia de Deus. Jonas permanece firme em sua escolha de fugir do Senhor. Ele aceita ser tratado como contrabando, como carga a ser descartada. As pessoas, afinal, estavam preocupadas em sobreviver. E, no entanto, não entendiam que estavam diante de um Deus que é muito mais tempestuoso que qualquer oceano. Eles não deveriam temer a altura das ondas, mas sim aquele que levanta as ondas com seu sopro.

Como igreja, precisamos ser esperança para o mundo para além das dificuldades do mundo. Precisamos ser voz para acalmar as pessoas na dificuldade e além dela. Jonas falha e parece olhar para as pessoas da mesma forma que os marinheiros: como se todo o problema fosse a tempestade, a imensidão do mar, quando, na verdade, tudo girava em torno da imensidão do amor e da severidade de Deus com Jonas naquele momento. E era Jonas quem precisava responder à pergunta daqueles homens.

### O SACRIFÍCIO DE JONAS

E o texto diz que Jonas respondeu: "Peguem-me e me lancem no mar; então o mar ficará calmo. Pois eu sei que é por minha causa que esta violenta tempestade caiu sobre vocês" (Jn 1.12). Jonas assume a culpa do que está acontecendo. De certo modo foi um ato de coragem. Nem sempre somos capazes de assumir a culpa quando as coisas vão mal. Quando ocorre uma crise no casamento, raramente um dos cônjuges assume sua culpa. Em geral, um acusa o outro. Nossa cultura é de uma terceirização da responsabilidade cada vez mais profunda. A culpa é do signo, das estrelas, da infância, dos pais, dos traumas, do ambiente, dos filhos etc. Em meus muitos aconselhamentos de casais em crise nunca ouvi um dos cônjuges dizer: "Se eu mudar, o casamento melhora". Tudo que nos incomoda em qualquer instância em geral não tem a ver conosco diretamente. Não é nossa responsabilidade.

Jonas pôde reconhecer que ele era o causador da tempestade. Ele poderia ter culpado aqueles marinheiros, por serem ímpios e por não conhecerem o Deus de Israel, mas Jonas não joga a culpa sobre eles. Em vez disso, reconhece ser sua a responsabilidade por aquela situação. Claro que não estamos nos referindo à autocomiseração, mas à necessidade de lutar contra o pecado do orgulho quando nos esquivamos da culpa. Deveríamos, agora sim, seguir esse exemplo de Jonas e assumir nossas responsabilidades diante de Deus.

Entretanto, se de um lado Jonas reconhece e assume sua culpa, de outro ele não se arrepende. Jonas poderia ter simplesmente se arrependido de seu pecado, mas em vez disso tenta uma solução mais radical ao pedir que fosse lançado ao mar. Ele quer morrer, e assim resolver o problema, quando ele sabia — e nós também — que bastava arrepender-se. Os marinheiros oraram cada um ao seu deus, mas não há nenhum registro de que Jonas tenha buscado Javé.

Não é assim que fazemos? Às vezes, um marido me diz: "Pastor, a gente só se maltrata nesse casamento, eu vou embora — é melhor do que a gente ficar se matando e sendo infeliz". Então, eu digo que a solução muito mais simples é que ele se arrependa. Pelo menos metade do casamento ficará bom. Já é um começo. Mas essa postura de fuga é comum quando as coisas vão mal. Pulamos de igreja em igreja, relacionamento em relacionamento, trabalho em trabalho porque sempre achamos que não dá para resolver nada. Mas bastaria o arrependimento. E não era diferente com Jonas. Bastaria que ele se arrependesse. E esse foi o problema de sua confissão. Faltou arrependimento.

Embora possamos reconhecer que pecamos contra Deus, podemos fazê-lo com um coração não disposto a acertar as coisas com ele. Jonas pede que o tratem como mais uma carga do navio, e que simplesmente o lancem ao mar. Em *O mito de Sísifo*, o escritor francês Albert Camus diz que "só há um problema filosófico verdadeiramente sério: o suicídio".[2] Parece extremo, mas na vida podemos passar por esse tipo de endurecimento. Em momentos particulares de sofrimento, podemos achar, como Jonas, que é melhor morrer que viver. E que assim resolveremos o problema.

Em conversas com colegas pastores que passam por crises depressivas, percebo que a postura suicida se instala por não desejarem mudar a maneira de viver. Quando lemos a história de fora, pensamos: "Jonas, é só se arrepender, cara! Não precisa disso!". Deveríamos olhar assim também para nós mesmos. É só nos arrependermos, não precisa disso. É só corrigir a rota, não precisa disso. A ideia do suicídio vem pela tentação e pela mentira. Jonas se sentiu compelido à morte porque não considerou todas as possibilidades, ou rejeitou a possibilidade real de resolver sua vida. No entanto, ele aceita as mentiras que passam em sua mente, e se convence de que a morte é o único caminho. Você já passou por isso? Já pensou: "É melhor morrer que viver assim", ou "É melhor morrer que minha esposa descobrir meu adultério", ou "É melhor morrer que meu chefe descobrir que desviei parte do dinheiro"? Quando estamos vulneráveis ou falhamos, Satanás quer nos fazer acreditar que a morte pode ser a solução.

O pastor Mapple, em *Moby Dick*, diz que "para obedecer a Deus, precisamos desobedecer a nós mesmos, e eis a dificuldade de obedecer ao Senhor".[3] Imagino quão doloroso deveria ser para Jonas ter que se arrepender a ponto de preferir morrer a fazê-lo. Obedecer a Deus é negar a si mesmo. Para obedecer ao Senhor, precisamos ter coragem de lançar ao mar nosso orgulho, ego e medos, confiando que Deus pode nos perdoar e acolher. Jonas nem sequer tem coragem de se lançar ao mar, e joga essa responsabilidade sobre os imediatos do navio. Ele mistura disposição ao autossacrifício com passividade diante do mal causado por ele mesmo.

Isso também ocorre conosco. Nosso pecado também tenta se disfarçar de virtude. Já ouvi confissões de pecado disfarçadas de virtude. Maridos viciados em pornografia que, ao serem confrontados, diziam ser menos pior que adultério. Essa não é a postura de alguém que está arrependido com o pecado. Temos a lei de Deus no coração. Entendemos que há um padrão de certo e errado. Então, buscamos encontrar uma justificativa para fazer o mal. "Meu patrão mal aparece por aqui e ainda assim ganha muito dinheiro. O que pego por fora não é roubo, é justiça." "Pastor, esses flertes na internet não são coisa séria. É só porque meu marido não me dá carinho e atenção."

Falsas virtudes não acalmam a ira da tempestade divina. Jonas sabia que ele era a causa daquela grande tempestade que caía sobre todos. Seu pecado trouxe desgraça sobre os outros. Nossos pecados também afetam os outros. E não só no sentido natural, mas também espiritual. Deus ainda age poderosa e soberanamente para trazer sua força contra nosso pecado. Mateus 18 afirma que aqueles que vivem sem arrependimento devem ser excluídos da comunidade. Devemos ter cautela quanto a crentes que vivem sem arrependimento. João diz que "se alguém for até vocês e não levar esta doutrina, não o recebam em casa, nem lhe deem as boas-vindas. Porque aquele que lhe dá boas-vindas se faz cúmplice das suas obras más" (2Jo 1.10-11).

Irineu, um dos primeiros líderes da igreja cristã pós-apostólica, conta o que ouviu de Policarpo. João, o Evangelista, teria lhe dito que fugiu de uma casa de banho quando encontrou lá um herege chamado Cerinto: "Vamos fugir, a fim de que este edifício não caia em cima de nós; pois Cerinto, o inimigo da verdade, está lá dentro!".[4] Segundo essa história, João, o Evangelista, teve medo de estar no mesmo prédio que aquele herege, pois Deus poderia derrubar o prédio sobre ele. Ainda que essa história soe fantasiosa, ela reverbera com o relato de Jonas. Aqueles homens que estavam no barco estavam prestes a morrer simplesmente por causa do profeta fujão.

Em 1Coríntios 5.9-13, Paulo escreve:

> Na outra carta, já escrevi a vocês que não se associassem com os impuros. Refiro-me, com isto, não propriamente aos impuros deste mundo, aos avarentos, ladrões ou idólatras, pois, neste caso, vocês teriam de sair do mundo. Mas, agora, escrevo a vocês que não se associem com alguém que,

dizendo-se irmão, for devasso, avarento, idólatra, maldizente, bêbado ou ladrão; nem mesmo comam com alguém assim. Pois com que direito haveria eu de julgar os de fora? Mas será que vocês não devem julgar os de dentro? Os de fora, esses, Deus julgará. Expulsem o malfeitor do meio de vocês.

Devemos estar alerta quanto aos pecados ocultos. Eles não são inocentes nem inofensivos para quem está ao redor, como não foram para os que rodeavam Jonas. Precisamos escolher com cuidado as pessoas de quem queremos estar perto. Devemos procurar rodear-nos de pessoas arrependidas e confrontar as que não se arrependeram. Se não as confrontarmos, seremos lentamente atraídos para esse pecado.

Em Jonas, existe reconhecimento de culpa, mas não arrependimento genuíno. Jonas prefere morrer a deixar os homens morrerem, então oferece a própria vida como caminho de sacrifício. Mas não se trata de amor. Moisés, Davi e até Paulo falaram sobre morrer para salvar o povo. Jesus foi aquele que efetivamente o fez. Mas a conversa de Jonas parece não levar a nada. Ele não concretiza o próprio sacrifício, antes joga essa responsabilidade sobre os marinheiros. Ele não ora, não se arrepende diante de Deus, não pede ajuda a Deus. Enquanto Jesus foi aquele que entregou a própria vida, Jonas parece estar apresentando um caminho frio de fuga — ele parece achar que a morte é o último estágio de sua fuga de Deus. Então, escolhe como saída o suicídio infligido por outros. Aqui, o suicídio não é apenas uma questão filosófica, mas um problema espiritual.

Jonas sabe que existe outro caminho além da própria morte: o arrependimento. Aparentemente, ele quer amar o próximo como a si mesmo sem amar Deus sobre todas as coisas. Ele quer morrer para ajudar quem está a sua volta, mas não quer buscar o Senhor para ajudar quem está a sua volta, e consequentemente a si mesmo. O resultado é um amor ao próximo bastante insuficiente e problemático. Jonas sequer se torna um exemplo a ser seguido de como lidar com nossas fugas de Deus.

E, assim, ele pede que seja jogado ao mar.

### O AMOR DOS GENTIOS

"Em vez disso, os homens remavam, esforçando-se por alcançar a terra. Mas não conseguiram, porque o mar tinha ficado ainda mais violento"

(Jn 1.13). Eles não queriam matar Jonas, apesar de ele ter estado muito tempo sem se importar com o mal que recaía sobre todos. Os ímpios estavam diante da tempestade da ira de Deus e, embora Jonas pudesse livrá-los, nada fez.

Alguns ímpios, às vezes, possuem mais compaixão que muitos crentes. Existe bondade no mundo sem Deus. Mesmo entre pessoas que não amam a Deus encontramos casamentos felizes, pais que amam os filhos, caridade e bondade. Muitas pessoas ajudam moradores de rua insistentemente. Existe muita gente boa trabalhando.

Na história de Jonas, os homens ímpios não querem matá-lo. Deus os colocou no caminho de Jonas para tentar constrangê-lo, como se dissesse: "Veja, Jonas, Nínive é cheia de gentios e, mesmo em uma terra de maldade, você pode encontrar pessoas com compaixão. Por que você não teria compaixão deles?". Mas, ao que parece, isso não é o bastante para mover Jonas. Não o leva a pregar para aqueles homens, que por sua vez tinham uma missão: salvar o barco, salvar a própria vida e não deixar Jonas morrer. A questão é que eles não podiam remar mais forte que Deus. Embora tentassem encontrar terra seca, nunca a encontrariam pelas próprias forças.

Jonas procurava sua terra seca, e para tanto ele acreditava que precisava fugir da vontade de Deus para sua vida. A vontade de Deus — que é boa, perfeita e agradável — às vezes se manifesta em nós como uma tempestade. Todos buscamos terra seca, longe das tempestades da vida. Mas esses lugares de segurança precisam ser em Deus, e não longe dele. O comentarista Frank S. Page diz algo muito sério ao explicar esse versículo: "Tornou-se bastante óbvio para os marinheiros que o Deus de Jonas não era a favor do método escolhido para lidar com a situação de Jonas. Soluções superficiais para os emaranhados causados por nossa rebelião e desobediência raramente funcionam. O arrependimento muitas vezes requer uma ação radical".[5]

Tudo estava dando errado para o barco de Jonas. A única forma de livramento naquele momento era Jonas se livrar da carga de seu pecado, ou os homens se livrarem dele. Quando tudo começa a dar errado, a colapsar ao mesmo tempo, precisamos nos avaliar e descobrir se não estamos sendo Jonas na tempestade. É claro que nem sempre o sofrimento é fruto do pecado, como sabemos pela história de Jó, mas devemos nos certificar. Nos dois cenários, só existe uma postura: viver perto de Deus e se arrepender dos pecados. Diferentemente de Jonas, Jó diz: "Me digam qual são os meus pecados que eu me arrependo agora".

Quando tudo começa a dar errado, precisamos nos perguntar se somos Jó, sendo provados, ou Jonas, sendo punidos.

## CONCLUSÃO

A fuga de Jonas era física. Ele estava tentando se afastar fisicamente de Deus. Naquela época, a soberania de Deus era interpretada e definida segundo os limites geográficos. Jonas passou dois ou três dias viajando até Jope, cerca de oitenta quilômetros, para tentar fazer uma jornada de mais quatro mil quilômetros para Társis, na expectativa de que a distância o protegesse. O pastor Mapple, de *Moby Dick*, diz: "Tendo em si esse pecado da desobediência, Jonas zomba ainda mais de Deus ao tentar fugir d'Ele. Crê que uma embarcação feita por homens o levará a terras onde Deus não reina, onde reinam apenas os capitães deste mundo".[6]

Embora possamos achar tolice interpretar a soberania de Deus do ponto de vista geográfico, nós também temos nossas tolices. Na visão moderna de Deus, ele não é limitado pela geografia, mas pelas áreas da vida — Deus reina sobre tudo que diz respeito à área geográfica, mas não reina sobre meu trabalho, sobre meus prazeres, sobre meu entretenimento, sobre meus estudos, sobre minha ideologia política. Então, tentamos encontrar em um desses pontos o nosso refúgio. Em vez de viver uma vida santa e correta, procuramos nessas pequenas áreas um lugar onde Deus não teria nada a me dizer, o que me permitiria agir livremente. Achamos que Deus não está ali e que ele não levantará nenhuma onda para nos engolir nesse barco que encontramos.

A verdade é que Deus vê cada um de nossos pecados. Não há como fugir dele. Deus não fecha os olhos nem vira o rosto. Como diz certa canção, "ele está tão próximo quanto a sua pele, tão próximo quanto o seu ego".[7] Não há como fugir disso. Se somos crentes, o Espírito mora em nós, e ele vai conosco quando tentamos fugir de Deus. Somos todos Jonas procurando lugares para nos esconder onde reinem os capitães desta terra. É inútil tentar vencer Deus. É impossível viver obsessivamente tentado fugir dele para fazermos as coisas do nosso jeito. É loucura tentar viver frustrados com as circunstâncias que Deus nos deu. Só há um lado para onde podemos correr: para Deus. Do contrário, nosso final será como o de Jonas nesse barco: lançados ao oceano. As ondas serão nossa lápide, as algas serão nossas únicas coroas de flores. E assim teríamos o mesmo destino de Ahab, o obcecado capitão de *Moby Dick*:

> Vou na tua direção, ó, baleia que tudo destrói, tu, que és impossível de conquistar; até o fim luto contigo; do coração do inferno, eu te arpoo; movido pelo ódio, cuspo em ti meu último alento. Afundas todos os navios e todos os carros funerários numa única água! E, como nenhum deles pode ser meu, deixa-me então ser arrastado em pedaços, enquanto ainda te persigo, embora atado a ti, baleia amaldiçoada! Assim, abro mão de minha lança![8]

Em *Moby Dick*, o arpão foi disparado, a baleia recebe o golpe fatal, mas a corda do arpão fica presa ao redor do pescoço de Ahab. Então, sem que a tripulação percebesse, ele é puxado para fora do bote. Junto de sua inimiga, o capitão desapareceu nas profundezas do mar. Esse será nosso destino se vivermos como Jonas, fugindo de Deus. Tentaremos fazer as coisas de acordo com a nossa vontade, segundo nossas próprias leis, evitando o arrependimento, e pereceremos na profundeza de nosso pecado.

É pela obsessão em fugir de Deus que Jonas acaba se afogando na fuga. Na primeira onda alta, Jonas deveria ter se dobrado em arrependimento. Deus vai nos dando sinais. Muitos de nós têm a sorte de ver a tempestade se formar lentamente — os ventos vão se intensificando, as ondas vão se tornando cada vez mais altas, o pecado vai ficando cada vez mais perto de ser descoberto — e talvez chegue a um ponto sem volta. Como diz a famosa ilustração, Deus tem duas mãos: com uma, ele retém a sua ira, e com a outra, ele nos convida ao arrependimento. Um dia sua ira recairá sobre nós.

Por isso, "busquemos o Senhor enquanto se pode achá-lo" (Is 55.6). Uma hora a tempestade afundará o barco, e nós e os que estiverem ao redor afundaremos. Nossa postura diante das tempestades da vida deve ser uma só: procurar o Senhor, arrepender-nos das falhas e encontrar nele nossa terra seca.

# 6

## CONVERSÕES EM SETE ESTÁGIOS

JONAS 1.14-16

Por mais que o processo de conversão a Cristo tenha pontos em comum, a conversão de cada pessoa apresenta características próprias. Se descrevêssemos nosso processo de conversão como uma série de estágios, as respostas certamente seriam distintas. Eu poderia dizer que minha conversão teve início pelo medo da morte. Para outros, talvez, tenha sido o fato de se sentirem finalmente amados ou de compreenderem e defenderem a fé. De fato, nem toda conversão é igual. Em Jonas 1, os marinheiros aparentemente se convertem, e sua conversão se dá em sete estágios.

### PRIMEIRO ESTÁGIO: DESISTIR DO PRÓPRIO ESFORÇO

Depois que os marinheiros ouviram Jonas, o texto nos informa o seguinte:

> Então clamaram ao Senhor e disseram:
> — Ah! Senhor! Rogamos-te que não nos deixes perecer por causa da vida deste homem, e não faças cair sobre nós este sangue inocente. Porque tu, Senhor, fizeste o que foi do teu agrado.
> Em seguida, os marinheiros pegaram Jonas e o lançaram no mar; e a fúria do mar se acalmou. Então esses homens temeram muito o Senhor; ofereceram sacrifícios ao Senhor e fizeram votos.
>
> Jonas 1.14-16

No capítulo anterior, vimos que Jonas prefere a morte a se arrepender, mas esses marinheiros gentios não querem matá-lo, lançando-o ao mar. Em vez disso, tentam com todas as forças chegar à praia, remando, mas não conseguem, porque o braço humano não consegue vencer a força da ira de Deus.

Então, eles desistem de remar. Desistem do próprio esforço. Esse é o primeiro estágio. O fato de clamarem ao Senhor mostra que eles não estavam remando. Em vez de permanecerem obstinados, simplesmente desistem, pois se deram conta de que era impossível escapar da ira divina.

Eles tinham medo de lançar Jonas no mar. Achavam que, se Deus estava indo buscar Jonas, então Deus poderia buscá-los também. Percebem, assim, que seus esforços de justiça eram inúteis. Descobriram que a força do braço em manusear aqueles remos era nada diante da força da ira divina. Nem o braço mais forte ou o remo mais firme poderia ultrapassar as muralhas da ira de Javé. Eles param de tentar encontrar salvação por si próprios e entendem que só podem ser salvos daquela situação se o próprio Javé agisse. Charles H. Spurgeon disse:

> Irmãos, nenhuma palavra em qualquer idioma pode expressar a violência da ação sincera com a qual os pecadores despertos lutam e lutam para obter a vida eterna. Verdadeiramente, se o reino de Deus estivesse no poder daquele que quer e daquele que corre, eles o possuiriam imediatamente. Uma vez que lutam de maneira ilícita, a coroa da vitória nunca lhes será concedida; eles podem acender o fogo e regozijar-se com as suas faíscas, mas assim diz o Senhor: "De mim lhes sobrevirá isto: vocês se deitarão em tormentos" [Isaías 50.11]. [...]
>
> Ah! meu ouvinte, você pode continuar melhorando e reformando, mas todas as suas emendas presentes e futuras nunca poderão apagar a velha pontuação do pecado. Ali está o catálogo negro de seus pecados, gravado como em bronze eterno; o registro sombrio permanece inalterado e inalterável por quaisquer ações tuas. [...] Cuidado, então, ao pensar que você está levando navio para a terra.[1]

Não importa o que façamos, nunca conseguiremos apagar a mancha do pecado que há em nós. Por isso, precisamos ter cuidado se pensamos estar levando nosso navio para terra seca. Não estamos. Se nossa vida com Deus depende de nossa capacidade de levar o navio de fé para um porto seguro, já falhamos. "A dor da alma continuará a aumentar enquanto confiar em seus próprios esforços", afirma Spurgeon.² No hebraico, há uma correlação aqui entre a ira de Deus e a ira do mar — "fúria do mar" é literalmente o ódio ou a raiva do mar. Assim como se deu com eles, também não poderemos fugir da ira confiando na força dos braços ou dos remos.

Com algumas boas desculpas ou certas compensações, por vezes podemos contornar a ira humana. No entanto, é impossível aplacar a ira justa de Deus por nosso esforço. E aqueles homens entenderam isso muito bem.

### SEGUNDO ESTÁGIO: CLAMAR A DEUS

Em segundo lugar, eles começam a clamar. O processo de conversão não é só desistir das obras, porque isso pode apenas significar tristeza, desespero ou mesmo preguiça. Eles não só desistem das obras mas também lutam para estar diante do único capaz de poupá-los da ira. Há uma grande diferença entre lutar para simplesmente desistir e parar de lutar para confiar naquele que luta por você. Aqui, esses homens oram e clamam a Deus, o que Jonas até aquele momento não havia feito.

O texto não diz com clareza, mas penso que eles deveriam estar orando, o tempo todo, pela misericórdia de Deus. Mas ele não responde à oração. Às vezes, Deus não responde às nossas orações por causa de seus planos misteriosos. Certa vez, Catarina teve febre alta por mais de dez dias. A Isa e eu oramos a Deus para que ele a curasse, mas a doença perdurou.

Algumas ondas que se levantam sobre nós — sejam relativas a questões financeiras, emocionais ou psicológicas — não se apaziguam, não importa quanto oremos. São maneiras pelas quais Deus trabalha nosso amadurecimento. Quando nos convertemos, as primeiras orações costumam ser simples, pois não compreendemos a complexidade dos planos de Deus. Queremos que Deus resolva tudo em nossa vida. Nem sempre entendemos que a oração tem mais a ver com intimidade com Deus do que com mudança nas circunstâncias difíceis que enfrentamos. Nosso consolo vem por sabermos que o Espírito ora por nós em nossas dificuldades.

Aqueles homens oraram de forma muito simples. Estavam preocupados com as ondas. Mas, em Jesus, aprendemos a não ter medo das ondas — isso é maturidade na fé. No barco de Jesus, aprendemos que, por temerem a tempestade, os discípulos ainda eram fracos na fé. O foco de sua confiança em Deus estava em serem salvos das ondas. Nossa oração não deve ser para que Deus resolva o problema, mas para que ele nos dê a perspectiva correta do problema. A oração da maturidade foca os elementos capazes de nos dar paz diante das altas ondas.

Deus, no entanto, também olha para as orações mais simples. Minha filha ainda não sabe conjugar verbos irregulares, mas isso não significa que ela não esteja aprendendo a falar. No começo da fé, ainda estamos aprendendo a falar espiritualmente, ainda estamos aprendendo os verbos irregulares da fé. No discipulado ou no evangelismo, esperamos que a pessoa comece a vida de oração com todos os valores muito bem estabelecidos. Deus pode mudar o foco da ansiedade. Se antes as ondas nos deixavam ansiosos e usávamos a força do braço, depois, ao ficarmos ansiosos com as ondas, pedimos a Javé que tenha misericórdia e seja nosso ajudador. Isso é maravilhoso.

De igual modo, podemos orar para não temer as ondas, pois ao mergulharmos nelas somos levados para mais perto do Senhor, e nesse processo de amadurecimento vamos crescendo junto a Deus. O primeiro contato daqueles homens com a oração ao Deus vivo pede algo muito simples. É quase um "tem misericórdia de nós, Senhor". As ondas os amedrontam, mas eles colocam diante de Deus a ansiedade que os atemorizava.

### TERCEIRO ESTÁGIO: ABANDONAR OS FALSOS DEUSES E CRIAR INTIMIDADE COM O DEUS VERDADEIRO

"E disseram: Ah! SENHOR!" As menções ao termo "SENHOR" em Jonas são a tradução do tetragrama, YHWH. Pouco tempo antes, aqueles homens clamavam a suas falsas divindades, mas agora clamam diretamente a Javé. Isso não significa que eles tenham deixado de crer em suas antigas divindades — talvez apenas tenham adicionado Javé ao panteão. A crença em diversas divindades era muito comum. De todo modo, agora eles estão diante de um Deus diferente. Estão diante do Deus do céu, da terra e do mar, como afirma Jonas.

Talvez eles só tenham adicionado Javé, mas isso não ocorre em nossa própria conversão? Não raro, uma conversão consiste em simplesmente adicionar Deus a toda uma bagagem já existente. Oramos, mas continuamos gulosos, iracundos, gananciosos. O processo nem sempre é excluir o mal, mas apenas adicionar o bem como uma forma de expurgar o mal. Lembro-me da primeira coisa que disse depois de responder ao apelo do pastor. Eu tinha 14 anos e, assim que saí da igreja, ao ver uns amigos na rua, disse: "Ei, seu [palavrão], virei crente!". Eu não tinha excluído nada. Apenas algo havia entrado. Mas foi o que entrou que mudou o que estava lá, pois assim que essas palavras me saíram da boca, pensei: "Ei, crente num xinga, não, né?". Então parei de xingar.

O processo inicia de forma um tanto ingênua, em que apenas adicionamos coisas. O que Deus às vezes faz é tão somente mudar nossa rota para nos distanciarmos do penhasco para o qual estamos caminhando. Entretanto, quando damos a volta, nos vemos na mesma posição, com os mesmos hábitos, gostos e vocabulário. Nesse primeiro momento de choque, percebemos que nossa caminhada deve distanciar-se mais e mais do penhasco. E a consequência é abandonar tudo que considerávamos "normal". É o primeiro passo. Com o tempo vamos abandonando os apegos do passado. É muito comum crermos em Cristo antes de descrer em algum santo, em alguma superstição ou em alguma redenção política.

Se o caminho da conversão começa quando deixamos outros deuses para trás, o primeiro momento pode ser ainda de confusão sobre o papel dos antigos apegos. Adicionamos Jesus, entendemos que ele está acima de tudo e, no processo, vamos descobrindo onde colocar as antigas crenças. Não podemos achar que começará como termina. Os pais não podem querer que os filhos comecem a vida de casados com a situação financeira que eles só conquistaram na maturidade. Não podemos ser como o pastor auxiliar que, ao ser convidado por um pastor mais velho, fez tantas exigências que o mais experiente lhe disse: "Você quer começar como eu estou terminando".

Às vezes, é o que esperamos dos outros na fé. Queremos que comecem no ponto em que estamos terminando, e nos esquecemos de onde começamos. Não pensemos que, porque a pessoa ainda está em batalha contra os falsos deuses de sua vida e de sua história, não tenha aceitado o Deus verdadeiro. Aqueles que permanecem no caminho de conversão são os que deixam os antigos deuses para trás.

O começo é sempre confuso. Nossa função como discipuladores é ajudar os que estão iniciando a trilhar o caminho de conversão a lidar com a confusão.

### QUARTO ESTÁGIO: PEDIR PERDÃO PELOS PECADOS

"Rogamos-te que não nos deixes perecer por causa da vida deste homem, e não faças cair sobre nós este sangue inocente" (Jn 1.14). Lembremos que eles não queriam jogar Jonas ao mar. Esses gentios agiram com misericórdia. Dão a Jonas a misericórdia que este não lhes deu. Ainda que estejam sofrendo por causa de Jonas, não querem seu mal. Diferentemente de Jonas, que, por causa do mal perpetrado pelo povo da Assíria a Israel, se recusa a levar-lhe o evangelho.

O interessante é que aqueles homens falam algo muito próximo do que Moisés escreveu: "As nossas mãos não derramaram este sangue, e os nossos olhos não viram quem o derramou. Perdoa o teu povo de Israel, que tu, ó SENHOR, resgataste, e não ponhas a culpa do sangue inocente no meio do teu povo de Israel" (Dt 21.7-8). Aparentemente, Deus os está usando para repetir a Lei a Jonas. É como se Deus dissesse: "Jonas, em Nínive há pessoas a serem resgatadas e você se recusa a levar-lhes o evangelho. Esse sangue cairá sobre você".

Os marinheiros não consideravam passível de morte o crime cometido por Jonas. O único motivo que tinham para jogá-lo ao mar era a própria indicação de Jonas, dada a manifestação da fúria de Deus. Diante do que lhes parecia contraintuitivo, esses homens oram a Deus pedindo misericórdia. Ao contrário de Jonas, pedem perdão a Deus para que a culpa do pecado não recaia sobre eles.

Quantas vezes não encontramos, em nossa dureza, ímpios muito mais dispostos a reconhecerem suas falhas do que nós, cristãos? Parece que depois de um tempo de caminhada se torna mais difícil reconhecer os pecados. Parece demasiadamente doloroso. Confessamos pecados "limpos", aqueles que não causam muita vergonha. Os pecados mais sérios são algo que ninguém pode saber. Em contrapartida, aqueles marinheiros foram rápidos em pedir a Deus que os perdoasse. Eles procuram Deus mesmo sabendo que ele poderia derramar sua ira sobre todos.

Enquanto o ímpio é rápido em reconhecer sua impotência sem Deus, nós, não raro, tentamos nos justificar. Em última análise, conversão de fato tem a ver com nosso relacionamento com Deus.

### QUINTO ESTÁGIO: SUBMETER-SE À VONTADE DE DEUS

Então eles se submetem a Deus, dizendo: "Porque tu, SENHOR, fizeste o que foi do teu agrado" (Jn 1.14). Eles entendiam que Deus os conduzia para aquela decisão. Seja por Jonas, como profeta, seja pela encruzilhada em que se encontravam. Os gentios entendem o que havia sido dito como uma palavra profética — "me joguem ao mar" — e, mesmo temerosos, obedecem.

Às vezes, pessoas em processo de conversão são mais sensíveis à vontade de Deus que nós, velhos na fé, e muito acostumados com nossos pecados. No gabinete pastoral, já ouvi cristãos novos completamente entristecidos por pecados que nós, os mais antigos, cometemos diariamente como se fossem nada. Muitos, que acham natural o jeito como tratam a esposa, estão discipulando outros que estão tentando melhorar o tratamento que dispensam ao cônjuge. É muito edificante quando presenciamos aquela fé que não dá as mesmas desculpas que nós, ou que não aprendeu a fingir, como nós.

É difícil disciplinar crente antigo, porque ele aprendeu o que tem de dizer. Enquanto conversava com um amigo, que é muito inteligente, fiz-lhe um elogio. A resposta foi surpreendente: "Yago, isso é também uma maldição, porque consigo esconder muito bem meus pecados. Se não for o Espírito Santo me convencendo, dou um nó em qualquer um". É isso que conseguimos, às vezes. Uma forma de dar um nó nas pessoas a fim de esconder os próprios pecados. É por isso que, quando analisamos alguns ministérios bem-sucedidos de pessoas que caem de uma hora para outra, damo-nos conta de que nunca é, de fato, "de uma hora para outra". Foi uma vida de fingimento e de ocultação de pecados. Alguns podem achar normal a forma rude de falar com o cônjuge, os jeitinhos que dá no trabalho, a linguagem dúbia com que trata o sexo oposto. Muitas vezes, o que Deus usa para nos lembrar de que não se trata de algo normal é a fé genuína de quem está chegando ao cristianismo.

Sou muito edificado pelos aconselhamentos que dou e pelos discipulados em que me envolvo, pois vejo o que Deus está fazendo na vida do outro. Aconselhar casais melhorou muito meu casamento, pois me faz perceber o que tenho feito de errado e o que meu pecado pode fazer na vida das pessoas. Lembra-me de que preciso cuidar da minha vida com Deus, com a igreja e com minha família.

Em suma, podemos ser renovados pelo coração dos novos convertidos, que exultam com elementos da fé com os quais já nos acostumamos. Novos convertidos nos ajudam a lembrar dos fundamentos que esquecemos. Voltamos a aplicar coisas ao coração que há tempos não aplicávamos. E assim somos edificados. Quando pessoas se convertem, vemos uma fé mais clara relativamente à vontade de Deus, e isso é bênção para nós como igreja.

### SEXTO ESTÁGIO: ESCAPAR DA IRA DE DEUS PELO SACRIFÍCIO DE ALGUÉM

"Em seguida, os marinheiros pegaram Jonas e o lançaram no mar; e a fúria do mar se acalmou" (Jn 1.15). Esses homens tentaram várias vezes escapar da tempestade da ira de Deus, mas ela só foi aplacada quando um homem foi sacrificado. O paralelo que podemos fazer é bastante óbvio. O mundo é nosso mar — tempestuoso por causa do pecado de Adão. Mas não é Adão que é lançado ao mar. Jesus é nosso Jonas — o único que pôde acalmar a tempestade ao morrer em lugar de cada um de nós.

Jonas é o único profeta a quem Jesus se compara em todos os Evangelhos. Ele poderia escolher qualquer outro — um novo Elias, um novo Moisés ou Jeremias —, mas fala de si como alguém que repetirá o sinal de Jonas. Ele foi sacrificado para apaziguar a ira de Deus. Existe uma correlação clara entre nossa tentativa de fuga da ira de Deus e nossos remos, ou seja, ao fazermos o que é certo, o que é bom etc. Muitas pessoas com consciência pesada usam os recursos que possuem na tentativa de apaziguar a ira de Deus.

Diferentemente dos marinheiros, nós também somos culpados por fugir de Deus. Merecemos ser lançados ao mar por nossas faltas. Diferentemente de Jonas, Jesus não foi o responsável pela nossa culpa, mas exclusivamente pela nossa salvação. Enquanto Jonas é lançado ao mar por causa de seu pecado, Jesus se lança ao mar por causa de *nosso* pecado. Esse é o sinal de Jonas. Agostinho de Hipona escreve: "Assim como Jonas passou do navio para o ventre da baleia, assim Cristo passou da cruz para o sepulcro, ou para o abismo da morte. E como Jonas sofreu isso por causa daqueles que foram ameaçados pela tempestade, assim Cristo sofreu por causa daqueles que são lançados nas ondas deste mundo".[3] Cristo morre como um Jonas muito superior. Como Jonas, ele é lançado ao mar, ao Calvário, para apaziguar a ira de Deus. Se você ainda vive remando com força para tentar escapar da fúria das ondas de Deus, experimente escapar submetendo-se àquele que morreu para que a ira de Deus fosse apaziguada. Para aqueles homens, Jonas havia morrido. O texto diz que Jonas havia atingido o fundo do mar quando então foi engolido pelo peixe. O destino de Jonas não é revelado àqueles homens.

Um bom relacionamento com Deus não pode se basear naquilo que fazemos. Não pode se basear em nossa oração, em nosso jejum, em nossa frequência ao culto, em nossas ofertas. Tudo isso é bom, porque mostra maturidade no relacionamento. Mas, às vezes, o dia mal vem sobre nosso relacionamento com Deus. As ondas crescem, o devocional que era de uma hora se torna uma oração no ônibus, os três capítulos lidos com um comentário aberto se tornam uma leitura rápida antes de dormir. Então pensamos que a vida com Deus acabou. É muito fácil depositar confiança, não naquele que é fiel até quando somos infiéis e que nos amarra em laços de misericórdia, mas em nossa própria força de remar em direção a ele.

Essa aliança e o fato de que ele permanece conosco mesmo em nossos fracassos nos dão força para lutar contra os fracassos. Isso é o que nos permite fazer devocionais melhores, ter proximidade da vida da igreja e lutar contra os pecados. A diferença é que agora entendemos que agimos assim por amor a Deus e para seu louvor, e não para conquistá-lo, pois isso seria o equivalente a achar que estamos conseguindo levar nosso barco para a praia, para a zona segura, por nosso próprio esforço.

### SÉTIMO ESTÁGIO: UM SACRIFÍCIO A DEUS

O texto termina dizendo: "Então esses homens temeram muito o Senhor; ofereceram sacrifícios ao Senhor e fizeram votos" (Jn 1.16). Esses homens, comprometidos, se voltam para Javé. O medo da tempestade se torna temor de Deus, termo muito usado para falar de reverência. Embora haja uma força poderosa envolvida, a ideia principal é de prestação de culto.

Eles temem o Senhor e oferecem sacrifícios, talvez quando já estivessem em terra firme. Fazer sacrifícios podia ser algo pontual, mas fazer votos representa um compromisso de relacionamento com aquele Deus que permaneceria para além daquele momento. Por isso acredito que se trata de conversões inesperadas. Alguns homens talvez tenham lutado, mas agora estão comprometidos com o Deus de Israel.

Jonas, como profeta, é um fracasso por não ter pregado o evangelho para esses homens, mas eles viram o que Deus fez com Jonas. E se arrependem. Isso é maravilhoso, porque percebemos que há um Deus misericordioso que usa até os piores pregadores para levar sua Palavra. Eu me converti em uma igreja que pouco pregava o evangelho. Nos cultos, eu ouvia sobre prosperidade, cura divina, profetização de vitória, mas apesar disso houve elementos suficientes sobre a obra de Jesus que me levaram à conversão.

Embora em muitas igrejas existam versões muito distantes do verdadeiro cristianismo, Deus pode salvar alguém, ali, por sua misericórdia. Encontrei pessoas que conheceram o evangelho pela pregação de padres, pessoas que conheceram o evangelho no espiritismo kardecista. E, ao conhecerem o evangelho, deixam o lugar de conversão e buscam outro onde se desenvolvam no verdadeiro evangelho. Deus é tão misericordioso que usa até mesmo pregadores de falsas igrejas. Quantos de nós não foram evangelizados por pessoas que se desviaram? Quantos de nós não foram batizados por pastores que largaram o ministério? Deus é tão bom e misericordioso que, apesar disso tudo, nos alcança através de instrumentos que nem imaginávamos serem possíveis.

Javé, como aquele que persegue Jonas, se mostra um herói imbatível.

### CONCLUSÃO

Precisamos orar e pedir a Deus que salve de forma misericordiosa os membros de falsas igrejas. Jonas não pregou para homens cuja vida poderia estar se esgotando. Ele apenas fugiu e pecou. Ainda assim, Deus usou Jonas o suficiente para que aqueles homens se convertessem. Quero motivar você, leitor, a pregar o evangelho, ainda que se sinta incapaz disso. Apenas abra a boca e fale do evangelho. Deus é misericordioso e pode usá-lo para salvar pessoas que atravessam os momentos mais difíceis. Em tempos extremos, Deus pode usar pregações simples e curtas.

Existe um livrinho muito interessante escrito por Moody Adams que conta a história de John Harper. Nascido em 1872, em lar cristão, na Escócia, ele se converteu aos 14 anos e, aos 17, já andava pelas ruas como evangelista itinerante. Tornou-se missionário e pastor em Londres. Conhecido por seu zelo evangelístico, John foi chamado para pregar nos Estados Unidos. Foi uma longa viagem de navio, mas ele encarou o percurso a fim de servir aos irmãos norte-americanos. Foi um tempo tão abençoado que, passados alguns anos, a mesma igreja o convidou novamente para ir da Inglaterra aos Estados Unidos.

John, já viúvo havia alguns anos, tomou sua filha, Nana, e embarcou em um navio. E esse navio enfrentou um problema. O livro traz o relato de Nana. Ela conta que seu pai a chamou e disse que o navio, o *Titanic*, havia batido em um iceberg e que outro navio estava a caminho para resgatá-los, mas, por segurança, ela e a prima, que também os acompanhava, deveriam ir para um bote salva-vidas. Nana e a prima foram salvas, mas Nana nunca mais viu o pai.

No entanto, o livro também conta o testemunho de um sobrevivente — alguém que só conheceria John Harper depois que ele se despediu da filha. Alguns meses depois do naufrágio, em uma reunião de oração em Ontário, nos Estados Unidos, um jovem da Escócia contaria seu testemunho de conversão. Ele estava no *Titanic* na noite do naufrágio, e sobreviveu agarrado aos destroços. Em dado momento, outro homem aparece agarrado, como ele, aos destroços. Era John Harper. O livro narra da seguinte forma:

> Harper, que também estava lutando na água, gritou: "Você é salvo?". A resposta retornou: "Não". Harper gritou palavras da Bíblia: "Crê no Senhor Jesus Cristo e serás salvo". Antes de responder, o homem se afastou na noite escura. Mais tarde, a corrente os trouxe de volta à vista um do outro. Mais uma vez o moribundo Harper gritou a pergunta: "Você é salvo?". Novamente o homem respondeu: "Não". Harper repetiu as palavras de Atos 16.31: "Crê no Senhor Jesus Cristo e serás salvo". Desprovido de força, Harper se soltou e afundou em sua sepultura aquosa.[4]

Aquele jovem que agora apresentava seu testemunho foi o último convertido de John Harper.

Estou certo de que John Harper não aprendeu a ser missionário naquela noite do naufrágio. Ele já possuía ímpeto evangelístico. O que precisamos é nos preparar para o dia mal. Haverá um dia em que as coisas serão difíceis e seremos colocados por Deus numa posição em que, em meio à dificuldade, precisaremos levar o evangelho a outras pessoas. Jonas não fez isso. Ele não estava preocupado com os homens a sua volta. Em contrapartida, John Harper é um testemunho maravilhoso de um evangelista que levou a mensagem de Cristo até seu último momento.

Durante a pandemia de covid-19, os pais do meu amigo Isaque Sicsú, pastor em São Paulo, contraíram o vírus, e o pai dele infelizmente morreu. Isaque pregou no velório do pai. A filha de Isaque nasceu enquanto a mãe dele ainda estava internada na UTI. Poucos dias depois da morte do pai e do nascimento da filha, a mãe também morreu. Algum tempo depois, o próprio Isaque contraiu covid-19, mas ele sobreviveu. Um ano depois, estando minha esposa e eu na casa dele, Isaque nos contou que, ao receber a notícia de que seria entubado, pediu vinte minutos ao médico. Ele disse ao médico que, embora fosse pastor havia anos e fizesse doutorado em teologia, ninguém o ensinara a morrer. Os vinte minutos eram para aprender a morrer. Havia com ele uma moça que também seria entubada, e ele resolveu perguntar-lhe se ela sabia para onde iria após a morte. Ela não sabia. Então, a caminho da entubação, ele pregou para aquela mulher. Depois de alguns dias entubado, Isaque perguntou pela moça e soube que ela havia falecido. Aquela mulher pôde ouvir, em seus últimos momentos, a palavra de salvação, que, queira Deus, tenha garantido sua eternidade.

Seremos colocados em muitas situações extremas ao longo da vida. Deus pode nos dar a oportunidade de falar do evangelho quando estivermos no hospital, como pacientes ou acompanhantes. Deus pode nos colocar em meio a acidentes, como motoristas de aplicativos, como médicos, enfermeiros ou o que for. Se só olharmos para nossa dor, não entenderemos que há cura para a única dor que importa, a dor da alma e da perda do relacionamento com Deus.

Haverá momentos difíceis, extremos, complicados, e a pergunta que temos de nos fazer é quem seremos na noite do naufrágio: Jonas ou John Harper?

## ATO III:

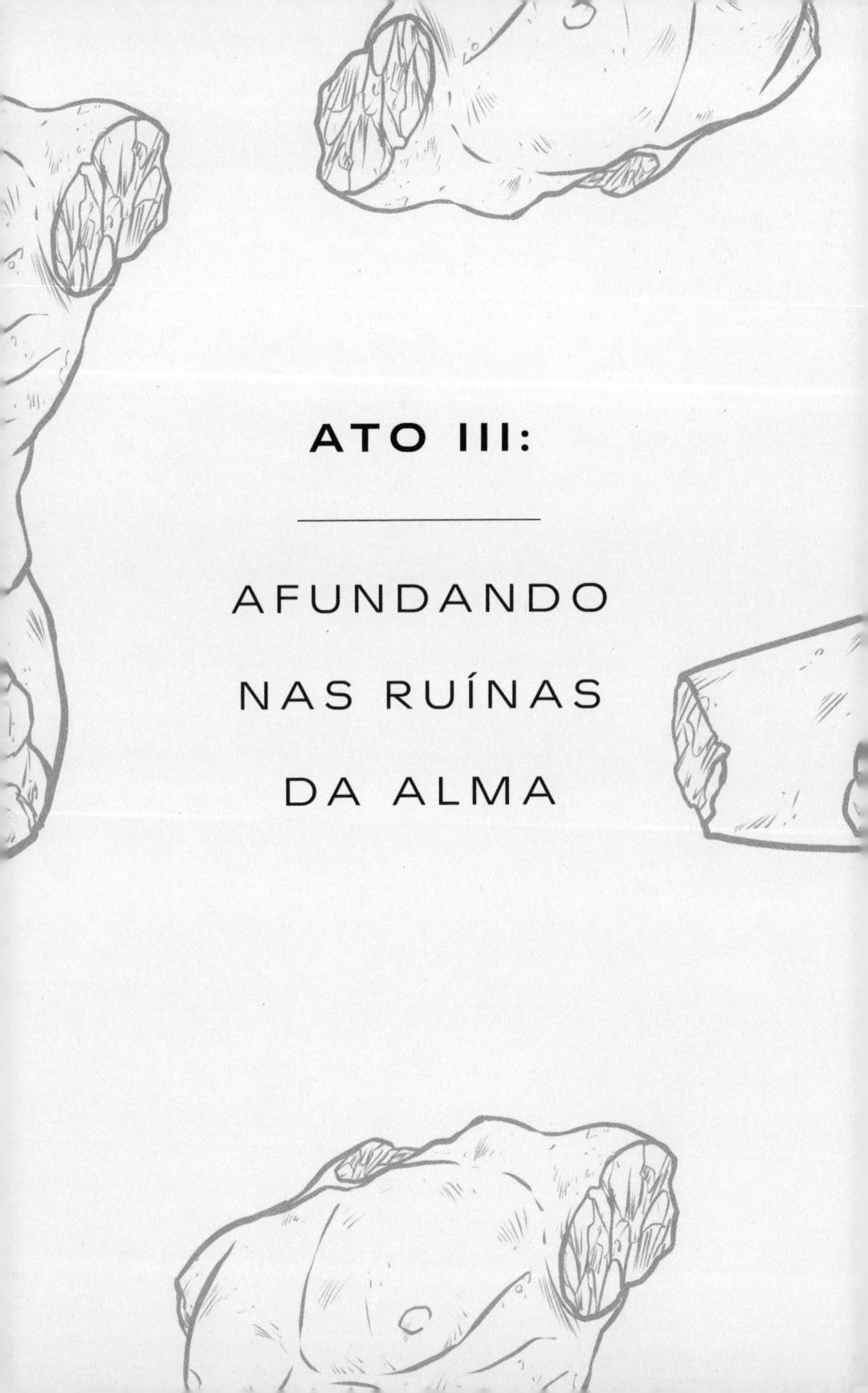

## AFUNDANDO NAS RUÍNAS DA ALMA

# 7

## UM ALTAR NA TERCEIRA MARGEM DO RIO

JONAS 1.17—2.1

Um dos lugares que sonho conhecer é a Capela Sistina, situada no Palácio Apostólico, a residência oficial do Papa, no Vaticano. Ela é famosa principalmente por seus afrescos, pintados pelos maiores artistas da Renascença. É no teto, a abóbada, que estão os famosos afrescos de Michelangelo, pintados entre 1508 e 1512. Em uma reprodução em 3D da capela, é possível ver uma figura musculosa, posicionada na última parte do teto. É Jonas sentado com um peixe mordendo-lhe a coxa. Com a cabeça inclinada para trás, ele contempla pinturas que vão do relato da criação até o sacrifício de Noé, o grande dilúvio, e o relato de Noé bêbado, em sua tenda.

Conscientemente ou não, Michelangelo traz algo muito interessante ao colocar a história de Noé no extremo oposto da figura de Jonas. Existe uma relação de oposição, ainda que um tanto alegórica, entre Jonas e Noé. Enquanto este se configura como o único justo em um tempo de pecado, Jonas se mostra como um profeta em rota de fuga, rodeado de homens ímpios que, ao contrário do que ocorre no episódio de Noé, exercem misericórdia e buscam Javé. Noé cria um lugar capaz de proteger os homens da violência das águas, enquanto Jonas cria violência nas águas pondo em risco o barco. Noé salva animais, enquanto Jonas é salvo por um animal.

O nome de Jonas, que em hebraico significa "pomba", evoca algo da experiência de Noé. Em Gênesis 8.3-12, Noé solta uma pomba para saber se as águas do dilúvio já haviam baixado. Na primeira tentativa, ela volta por não encontrar onde pousar. Depois de sete dias, na segunda tentativa, ela volta com uma folha de oliveira no bico, indicando que as águas já estavam baixando. Na terceira vez, sete dias mais tarde, ela não retorna à arca, o que diz a Noé que as águas já baixaram.

Jonas também está relacionado com um dilúvio. Ele afunda nas águas e em um dilúvio moral — a arca que o protege é o ventre de um grande animal marinho. Jonas, que deveria ter se afogado como todos os infiéis do tempo de Noé, é resgatado pela força de um animal enviado pelo próprio Deus, o que lembra Deus enviando animais a Noé. O Deus que exerceu sua soberania sobre os animais na destruição de toda a terra, tomada pelo pecado, é o mesmo Deus que exerce mais uma vez sua soberania sobre aquele animal específico a fim de poupar Jonas, que, coberto pelas águas, sucumbe sob o peso do pecado.

Se no capítulo 1 Jonas é constrangido por gentios agindo como ele deveria ter agido, no capítulo 2 o profeta é constrangido por um animal, que faz a vontade de Deus. Vamos nos concentrar agora em dois versículos, o último do capítulo 1 e o primeiro do capítulo 2.

### OBEDIÊNCIA NO FUNDO DO MAR

Primeiro, considere que um peixe é mais obediente a Deus que Jonas. O texto diz: "O Senhor ordenou que um grande peixe engolisse Jonas" (Jn 1.17). Jonas foi até o fundo do mar, onde o peixe o engole. Parece ser o fim da vida desse profeta. Mas, diante de sua morte iminente, Jonas ora. O Deus que o impede de ir a Társis é o mesmo que impede sua morte. Deus já havia preparado o peixe. Não se tratava de um ato aleatório. Estamos diante de um milagre, além da explicação humana.

A tempestade obedece a Deus, o peixe segue sua missão de engolir um homem, mas Jonas quer fugir. Deus usa a obediência de gentios e a força de uma tempestade e de um animal para constranger Jonas. É interessante o papel que os animais exercem no livro de Jonas, como veremos mais adiante. Do grande peixe ao mísero verme, todos os seres obedecem a Deus, mas Jonas foge.

Foi Charles Spurgeon quem disse que nem os peixes têm livre-arbítrio.[1] É reconfortante saber que Deus é soberano e maravilhoso a ponto de não respeitar nossa vontade. Deus é soberano. Por amor e misericórdia, ele não permite que manifestemos todas as nossas vontades. Ele não concede a Jonas o que ele deseja, isto é, fugir. Jonas queria tirar Deus da jogada, mas Deus se coloca na jogada e vai até o extremo de preparar um grande animal marinho para engolir aquele homem a fim de que sua vontade soberana fosse cumprida.

Não pensemos que somos livres para viver a vida que desejamos. Uma vez alcançados e salvos, Deus olha por nós e nos concede a maior das bênçãos: não faz todas as nossas vontades. Já o ímpio tem todas as vontades satisfeitas. Romanos 1 e alguns salmos mostram que Deus entrega o ímpio a suas vontades. Quando eu era mais novo, tentava soltar pipa, mas nunca conseguia. Era preciso "dar linha", afrouxar a mão que segurava a linha para deixar a pipa ir, mas, se desse linha demais, a pipa ia embora. O que Deus faz com o ímpio é dar linha para que ele seja levado pelo vento.

Você quer fugir de Deus? Saiba que isso é uma maldição. O pai ruim deixa o filho fazer o que quiser. O pai bom estabelece limites. O filho bem-criado muitas vezes terá suas vontades restringidas. Se somos filhos de Deus, teremos nossas vontades restringidas. Por vezes, ele nos levará à obediência pelos meios mais improváveis. O salmista diz: "Desde a terra, louvem o SENHOR! Louvem-no, monstros marinhos e todos os abismos" (Sl 148.7).

Tempestades ocorrem a todo momento na vida. Somos jogados em poços profundos ou engolidos por feras do mar. Infelizmente, nem sempre conseguimos ver nisso o amor de Deus. Nem sempre conseguimos perceber que algumas intempéries da natureza nada mais são que ações de Deus para nos mostrar sua misericórdia a fim de que lhe obedeçamos. Deus queria mostrar a Jonas a necessidade de sua obediência. Tudo dá errado ao redor de Jonas, porque Deus quer lhe dar uma lição. Para Jonas, era mais fácil fugir ou morrer, mas Deus faz o mais difícil: tratou o coração daquele profeta.

Posso imaginar Jonas pensando que morreria no fundo do mar quando uma enorme boca se abre para engoli-lo. Imagino o susto. Um animal capaz de engolir um homem inteiro deveria ser gigantesco. O medo e o terror talvez não lhe permitissem perceber que se tratava de sua salvação. Deus estava usando algo amedrontador para ensiná-lo a obedecer. Quantas vezes, com o intuito de nos ensinar a obedecer, Deus não nos coloca em situações em que parece que seremos engolidos pela vida? O poeta James Reeves escreveu que "o mar é um cão faminto".[2] Para Jonas, o mar era um Deus com fome de arrependimento — a boca do peixe não era um mero cão, mas um

Deus mastigando seus pecados. Às vezes, o Senhor tem a intenção de nos colocar de joelhos para nos afastar de pecados que já se tornaram rotineiros. Deus não quer nossa destruição. Ele quer nossa obediência.

Em minha interpretação da música "Coraline", da banda de rock italiana Måneskin, uma jovem sofre de medo e ansiedade para desbravar a vida e, por causa das dores internas, está empacada. A certa altura, o vocalista canta: "Coraline quer o mar, / mas tem medo da água; / e talvez o mar esteja dentro dela".[3] Semelhantemente, o verdadeiro mar que precisava ser acalmado não estava lá fora, mas dentro de Jonas. Os momentos de dificuldade e dor na vida não são nada senão a escola de Deus para que aprendamos a obedecer. O que vai mal também é um instrumento do Senhor para nossa obediência. No caso de Jonas, a obediência veio no fundo do mar, porque lá estava a salvação.

### SALVAÇÃO NO FUNDO DO MAR

Em segundo lugar, considere que Deus usa o peixe não só para vencer Jonas, mas também para salvá-lo. O texto diz: "para que tragasse a Jonas" (Jn 1.17). Ele foi literalmente engolido por aquele peixe. Jonas está tentando correr mais rápido que Deus. Foge o máximo que pode, mas Deus o alcança e vence a corrida. Quem de nós acha que é rápido o bastante para fugir de Deus? Em sua fuga, Jonas foi longe demais. Ele se imaginou, confortável, a bordo de um navio que supostamente o levaria para longe de Deus. Em vez disso, terminou na barriga de um peixe, que o conduziria para perto de Deus.

Em uma de suas obras mais famosas, *O velho e o mar*, Ernest Hemingway fala de um pescador idoso que está há 85 dias sem pegar um peixe sequer. Ele passa por muitas lutas na esperança de achar um peixe que o alimente. Em determinado momento, ele entende que ali seria seu fim e então diz a si mesmo: "Eu nunca tinha sido derrotado e não sabia como era fácil. E o que me venceu? Nada [...]. Fui longe demais, foi o que foi".[4]

É o que, às vezes, ocorre conosco nas batalhas da vida. Somos vencidos porque vamos longe demais. Jonas foi muito longe e por isso foi derrotado por Deus, que usou um peixe como instrumento. Jonas só precisava ter dado um passo para trás. Em qualquer momento dessa história, ele só precisava ter se arrependido. Mas, por ter ido longe demais, ele só o fará no fundo do mar, quando se arrepende e é salvo. Deus é o autor da derrota e da salvação do profeta. A melhor coisa que podemos experimentar é perder para Deus. Quando perdemos para o inimigo, ele nos pisoteia. Mas quando, sendo seus filhos, perdemos a luta para Deus, isso é maravilhoso. É aí que Deus nos resgata. Não precisamos ir longe demais na luta contra Deus.

Talvez você acredite estar lutando há muito tempo, escondendo os pecados há muito tempo. Talvez pense que não dá mais para voltar atrás. Você sustentou uma mentira a vida inteira e agora sente que precisa continuar sustentando essa mentira, na esperança de que no último dia Deus o perdoe. Mas a verdade é que você não precisa ir longe demais. Você pode brigar à vontade, pois Deus sempre vence no final.

Ser engolido por um peixe é também parte da provação de Deus. Ele está dizendo a Jonas que ele só morrerá se lhe for permitido. Jonas não tinha controle sequer sobre a própria morte. É maravilhoso saber que há um Deus cuja misericórdia se manifesta até em nossas más escolhas. Quantas pessoas pensam em dar cabo da própria vida, mas lhes falta coragem? Essa covardia vem de Deus, para impedi-las de, com isso, desonrarem o Criador da vida. Tantas vezes tentamos agir contra o outro, mas fracassamos no intento. Pensamos e planejamos o pecado, mas na hora de executá-lo desistimos. Tudo isso é Deus controlando a história para impedir-nos de agir tola e maldosamente. Esse peixe é um instrumento que causa temor, mas é também um instrumento de salvação e de vitória de Deus sobre Jonas, e sobre nós.

Jonas descobre que ser engolido pelo peixe foi um ato de amor. A verdade é que não sabemos a intensidade do amor de Deus ao permitir que sejamos engolidos por monstros. Mas fé é isso, é crer que Deus nos ama mesmo quando estamos sendo engolidos, pois Deus nos salva de modos improváveis. Na dor, no hospital, no desemprego, na doença, no abandono, na injustiça. Um missionário amigo precisou ser preso para encontrar salvação. Colegas meus, internados em hospitais, conheceram o evangelho por meio da capelania hospitalar. Conheço não poucos que, ao sofrerem injustiça, correram para o Senhor em busca de esperança. Olhe para os sofrimentos da vida com um pouco mais de fé. Fé é a certeza de que, mesmo quando tudo está dando errado, Deus está por trás dessa orquestra do universo, regendo e cuidando de nós, e nos amando nesse processo.

Quando Jonas foi lançado ao mar, a água o envolveu como o abraço gélido de uma justiça inevitável. Cada onda parecia um julgamento, cada corrente, um murmúrio das palavras que ele havia ignorado. No poema "O homem e o mar", Charles Baudelaire diz:

> Vós sois, ambos os dois, discretos tenebrosos;
> Homem, ninguém sondou teus negros paroxismos,
> Ó mar, ninguém conhece os teus fundos abismos;
> Os segredos guardais, avaros, receosos![5]

Jonas, perdido em um abismo externo e interno, era um homem que fugira não apenas de Deus, mas de si mesmo. No mar, Jonas descobriu que o arrependimento é como a profundidade do oceano: assustador, mas necessário. As águas ameaçavam esmagá-lo, mas também o purificavam. Ele percebeu que o abismo dentro de si não era tão insondável quanto parecia diante do Deus que sonda corações e mares. O mar, tal como Deus, não revelou todos os seus segredos, mas trouxe Jonas ao ponto de confissão.

O arrependimento de Jonas não foi apenas um grito de socorro; foi uma rendição. Submerso e sem fôlego, ele encontrou uma clareza que a terra seca não lhe tinha dado. Em meio à escuridão do oceano, Jonas viu a luz da misericórdia divina. Deus o alcançou no lugar onde ele não podia se esconder, demonstrando que até mesmo nos abismos a mão do Senhor pode nos resgatar.

Esse mar que afundava Jonas se converteu em um oceano de misericórdia. Fernando Pessoa fez um poema ao mar português que dizia: "Deus ao mar o perigo e o abismo deu, mas nele é que espelhou o céu".[6] O mesmo mar que ameaçava Jonas com perigo e abismo foi o lugar onde Deus revelou o céu — não em calmarias, mas no ventre do caos, Jonas encontrou o espelho da graça, aprendendo que o perigo e o abismo também podem ser ferramentas do resgate divino.

Na canção "Madalena", composta por Ivan Lins e eternizada por Elis Regina, ouvimos: "Ê, Madalena / O meu peito percebeu/ Que o mar é uma gota / Comparado ao pranto meu". Jonas percebeu que o oceano era uma gota comparado com o mar da graça que o rodeava. Havia uma enorme tempestade da graça de Deus no meio daquele oceano revolto, mas Jonas só percebeu ao ser engolido pelo peixe. O verdadeiro milagre não aconteceu no ventre do peixe, mas no coração do pecador. Não era no interior do peixe que Deus estava trabalhando, mas no interior do profeta.

Temos obediência, salvação e Cristo no fundo do mar.

### CRISTO NO FUNDO DO MAR

Em terceiro lugar, considere que Jonas, no interior daquele grande peixe, é um sinal da obra redentora de Cristo. O texto diz que "esteve Jonas três dias e três noites nas entranhas do peixe" (Jn 1.17). Mesmo protegido por Deus, aquela situação não deve ter sido nada agradável. Depois de três dias dentro daquele caixão submerso, ele volta, pela graça de Deus, à superfície. É o que Jesus usa como símbolo para sua obra. Em Mateus 12.38-41, Jesus usa Jonas como um tipo, uma figura daquilo que ele era:

> Então alguns escribas e fariseus disseram a Jesus:
> — Mestre, queremos ver algum sinal feito pelo senhor.
> Mas ele respondeu:
> — Uma geração perversa e adúltera pede um sinal, mas nenhum sinal lhe será dado, senão o do profeta Jonas. Porque assim como Jonas esteve três dias e três noites no ventre do grande peixe, assim o Filho do Homem estará três dias e três noites no coração da terra. Ninivitas se levantarão, no Juízo, com esta geração e a condenarão, porque se arrependeram com a pregação de Jonas. E aqui está quem é maior do que Jonas.

A essa altura do ministério de Jesus, ele já havia realizado vários milagres. Mesmo assim, os fariseus e escribas pediam outros milagres que provassem que ele era quem dizia ser. Mas Jesus não daria outro sinal senão o sinal de Jonas. Jonas passou três dias e três noites na barriga de um peixe. E o Filho do Homem permaneceria três dias e três noites no coração da terra. Embora os ninivitas tenham acreditado na pregação de Jonas, os fariseus e escribas não creram em Jesus. Os ninivitas serão testemunhas de acusação contra eles, porque Jesus é maior que Jonas.

Toda busca por evidências de que Jesus é realmente o Messias, o Salvador, é pouco comparado com a prova de sua morte e ressurreição. Apesar de todas as evidências e sinais realizados por Jesus para provar que ele era o Messias, os escribas e fariseus continuaram sem crer, pois eram maus e adúlteros. O problema deles não era intelectual, mas moral. Ou seja, o problema estava no coração, e isso só seria resolvido com a morte e ressurreição de Jesus, na consumação de sua obra. Mas eles não creram.

Talvez pudéssemos pensar que, se víssemos um milagre tão grande quanto o de Jonas, creríamos. Mas, se não conseguimos crer em um sinal muito maior, que é o fato de Jesus ter morrido na cruz e ressurgido dos mortos, nenhuma prova apologética nos fará crer. Lembremos a história do rico e Lázaro, em Lucas 16.19-31. O rico morre, vai para o inferno e pede que lhe permitam voltar dos mortos e avisar a família de que havia uma vida após a morte, porque dessa forma eles creriam. E a resposta é que eles tinham a lei e os profetas. Se eles não criam nisso, nada mais seria suficiente.

Achamos que milagres sobrenaturais são a maior prova para que alguém creia no evangelho, mas a evidência do que Cristo fez na cruz é de longe a maior prova de poder para transformar corações. Se Jesus aparecesse nos céus, diriam que era alucinação coletiva. Se houvesse vídeo e foto do Novo Testamento, diriam que é montagem, inteligência artificial, fake news. Já temos toda a evidência necessária: o próprio relato da Criação e a existência de um universo. Os homens rejeitam a verdade de Jesus não por falta de evidência, mas porque são maus e adúlteros. O coração mau rejeita a verdade de Deus. O que precisam acima de tudo é do sinal de Jonas. Portanto, nossa função no mundo é lembrar a todos que Jesus morreu e ressuscitou. O que precisamos para alimentar nossa fé é lembrar que Jesus morreu e ressuscitou, porque essa é a grande obra.

O milagre de Jonas é pouco quando comparado com o que temos do próprio Deus encarnado morrendo numa cruz e ressuscitando dos mortos. Jonas ficou três dias dentro de um peixe. Um profeta fugitivo, pecador e não arrependido. Mas é Jesus que encarna e leva sobre si nossos pecados ao morrer e ressurgir por nós. Jonas é só uma sombra da obra perfeita de Cristo Jesus.

Mas há algo além aqui. Gate-Hefer, a região onde Jonas vivia, ficava a cinco quilômetros de Nazaré, o que fazia dele galileu. Não é absurdo imaginar que Jesus tenha passado por ali antes de iniciar seu ministério público. Ao menos uma festa de casamento, onde aconteceu o primeiro milagre de Jesus, foi realizada nessa região (Jo 2.1-11; 4.46). Dessa forma, é muito espantoso que os fariseus tenham tentado negar Jesus dizendo que "da Galileia não surge profeta algum" (Jo 7.52). Jonas foi um profeta da Galileia. É curioso que, sendo o livro de Jonas uma crítica ao exclusivismo nacionalista, os fariseus, indiretamente, rejeitem Jonas como profeta. Os fariseus ignoraram a mensagem de Jonas a fim de continuar ignorando Jesus. Ao rejeitarmos a mensagem do profeta, ignoramos o sinal do próprio Cristo.

### ORAÇÃO NO FUNDO DO MAR

Em quarto lugar, considere como o grande peixe se tornou um lugar improvável de oração. Lemos que "orou Jonas ao SENHOR, seu Deus, das entranhas do peixe" (Jn 2.1). Renato do Vale menciona algo interessante: "Jonas não orou quando desceu a Jope. Não orou quando comprou a passagem para fugir para Társis. Não orou quando a tempestade açoitou o navio no mar Mediterrâneo. Não orou quando os marinheiros pagãos oravam. Não orou quando foi atirado no mar, mas ao ser engolido, tragado pelo grande peixe das profundezas do abismo, sentiu a necessidade de orar".[7]

Como é difícil orar enquanto se foge de Deus! Na música "Tão perto", o rapper LEONB diz: "Senhor, me desculpe por te fazer ver enquanto peco".[8] Não há como pecar sem que Deus veja. Não há como pedir-lhe que vire o rosto enquanto transgredimos sua vontade. Deus sempre vê. É constrangedor e doloroso. O que o capitão do navio diz a Jonas antecipa o que o profeta viveria em Nínive: "Clame a Deus, ele pode ter misericórdia". O povo de Nínive clamaria a Deus e encontraria misericórdia. Mas Jonas só obedeceu à ordem do capitão quando se viu no fundo do mar. Por estar fugindo da presença de Deus, Jonas foge da oração.

Quando fugimos de Deus, fugimos da obediência, da santificação, da vida na igreja, da vida de oração, da leitura bíblica. Inventamos desculpas para não congregar. A grande questão é que, se queremos encontrar Deus, precisamos estar onde ele nos colocou. A vontade de Deus para Jonas era que ele fosse a Nínive. A vontade de Deus para todo cristão é que ele frequente a igreja, ore, leia a Bíblia, viva em santidade e se relacione com Deus e com o seu povo.

Deus precisou derrubar Jonas para que ele orasse. Não duvido que muitas das intempéries que recaem sobre nós sejam um lembrete de Deus para que finalmente fiquemos de joelhos. Não consigo lembrar em que ocasião orei tanto quanto os três dias em que fiquei prostrado na cama por causa da chikungunya. Quando Deus nos derruba, ele está nos colocando diante de um altar, de joelhos. Só de joelhos conseguimos sustentar a vida, a obra missionária. Por isso, precisamos orar nas aflições, e não esmorecer.

Jonas ora no fundo do mar, na barriga de um peixe. O fato de ele orar num lugar tão inusitado e receber resposta de Deus nos diz que podemos transformar qualquer lugar em local de oração. Deus nos vê em todo lugar. Deus recebe nossa oração quando estamos bem, mal ou lutando contra o pecado, quando nos vemos sem esperança e sem alegria. Deus ouviu o arrependimento de Jonas quando ele estava no mais profundo mar. "Não há lugar em que a oração e o louvor sejam impróprios."[9]

Um detalhe muito interessante no texto é: "orou Jonas ao SENHOR, *seu Deus*, das entranhas do peixe". É no sofrimento que Jonas trata Javé como "seu" Deus. Isso é maravilhoso, porque Jonas foge de Javé na cidade santa, em Jope, no barco e no mar, mas é dentro do peixe que encontra Javé como seu.

Se queremos que Deus esteja mais próximo de nós, se queremos Javé como nosso, se queremos crescer espiritualmente, talvez precisemos passar pelo sofrimento. Algumas vezes, a disciplina espiritual de que precisamos não é o jejum, a oração ou mais leitura bíblica. Talvez seja um pouco mais de sofrimento. Às vezes, a dor é necessária. Por meio dela, Deus está nos fortalecendo e dando mais vida. O sofrimento nos leva ao amadurecimento, à perseverança. Portanto, não precisamos olhar temerosos para o sofrimento e a dor. Deus quer nos corrigir.

Jonas não foi lançado ao mar; ele foi lançado nos braços de Deus. Ele não conseguia ver isso, mas Deus estava quebrando Jonas. O Senhor disciplina seus filhos, a quem ele ama. A disciplina é diferente de uma pessoa para outra porque somos diferentes e reagimos de modo diferente. Temos graus variados de arrependimento diante dos pecados que cometemos. Às vezes, o amor de Deus precisará nos quebrar. Mas, se nos apresentarmos a Deus chorosos e arrependidos, ele talvez não precise nos derrubar. Lendo os Evangelhos, vemos como Jesus sempre dispensa um tratamento amoroso e gracioso àqueles em situações difíceis. Porém, diante daqueles que acham que estão bem apesar das falhas, há sempre um Jesus lhes dirigindo uma palavra dura. Nunca vemos Jesus derrubar quem está humilhado. Para esses, Jesus estende a mão. Mas Jesus derruba e humilha pessoas de dura cerviz.

Que filho queremos ser diante de Deus? O que será quebrantado ou o que receberá misericórdia? Talvez você não conheça a história de John Newton. Ele traficava escravos e era tão conhecido como blasfemador que, em uma de suas viagens, o capitão do navio o julgou responsável pela tempestade que enfrentavam. John Newton passou por várias tempestades e a cada uma que enfrentava sempre dizia que se arrependeria e abandonaria o tráfico negreiro. Entretanto, quando tudo ficava bem, ele voltava às mesmas práticas. Até que uma tempestade quase o matou. Foi aí que ele se arrependeu de fato. Foram necessárias várias tempestades, vários naufrágios para que ele finalmente se arrependesse e passasse a servir a Deus. John Newton se tornou pastor e pastoreou um homem chamado William Wilberforce, o grande responsável pelo fim do tráfico negreiro na Europa.

A pergunta que temos de nos fazer é: Até quando continuaremos a correr de Deus? Em algum momento, a tempestade aumentará, cairemos do barco e seremos engolidos. Tomara que sejamos engolidos pelos braços de misericórdia do Senhor, e não por sua ira contra nós.

Se somos crentes de verdade, acredito que Deus traz arrependimento para o nosso coração. Creio na perseverança dos santos e que, uma vez salvos, Deus manterá a salvação. Isso, porém, não significa que podemos viver como queremos. Não significa que estamos livres para pecar. Se somos salvos e queremos andar no caminho do pecado, Deus nos trará de volta. O problema é que os meios dele muitas vezes não são os nossos. Deus pode nos colocar no ventre de um peixe até que nos arrependamos. Quantas tempestades precisarão surgir para que encontremos o verdadeiro arrependimento?

Portanto, não devemos ir longe demais ao fugir de Deus, porque ele nos achará. E quão abençoados somos quando ele nos acha!

### CONCLUSÃO

"A terceira margem do rio" é o conto mais famoso de Guimarães Rosa, publicado em 1962. A narrativa é contada da perspectiva do filho, cujo pai decide construir uma grande canoa e viver no meio de um imenso rio. De vez em quando, alguém ia até o rio para mostrar-lhe um bebê ou para deixar-lhe comida, mas o pai nunca respondia. Até que, depois de muitos anos, o filho vai até o rio e pede ao pai para trocar de lugar com ele. Ele finalmente responde com um aceno e começa a remar para buscar o filho, mas este, assustado, corre, afastando-se. É só aí que o conto começa a fazer sentido. Entendo que o pai estava morto, e tudo não passava de uma metáfora para a morte. Ninguém queria ir até onde o pai se encontrava porque ele estava morto.

Sabemos que o rio tem apenas dois lados, onde a água toca a terra, mas há um terceiro de que nos esquecemos: o fundo. Na vida, tentamos passar de uma margem a outra. Queremos organizar os planos, pagar as contas, viajar, mas de repente damos com a terceira margem do rio, e morremos. Às vezes, em meio a nossos planos, o Senhor nos conduz próximo da terceira margem. Ali temos a certeza de que não há mais volta. O médico diz que podemos aguardar a morte em casa, com a família. O contador decreta a falência. E assim encontramos a terceira margem do rio.

Foi na terceira margem do rio que Jonas encontrou Deus, de onde foi resgatado pelo Senhor. Mesmo quando pensamos que a vida nos escapa, Deus está lá, ao nosso lado. Só o Deus vivo pode nos resgatar nesses momentos. Portanto, façamos desses momentos uma oportunidade de recomeçar, de reatar com Deus, de nos arrepender e de expor fraquezas. Façamos da terceira margem do rio nosso altar, onde, arrependidos e obedientes, dobramos os joelhos diante do Senhor.

# 8

# UM SALMO NO ESTÔMAGO DO INFERNO
## PARTE 1: CONVERSÃO NO LEITO DE MORTE

JONAS 2.2-4

Qual deve ser nosso sentimento diante da morte do ímpio? Quando Jô Soares faleceu, um amigo, crente, sofreu algumas críticas de seus seguidores no Instagram por desejar que o Jô estivesse em um bom lugar. "Mas ele não era crente!", retrucaram. É verdade que, se Jesus é o único caminho, apenas por meio dele podemos encontrar um bom lugar. A questão, porém, é que não sabemos o que pode acontecer no coração de alguém nos últimos momentos. Nossa esperança é sempre a de que os descrentes se lembrem de Deus e, em seus momentos derradeiros, recebam a obra de Cristo.

Alguém talvez pense: "Ah, isso é muito fácil. Você vive como quiser e, então, no finalzinho se arrepende, e está tudo certo". Mas não se pode enganar Deus nem planejar um arrependimento futuro. Em uma conversa com um colega agnóstico, ele disse: "Eu sou um forte candidato para a conversão no leito de morte". Mas não é assim que acontece. Esaú procurou Deus com lágrimas, mas não achou arrependimento. "Vocês sabem também que, posteriormente, querendo herdar a bênção, foi rejeitado, pois não achou lugar de arrependimento, embora, com lágrimas, o tivesse buscado" (Hb 12.17). Sentir remorso nos momentos finais não é garantia de encontrar a ação sobrenatural do Espírito Santo.

É complicado para mim, como pastor, pregar em velórios de descrentes. Tento sempre lidar com a inevitabilidade da morte e, em vez de lidar com o destino eterno do falecido, lido com o destino eterno dos que estão vivos. A verdade é que, ainda que nem sempre a salvação possa ocorrer no último momento, Deus pode fazer coisas maravilhosas na iminência da morte.

Jonas morreria sem Deus. Os homens do barco estavam tentando salvar a própria vida, mas não conseguiam. Imagino o capitão daquele navio gritando para os marinheiros assim como Ahab gritou em *Moby Dick*: "Peguem seus remos e agarrem-se a suas almas".[1] Tentavam de tudo, mas a ira de Deus se mantinha forte. Só o que restou foi jogar Jonas ao mar, ao seu leito de morte. Mas Jonas ora ao Senhor, que traz salvação no formato de um grande monstro marinho, que o engole. Em Jonas 2, vemos que o arrependimento do profeta diante da morte não era do tipo dos que são fortes candidatos a se arrependerem no leito de morte, nem daqueles que só estavam com medo do que viria do outro lado e tentam garantir uma aposentadoria eterna um pouco mais tranquila. A conversão de Jonas no seu leito de morte tem todas as características de uma conversão genuína.

A oração de Jonas é um salmo fora do livro de Salmos. O texto não só apresenta toda a estrutura dos salmos hebraicos, como cita vários deles. O livro de Jonas é posterior ao de Salmos, e Jonas parece citar vários textos do saltério quando compõe esta poesia dentro do ventre do grande peixe:

> "Na minha angústia, clamei ao Senhor,
>     e ele me respondeu;
> do ventre do abismo, gritei,
>     e tu ouviste a minha voz.
> Pois me lançaste nas profundezas,
>     no coração dos mares,
> e a corrente das águas me cercou;
>     todas as tuas ondas e as tuas vagas passaram sobre mim.
> Então eu disse: 'Estou excluído da tua presença;
>     será que tornarei a ver o teu santo templo?'"
>
> Jonas 2.2-4

### DEUS QUE RESPONDE A ORAÇÕES

Primeiro, temos um Jonas que ora a Deus, que responde ao profeta mesmo estando ele no estômago do inferno. Há muita poesia quando Jonas diz: "Na minha angústia, clamei ao Senhor, e ele me respondeu; do ventre do abismo, gritei, e tu ouviste a minha voz" (Jn 2.2a). Podemos ver uma estrutura bastante parecida em Salmos 120.1: "Na minha angústia, clamo ao Senhor, e ele me ouve", e em Salmos 74.19: "Não entregues à rapina a vida de tua pomba, nem te esqueças para sempre da vida dos teus aflitos".

Jonas pediu por socorro em uma situação de quase morte. Na expressão "ventre do abismo", ventre significa literalmente o estômago do peixe e "abismo", sepultura, morte ou inferno. É como se Jonas estivesse dizendo: "Eu orei, não simplesmente na barriga de um peixe, mas no estômago do inferno". Jonas parece interpretar aquela situação não apenas como alguém prestes a morrer, mas como alguém condenado. Então, Deus o ouviu. É interessante observar que, embora tenhamos na Bíblia muitos exemplos de Deus salvando pessoas da morte, como Daniel e Elias, ou de perseguições, como Paulo, temos também muitos outros exemplos em que Deus não age da mesma forma, como Estêvão e tantos santos que sofreram martírio. Mas Jonas orou, e Deus o tirou da angústia.

Não temos a promessa de salvação dos problemas que enfrentamos hoje, mas temos a promessa de uma salvação que Jonas entendeu ser muito maior. Em seu salmo, Jonas diz que a verdadeira salvação não foi escapar da morte, mas ter sido recebido novamente na presença de Deus. Deus ouve nossas orações angustiadas. Deus responde a orações feitas do abismo, nos momentos mais terríveis da vida.

No ensino médio, eu tinha um professor de história, crente, que costumava fazer um pequeno momento de discipulado no deque do seu condomínio. Ele contou que uma vez havia sido sequestrado por pessoas que planejavam pedir algum resgate em dinheiro. Ele disse que só orava a Deus para que salvasse sua alma. Não orou para que Deus o livrasse do sequestro, pois ele acreditava que morreria. Quando os sequestradores o tiraram do porta-malas no meio de um matagal, ele pediu para falar. Como os homens nada dissessem, ele começou a pregar o evangelho. Ele havia entendido que morreria, e quis fazê-lo pregando a Palavra de Deus. Os sequestradores o colocaram no porta-malas de novo e foram embora. Eles pouparam sua vida. Deus é misericordioso e em algumas situações poupa seus filhos. Esse professor entendeu que o que ele precisava não era ser liberto da morte, mas ser liberto dos seus pecados.

É assim que devemos orar quando recebemos um diagnóstico inesperado ou quando estamos na UTI. Podemos orar para que Deus nos livre, mas acima de tudo devemos orar para que ele nos conserve a fé e nos salve. É durante as angústias que Deus nos responde. Jonas orou na angústia, e Deus respondeu. Às vezes, Deus cura a doença, livra das drogas, liberta da situação aflitiva, mas a certeza que temos não é que Deus sempre nos livrará da dificuldade, como ele faz muitas vezes, mas que ele sempre nos preservará. Ele manterá nossa fé para impedir que a angústia tome conta de nossa alma. Porque muito mais importante que estarmos livres das dificuldades é ter um Deus misericordioso que nos atrai para si.

O salmo 18 poderia servir como prenúncio ao que aconteceria com Jonas:

> Laços de morte me cercaram;
> > torrentes de perdição me impuseram terror.
> Cadeias infernais me envolveram,
> > e tramas de morte me surpreenderam.
> Na minha angústia, invoquei o Senhor;
> > gritei por socorro ao meu Deus.
> Do seu templo ele ouviu a minha voz,
> > e o meu clamor chegou aos seus ouvidos. [...]
> Então se viu o leito das águas,
> > e se descobriram os fundamentos do mundo,
> pela tua repreensão, Senhor,
> > pelo sopro impetuoso das tuas narinas.
> Do alto o Senhor me estendeu a mão e me segurou;
> > ele me tirou das águas profundas.
>
> Salmos 18.5-6,15-16

Jonas poderia estar referenciando o salmo 18 ao dizer que Deus o colocou debaixo d'água e o cobriu com sua ira, mas que, quando ele clamou, Deus o tirou dali. De igual modo, em Salmos 88.1-7, lemos:

> Ó Senhor, Deus da minha salvação,
> > dia e noite clamo diante de ti.
> Chegue à tua presença a minha oração;
> > inclina os teus ouvidos ao meu clamor.
> Pois a minha alma está cheia de angústias,
> > e a minha vida já se aproxima da morte.
> Sou contado com os que descem ao abismo.

> Sou como um homem sem força,
> atirado entre os mortos;
> como os feridos de morte que jazem na sepultura,
> dos quais já não te lembras;
> pois foram abandonados pelas tuas mãos.
> Puseste-me na mais profunda cova,
> nos lugares tenebrosos, nos abismos.
> Sobre mim pesa a tua ira;
> tu me abates com todas as tuas ondas.

Jonas parece ser a encarnação da oração dos salmistas preocupados com o Deus que os cobre com as águas de sua ira, mas que entendem que era justamente em sua angústia que eles eram ouvidos por Deus. E por que Jonas cita os salmos aqui? Alguns defendem que se trata de inclusões posteriores, ou que Jonas escreveu já em terra firme, recriando o ocorrido de forma poética. A meu ver, porém, Jonas é, como profeta de Deus, alguém tão cheio das Escrituras, dos Salmos, que na hora do desespero o que sai dele é Bíblia. Ele é literalmente apertado pelo estômago do peixe, e o que sai é uma oração recheada da Palavra de Deus.

Charles Spurgeon, falando sobre John Bunyan, disse: "Fure-o em qualquer lugar, e você descobrirá que seu sangue é bíblico, a própria essência da Bíblia flui dele. Ele não pode falar sem citar um texto, pois sua alma está cheia da Palavra de Deus".[2] Jonas é desse tipo de homem.

Jonas não queria simplesmente sobreviver, ele queria ver o templo do Senhor. Queria poder voltar e se acertar com Deus. Às vezes, desanimamos de orar porque a angústia não nos deixa, e pensamos que se ela resiste é porque Deus não nos ouve. Desistimos de falar com ele porque parece que ele não responde. Mas Deus nos ouve na angústia. Deus nos ouve na experiência de quase morte. Deus nos ouve nas dificuldades da vida.

Lembro-me de uma senhora da igreja que eu aconselhava quase rotineiramente. Sua alma enfrentava muitas batalhas. Lutava contra uma tristeza permanente, uma desesperança, uma insatisfação com a vida. Quando mencionei a oração, ela me perguntou: "Pastor, vou orar para quê, se Deus não responde minhas orações?". As muitas tentativas de demovê-la dessa ideia foram infrutíferas, e foi então que ela começou a passar por sofrimentos terríveis. O casamento entrou em profunda ruína e, quando já beirava a depressão e a apostasia, Deus começou a responder. As coisas foram se organizando. Os medos foram se dissipando, o casamento foi se solidificando, milagres foram acontecendo. A vida voltou a ser feliz.

Depois de um tempo, mandei-lhe uma mensagem para saber como iam as coisas, e ela respondeu: "Até choro de lembrar quanto Deus foi misericordioso conosco. Hoje penso tão diferente! Graças a Deus por sua infinita bondade com um ser humano tão podre como eu. Sou muito grata, mesmo, por tudo que Deus fez e ainda faz. Graças a Deus nunca mais senti aquela tristeza e estou muito feliz, de verdade".

Essa é a maravilha de pastorear uma igreja por alguns anos. Pessoas em quem você já perdeu a esperança de que venham a crer em Deus de verdade o encontram da forma mais profunda depois de passarem pelas piores experiências. Deus usa o fundo do mar para percebermos, ali, que há um Deus que cuida de nós, que nos ouve. Paulo e Tiago escrevem que Deus nos dá perseverança na fé através da provação (Rm 5.1-5; Tg 1.2-3).

O que manteve Jonas capaz de se arrepender e voltar ao Senhor no meio de uma dificuldade tão profunda é o fato de ter dentro de si a Palavra de Deus. E ela podia devolvê-lo ao caminho. Jonas sabia como orar e o que dizer a Deus. Ele tinha os salmos como um meio de acreditar nas palavras que dirigiria ao Senhor. No momento do desespero, da fuga e do pecado, é da Palavra, guardada dentro de nós, que precisamos para poder retornar. Se não a temos, ficamos desguarnecidos, pois é ela que nos ajuda a passar, com fidelidade e força, pelos momentos mais difíceis. Quando a memorizamos, adquirimos uma estrutura fundamental para permanecer firmes na fé, independentemente das circunstâncias, por piores que sejam.

É importante, no entanto, dizer que guardar a Palavra como mero exercício intelectual de nada adianta. Se o simples conhecimento fosse todo o necessário para permanecer fiel a Deus, pastor algum se desviaria, teólogo algum trairia a esposa, pregador algum abandonaria o evangelho. Há um longo registro de pessoas que, embora dominem intelectualmente a Escritura, parecem fugir espiritualmente do Senhor. Não podemos rejeitar, nem negligenciar o poder da Palavra em nossa vida, mas tampouco podemos achar que a simples memorização de textos bíblicos é suficiente para nos resguardar do pecado.

Jonas estava no ventre do abismo orando depois de ter fugido como alguém que dominava a Palavra. Ele ora e, ali, no ventre do peixe, diz que Deus o ouviu e lhe respondeu. Jonas está a caminho do arrependimento, e entendeu que o pequeno milagre, ser engolido por um peixe, já era prova de um milagre maior, sua salvação. Ele ainda não tinha a salvação completa, pois ainda estava dentro do peixe, sentindo a pressão daquele local apertado — e no entanto ele já agradecia o milagre. A oração de Jonas nos mostra que os pequenos milagres devem sempre ser percebidos como manifestação de uma fonte inesgotável de cuidado. Jonas entendeu que ser engolido por um peixe era a salvação de Deus. Esse entendimento de Jonas vem no meio do caminho. Ele poderia interpretar simplesmente que estava dentro de um peixe. Poderia pensar que Deus tinha feito aquilo para matá-lo de uma forma assustadora. Porém, não é o que ele faz. O Jonas que está a caminho do arrependimento entende que um pequeno milagre já era prova de um milagre maior.

A graça é igual a cupim. Quando eu encontrava um único cupim andando pelas minhas estantes de livro, eu sabia que teria de remover prateleiras e mais prateleiras até encontrar a fonte. Cupim nunca anda sozinho. Do mesmo modo, quando você encontra os pequenos milagres de Deus no seu dia a dia, pode ter certeza de que há um ninho, uma fonte inesgotável daquela mesma misericórdia no próprio Deus. O mesmo Deus que impediu que Jonas morresse afogado seria aquele que o levaria a ser jogado em terra firme três dias depois. A graça é inesgotável. Quando deparamos com os pequenos milagres de Deus no dia a dia, podemos ter certeza de que há uma fonte inesgotável daquela mesma misericórdia no próprio Deus.

Temos muita dificuldade em acreditar que Deus continuará cuidando de nós. Mas, se contarmos as bênçãos, como diz o antigo hino, veremos quanta graça, ajuda e misericórdia Deus já nos proporcionou. O mesmo Deus que impediu que Jonas morresse afogado seria aquele que o levaria a ser jogado em terra firme três dias depois. E o mesmo Deus que nos sustentou até agora é aquele que nos sustentará se continuarmos fiéis e nos arrependermos sempre que nos desviarmos de seus caminhos. O Deus que nos buscou e trouxe de volta é aquele que continua cuidando de nós. Precisamos ter essa esperança.

A fé verdadeira é muito poderosa — ela manteve Jonas fiel mesmo depois de seu terrível histórico de fuga. Quando o verdadeiro crente cai e tropeça, Deus o levanta porque a fé é poderosa e, como disse Charles H. Spurgeon, invicta:

Escreva o lema da fé: INVICTA. Ela sempre cavalga no cavalo branco, conquistando e para conquistar. A fé é filha do Onipotente e participa de sua onipotência; ela nasce do Eterno e possui sua imortalidade. Você pode esmagá-la e moê-la, mas cada fragmento dela vive. Você pode lançá-la no fogo, mas ela não pode ser queimada [...]; você pode lançá-la nas grandes profundezas, mas ela está destinada a subir novamente. [...] Se tivermos fé, existe em nós aquilo que vence o mundo, que desconcerta Satanás, que vence o pecado, que governa a vida e que abole a morte.[3]

Jonas fugiu de Deus, mas Deus não fugiu de Jonas. Deus o mantém através daquela fé poderosa, e por essa experiência de fé Jonas entende que foi Deus que o colocou nessa situação de sofrimento.

## A DEUS PERTENCE O SOFRIMENTO

Jonas diz: "Pois me lançaste nas profundezas, no coração dos mares, e a corrente das águas me cercou; todas as tuas ondas e as tuas vagas passaram sobre mim" (Jn 2.2). E cita outro salmo: "Um abismo chama outro abismo, ao ruído das tuas cachoeiras; todas as tuas ondas e vagas passaram sobre mim" (Sl 42.1). São palavras que mostram um sentimento de condenação.

Jonas evoca a linguagem de Neemias, quando este se refere ao povo de Israel atravessando o mar Vermelho e aos egípcios sendo afundados pelo mar: "Dividiste o mar diante deles, de maneira que o atravessaram em terra seca; lançaste os seus perseguidores nas profundezas, como uma pedra nas águas impetuosas" (Ne 9.11). Essa linguagem, por sua vez, evoca o cântico que celebra a vitória do povo de Deus contra o faraó: "Lançou no mar os carros de Faraó e o seu exército; e os seus capitães afogaram-se no mar Vermelho. As águas profundas os cobriram; desceram às profundezas como pedra" (Êx 15.4-5).

Aparentemente, Jonas não se identifica com o povo de Israel, mas com o povo do Egito. Ele se vê como alguém sob maldição, como os egípcios. É como se Jonas se interpretasse no exílio, sendo este a imensidão do mar. Assim, ele só poderia agir como Israel, buscando arrependimento. E ele só poderia esperar de Deus o que Deus entregou a Israel, o retorno do exílio.

Jonas entendeu que foi Deus que o jogou no mar e que os marinheiros foram apenas seu instrumento. Ele, porém, não culpa Deus, pois sabia que havia sido seu pecado que levara Deus a puni-lo. Nem sempre é fácil acreditar que os sofrimentos sobrevêm pelo pecado. Jó nos ensina que há um Deus soberano que nos coloca em situações difíceis. Às vezes, para provar nossa fé, outras vezes para punir-nos por nossos pecados. Deus nos corrige. No caso de Jonas, Deus fez do mar sua voz. Deus fez do turbilhão sua pregação, para que Jonas pudesse clamar a ele.

Precisamos ser menos escapistas nas provações. Antes do sofrimento, precisamos saber que Deus está no controle e comanda os monstros marinhos. Jó disse: "Temos recebido de Deus o bem; por que não receberíamos também o mal?" (Jó 2.10). Independentemente da situação ruim ou difícil que vivamos, Deus está no controle, pois ele a permitiu. Talvez sejamos como Jó, que recebeu sofrimento sem nenhum pecado que o justificasse. Talvez estejamos em situação de dor porque há um Deus que nos quer trazer para perto dele. Ou talvez sejamos como Jonas, que recebeu correção de Deus e por ele foi colocado de joelhos.

É por isso que Jonas encontra o verdadeiro arrependimento.

### DE VOLTA AO TEMPLO

"Então eu disse: 'Estou excluído da tua presença'" (Jn 2.2). Jonas se vê excluído, banido da presença de Deus. Foi o que ele tentou conquistar no primeiro capítulo de seu livro — e conseguiu o que tanto procurava! No entanto, enquanto fugia de Deus, entendeu que viver sem Deus é a experiência mais terrível que alguém pode experimentar. Não é assim que também agimos? Fugimos de Deus para batalhar pelo que queremos e, quando conseguimos, descobrimos que conquistamos desgraça, dor e morte.

A verdade é que queremos fugir de Deus, mas não tanto assim. Jogamos com o pecado porque queremos encontrar a zona de conforto, o lugar onde podemos estar perto da linha do mundanismo, do pecado, mas sem deixar de ser crentes. Não queremos ser abandonados por Deus, só queremos deixar o cônjuge chato de lado para achar alguém que nos valorize de verdade. Não queremos ir para o fundo do poço, não queremos a negação absoluta, só queremos chegar o mais perto possível da linha.

No entanto, agir desse modo mostra que já cruzamos a linha há muito tempo. Querer viver perto da linha já revela o espírito de quem a cruzou. Queremos estar numa área onde possamos desfrutar de nossos pecados, mas sentindo que Deus não nos abandonou. O que precisamos é de segurança. Precisamos fugir do nosso coração, que está preocupado em fugir da presença de Deus e do seu amor, porque nos sentimos atraídos pelo mundo. Nossa preguiça, lascívia, orgulho, ira nos fazem olhar por cima do muro. Queremos achar um caminho intermediário. Mas a verdade é que precisamos nos alimentar da Palavra, fortalecer-nos com ela para ser exemplos e para viver em segurança, pois sabemos que o coração precisa de pouco para se corromper.

Ao dizer-se excluído da presença de Deus, Jonas pergunta: "será que tornarei a ver o teu santo templo?". Diante da morte, do mar, das ondas, da falta de fôlego, da pressão nos ouvidos, do frio no corpo, de toda a escuridão, Jonas só pensou na presença de Deus e no templo do Senhor. Ele estava fugindo de Deus, mas nesse momento sente saudade do templo e da presença de Deus. O templo era o local dos sacrifícios. Jonas sabia que precisava de expiação por seus pecados. Sua verdadeira preocupação já não era morrer, mas ser excluído da presença de Deus. Como canta Stênio Marcius em "E se...", é "morrer ansioso por te ver".[4] É morrermos ansiosos por encontrar o Senhor. Aí está o verdadeiro arrependimento.

Conforme as palavras do pastor Mapple, em *Moby Dick*:

> Pois pecador como é, Jonas não chora e geme pedindo liberdade imediata. Ele sente que sua horrível punição é justa. Deixa sua libertação a cargo de Deus, contentando-se com isto: que, apesar de todas as suas dores e aflições, ele seguirá olhando para Seu templo sagrado. E aqui, companheiros de bordo, está o verdadeiro fiel arrependimento; não um clamor pelo perdão, mas a gratidão por ser punido. E o quanto essa conduta de Jonas foi agradável a Deus vemos na sua libertação final do mar e da baleia. Companheiros de bordo, não coloco Jonas diante de vocês para que o copiem em seu pecado, mas sim como modelo de arrependimento. Não pequem; mas, se pecarem, cuidem de se arrepender como Jonas.[5]

Que coisa maravilhosa! A marca do verdadeiro arrependimento é preocupar-se mais com agradar a Deus que com o próprio bem-estar. Não se trata de pedir libertação imediata, nem de pedir para ir ao céu. A marca do verdadeiro arrependimento é preocupar-se com estar com Deus. O verdadeiro céu é Jesus. Nosso desejo deve ser como o do salmista, que ora:

Ó Deus, tu és o meu Deus;
    eu te busco ansiosamente.
A minha alma tem sede de ti;
    meu corpo te almeja,
como terra árida, exausta e sem água.
    Assim, quero ver-te no santuário,
para contemplar a tua força e a tua glória.
    Porque a tua graça é melhor do que a vida;
os meus lábios te louvam.

Salmos 63.1-3

**CONCLUSÃO**

Como você prefere morrer? Cada um tem suas particularidades. E algumas mortes são mais dignas que outras. Quando engolido por um Peixe-Cão, Pinóquio conversa com um grande atum que estava ali:

— Mas eu não quero ser digerido! — berrou Pinóquio, recomeçando a chorar.

— Nem eu quero ser digerido, mas sou um tanto filósofo e me consolo pensando que, quando se nasce Atum, há mais dignidade em morrer na água do que no azeite! — retrucou o Atum.[6]

A verdade é que há mais dignidade em morrer afogado em arrependimento que em terra seca como fugitivo de Deus. Há mais dignidade em qualquer morte — seja no fundo do mar, na UTI, num acidente, num sequestro — com Jesus que numa cama boa, rodeado de amigos sem ele. O nome da igreja que pastoreio, Batista Maanaim, foi sugestão de uma senhora chamada Rosemary Pimenta Comitante, que morreu enquanto ouvia alguém cantar, a seu pedido, o hino 207 do Cantor Cristão, "Mensagem real". Ao final do hino, ela puxou o lençol que a cobria, agradeceu e disse: "Estou indo para o céu!". E partiu para estar com Deus. É uma bela forma de morrer.

Mas existem outras formas. Em uma de suas palestras, o ex-padre Aníbal Pereira Reis conta que um de seus amigos chamou-o, no leito de morte, para fazer sua confissão final. Pediu-lhe que sua lista de pecados, que era longa, fosse escrita por Aníbal e que este o perdoasse por todos eles. Mais tarde, na hora mesma da morte, o amigo o chamou novamente e declarou, em desespero: "Estou indo para o inferno". E morreu.

Alguns podem optar por pensar em Jesus apenas no fim da vida. Imaginam que ser crente é só para viciado, idoso, presidiário e moribundo, que a vida é para desfrutar como se quer, basta se arrepender no final. A verdade é que, ao pensar assim, a pessoa apenas guarda no coração falta de arrependimento e fuga de Deus. Nem todos recebem o mesmo que Jonas. Se ao longo da vida não alimentarmos o coração com a Palavra de Deus e arrependimento, no final pode ser tarde demais. "Lembre-se do seu Criador nos dias da sua mocidade, antes que venham os dias maus, e cheguem os anos em que você dirá: 'Não tenho neles prazer.' Lembre-se do Criador antes que se escureçam o sol, a lua e as estrelas, e as nuvens voltem depois da chuva" (Ec 12.1-2).

A hora de nos arrepender é agora. A hora de mudar é hoje. A hora de buscar o Senhor e expressar as verdades da Palavra por entender que Deus está cuidando de nós já chegou. Nem todos receberão a bênção recebida por Jonas. No entanto, se somos salvos de fato e sabemos em quem temos crido, podemos ter fé de que, se caminharmos na direção dele e o buscarmos, ele estará disposto a nos receber, mesmo se estivermos no coração do inferno.

Basta buscá-lo, porque nas piores angústias há um Deus que nos ouve.

# 9

## UM SALMO NO ESTÔMAGO DO INFERNO

### PARTE 2: DEIXAI TODA ESPERANÇA, VÓS QUE ENTRAIS

JONAS 2.5-9

---

Saúde mental é um tema complexo. Há diferentes opiniões sobre o funcionamento da mente humana e sobre nosso relacionamento, como cristãos, com as desordens que nos afetam interiormente. Em geral, os crentes vivem entre dois extremos.

O primeiro é a ideia de que todos os problemas que envolvem a mente e os sentimentos devem ser resolvidos única e exclusivamente pela teologia bíblica e pela vida devocional. Nessa ótica, para tratar a depressão ou a ansiedade, é preciso mais informações teológicas e mais oração. Saúde mental passa a ser uma questão de fé e, portanto, todo descompasso é entendido como falta de fé. É quase uma teologia da prosperidade, só que voltada à saúde emocional. Se alguém é crente de verdade, se sentirá bem e não terá o que chamamos de doenças da mente ou transtornos psiquiátricos.

O segundo extremo é o que sempre trata os transtornos mentais como assunto terapêutico. Depressão é sempre entendida como fruto de questões bioquímicas, ambientais, parentais, traumáticas, alimentares etc. Nesse entendimento, quem está deprimido precisa de terapia. Gabinete pastoral pode até ser útil, mas é a psicologia que resolverá o problema.

A verdade é que questões relativas à mente e às emoções possuem muitas origens, são suscetíveis a inúmeros fatores e dificilmente são diagnosticáveis com algumas poucas conversas ou encontros. Mas dentre esses vários fatores há os que estão relacionados à espiritualidade. A pessoa pode estar sofrendo os efeitos psicológicos de seu pecado e demandar ajuda médica e psiquiátrica.

Embora acredite na eficácia da psicologia e de remédios psiquiátricos em alguns casos, muitas vezes vivemos com a consciência pesada por esconder hábitos imorais, e consequentemente não conseguimos viver bem. Afastamo-nos de Deus, e ele permite a tristeza profunda e prolongada como uma forma de nos mostrar que o pecado é uma doença e uma miséria. Nosso ser interior é afetado pela espiritualidade. Não devemos generalizar, é claro, desconsiderando cada caso em particular, mas alguns conflitos da mente e dores da alma não são temas que se resolvem com medicamentos, e sim em Cristo.

Em Levítico, Deus diz ao povo: "eu lhes meterei no coração uma ansiedade tal, nas terras dos seus inimigos, que o ruído de uma folha movida os perseguirá; fugirão como quem foge da espada; e cairão sem ninguém os perseguir" (Lv 26.36). Deus envia ansiedade como resposta à vida de pecado do povo. O salmista também menciona que a falta de arrependimento por seus pecados trouxe o peso da mão de Deus em seu interior: "Enquanto calei os meus pecados, envelheceram os meus ossos pelos meus constantes gemidos todo o dia. Porque a tua mão pesava dia e noite sobre mim, e o meu vigor secou como no calor do verão" (Sl 32.3-4).

Esses terrores da alma são certamente o que de pior um ser humano pode experimentar. Conseguimos vencer as desgraças externas quando o espírito está fortalecido, mas como não sucumbir quando a alma perece? O que fazer quando, por causa do pecado, Deus nos pune entristecendo e enfraquecendo nosso interior? Quando esses terrores internos são frutos de questões do corpo ou da história de vida, certamente um bom psicoterapeuta é útil, assim como o discipulado, o aconselhamento pastoral e relacionamentos intencionais na igreja. No entanto, quando esses terrores são frutos da disciplina de Deus, apenas a fé e o arrependimento podem nos tirar do caminho do desespero.

Na descrição de seu afogamento, Jonas fala de um terror que vai além da mera desgraça humana, beirando o horror cósmico. Menciona uma batalha na alma que não parece ser fruto apenas de sua experiência de vida ou dos traumas do passado com os quais não conseguiu lidar. Trata-se, isto sim, de uma desgraça espiritual. Deus disciplinou-o externa e internamente. Jonas não afundou apenas no mar, mas também em trevas internas.

> As águas me cercaram até a alma,
> > o abismo me rodeou;
> > e as algas se enrolaram na minha cabeça.
> 
> Desci até os fundamentos dos montes;
> > desci até a terra,
> > cujos ferrolhos se fecharam atrás de mim para sempre.
> 
> Tu, porém, fizeste a minha vida subir da sepultura,
> > ó Senhor, meu Deus!
> 
> Quando, dentro de mim, desfalecia a minha alma,
> > eu me lembrei do Senhor;
> 
> e subiu a ti a minha oração,
> > no teu santo templo.
> 
> Os que adoram ídolos vãos abandonam aquele que lhes é misericordioso.
> > Mas, com a voz do agradecimento, eu te oferecerei sacrifício;
> > o que prometi cumprirei.
> 
> Ao Senhor pertence a salvação!
> 
> Jonas 2.5-9

### UM INFERNO PESSOAL

Primeiro, Jonas diz: "As águas me cercaram até a alma, o abismo me rodeou" (Jn 2.5). Embora alguns teólogos tenham dificuldade com o conceito de águas cercando a "alma", estou convencido de que Jonas está dizendo que as águas não afetaram apenas seu corpo, mas também seu ser interior. Junto com o corpo, Deus afundou a alma de Jonas. Entendo tratar-se de uma metáfora, como em Salmos 69.1-2: "Salva-me, ó Deus, porque as águas me sobem até a alma. Estou atolado num profundo lamaçal, que não dá pé. Entrei em águas profundas, e estou sendo arrastado pela correnteza". O salmista não estava se afogando literalmente, mas metaforicamente. Jonas usa da mesma metáfora, enquanto afoga literalmente.

Essa descrição é a de um homem que se sente atormentado psicologicamente por Deus. Ele se vê morrer sem paz, com a alma afogada no pecado. E essa parece ser também uma excelente descrição do que sentimos quando parece que a alma não consegue respirar, que nosso ser não consegue fôlego para viver. Ao ver-se diante do iminente afogamento, Jonas entendeu que sua alma fora tocada pelo abismo que o rodeava. As águas entraram no pulmão e na alma de Jonas.

Mas Jonas se refere a algo ainda mais profundo ao dizer que "as algas se enrolaram na minha cabeça" (Jn 2.5). Há uma questão de tradução muito complexa aqui, mas que é muito reveladora sobre como Jonas se sentia nesse momento. Alguns teólogos questionam a tradução "algas", uma vez que, literalmente, a palavra significa "juncos", que são plantas de superfície, não de fundo. Mas, possivelmente, Jonas está usando a mesma metáfora de Salmos 18.4 — cercado pelos "laços de morte". A referência não seria à sensação física da morte, mas à psicológica. A destruição tomando conta da mente, como um nó do qual não consegue escapar.

Quando Jonas fala que a extinção está em volta de sua cabeça, é como se dissesse que toda a pressão do inferno caía sobre ele. Para os antigos, o inferno se localizava no fundo mar, do qual tinham medo por desconhecê-lo. Jonas se vê prestes a encontrar o fogo que não se extingue. É o fim.

Há momentos na vida em que nos sentimos convencidos do absoluto vazio da existência, em que somos tomados por um medo primitivo, um terror mudo que nos paralisa. Não é como se a vida não valesse a pena — é como se não houvesse vida em nós, ao redor, em nada. Só existe a dor do vazio, um vazio inescapável. É como se Deus zombasse de nós, como se a própria existência fosse uma incoerência. As sensações não são reações à realidade, mas apenas emanações de um medo de algo aparentemente irreal. Um terror cósmico. Toda a existência amedronta, como se o ar ferisse a alma. A morte é nada. Deus inexiste. E, se existe, ele simplesmente não se importa.

Esse é o terrível vazio de afundar sozinho, ao se perceber em um universo sem sentido. No início de *O lobo do mar*, de Jack London, o barco do jovem intelectual Humphrey van Weyden naufraga. Jogado ao mar, os ruídos do navio se confundiam com o coro desesperado de gritos distantes. No entanto, os gritos não o assustaram. O terror veio apenas quando se percebeu sozinho e perdido nas águas:

> Algum tempo depois, não saberia dizer quando, voltei a mim e comecei a ter medo. Eu estava sozinho. Já não escutava chamados e gritos, somente o barulho estranhamente oco e reverberante das ondas no meio

do nevoeiro. O pânico da multidão, dentro do qual compartilhamos uma espécie de interesse comum, não é tão terrível quanto o pânico solitário; era este o pânico que eu sentia agora.[1]

Ao contemplar um universo e perceber apenas o vazio, somos como Humphrey, afundado sozinho. Perdidos e náufragos no universo. Você já viveu isso? Jonas parece estar vivendo, e é esse terrível sentimento que Deus usa para mudá-lo. É nesse ponto que Deus o transforma. Duvidamos disso quando estamos vivendo esse tipo de situação, mas é o que Deus faz. Deus pode usar a depressão para trazer a pessoa para mais perto dele. Não estou dizendo, com isso, que se deva abandonar a terapia. As dores machucam. Mas temos uma esperança, baseada em Romanos 8.28, de que as dores mais terríveis e profundas são instrumentos de Deus para nos fazer mais parecidos com ele.

Seguimos um Cristo que sofreu externa e emocionalmente. Ao pedir que o cálice da ira não recaísse sobre ele, Jesus suou sangue. E esse Cristo que passou pelo sofrimento emocional nos convida a caminhar com ele. Embora sejamos tentados a acreditar que um Deus bom e amoroso nunca permitiria que nossa alma sofresse ou que nosso interior passasse por trevas tão profundas, ele nos permite esse tipo de sofrimento para nos dar oportunidade de arrependimento, nos dar vida de fato.

Nossa geração aprendeu que a coisa mais importante da vida é ser feliz. Somos treinados para crer que o ápice da existência é a plenitude interior. Mas o que é de fato importante é estar com Deus, por isso ele usa como instrumento nossa desordem interior — depressão, angústia — para nos aproximar dele. Assim como trata nosso coração, Deus tratou o coração de Jonas, por meio do terror psicológico, para transformá-lo. Deus usou o terror psicológico para me fazer um pastor diferente a partir de 2019, quando passei por terríveis crises emocionais. Deus usou o terror psicológico como meio de trazer pessoas à fé ao longo da história. Muitos missionários conviveram com temores enquanto avançavam em sua obra. Deus faz coisas maravilhosas por meio de nossa tristeza. O Senhor faz coisas inimagináveis por meio de nossa depressão.

Talvez essa seja a realidade de muitas pessoas que, apesar de terem enfrentado batalhas e lutas terríveis, podem olhar para trás e perceber o agir de Deus em suas dores. Deus nos transforma e nos leva ao arrependimento mesmo quando tudo parece nos ferir a alma. Jonas fez subir sua oração e seu arrependimento ao chegar ao fundo do abismo, ao se sentir trancafiado no inferno.

Jonas diz que desceu "até os fundamentos dos montes; desci até a terra, cujos ferrolhos se fecharam atrás de mim para sempre" (Jn 2.6b). Trata-se de uma descida espiritual e física. Em Jonas 1.3, ele "desceu a Jope", e em 1.5, ele "havia descido ao porão do navio". E, ao ser lançado do convés, ele desceu ao fundo do mar. Apenas depois de descer tanto é que algo sobe: sua oração. Aqui, no entanto, ele deixa claro que desceu até o fundo do inferno, como alguém que foi lançado no fundo do abismo. Aqui, ele alude a Salmos 18.4-5: "laços de morte me cercaram; torrentes de perdição me impuseram terror. Cadeias infernais me envolveram, e tramas de morte me surpreenderam", e a Salmos 116.3: "laços de morte me cercaram, e angústias do inferno se apoderaram de mim; fiquei aflito e triste".

Eu nunca fui preso, mas já lidei com pessoas que estiveram na cadeia (justa ou injustamente) e consigo imaginar o terror de ser trancado em uma cela. Jonas se vê em uma cela, mas não em uma instituição penal. Ele se vê trancafiado no inferno — sem direito a *habeas corpus*, sem direito a condicional, sem progressão de pena. Aliás, a pena era a prisão perpétua: "cujos ferrolhos se fecharam atrás de mim para sempre (Jn 2.6b).

As tristezas nos fazem acreditar que elas são inescapáveis. O luto, por vezes, deseja se apegar à nossa alma para sempre. Lutamos todos os dias para tentar sair dessa porta do inferno. Era o fim, a morte da esperança — o mal primordial e eterno.

Neste relato, porém, há um maravilhoso ponto de virada.

### A ESPERANÇA DE QUEM ENTROU PELAS PORTAS DO HADES

Jonas diz: "Tu, porém, fizeste a minha vida subir da sepultura, ó Senhor, meu Deus!" (Jn 2.6). Literalmente, "Tu levantaste a minha alma da corrupção", como citado em Salmos 10.10: "pois não deixarás a minha alma na morte, nem permitirás que o teu Santo veja corrupção", e em Salmos 86.13: "pois grande é a tua misericórdia para comigo, e me livraste a alma do mais profundo poder da morte".

Jonas encontrou uma esperança maravilhosa mesmo às portas do inferno: a ressurreição. Deus fez a alma de Jonas subir da sepultura. Há um Deus maravilhoso que consegue tirar homens da morte. Existe uma esperança maravilhosa para quem é ferido pelos aguilhões de Deus. O Deus que ressuscita mortos também pode transformar homens e mulheres que vivem com sepulturas internas, como fez com Jonas: "Quando, dentro de mim, desfalecia a minha alma, eu me lembrei do Senhor; e subiu a ti a minha oração, no teu santo templo" (Jn 2.7).

Jonas sabia que sua única esperança era ser visto por Deus em sua oração aquática e silenciosa. Quando Humphrey van Weyden estava para morrer afogado em *O lobo do mar*, um barco passou por perto. Como não conseguia mais gritar, apenas torceu que o capitão o visse. Ele narra: "A vida e a morte estavam naquele olhar". Quando a embarcação estava já indo embora, alguém olhava para as águas. Humphrey teve receio de ser visto, mas não reparado: "Temi que seus olhos pudessem pousar em mim e ainda assim não me ver. Mas seus olhos pousaram em mim e olharam direto nos meus, e ele me avistou, pois avançou até o timão, empurrou o outro homem para o lado e começou a dar voltas e voltas na roda, uma mão depois da outra, ao mesmo tempo que gritava ordens". Poucos antes de ser engolido pela escuridão, ele é resgatado.[2]

Semelhantemente, a alma de Jonas desfalecia. Ele seria tragado pela escuridão e sua única esperança é que os olhos de Deus pousassem sobre ele e o vissem no mais profundo. A vida e a morte de Jonas estavam nesse olhar. Foi nesse momento que ele buscou Deus. Podemos buscar um profissional que nos ajude a compreender o que está por trás da depressão, da ansiedade ou de outras lutas emocionais, mas também precisamos colocar nossas aflições diante de Deus, compartilhar com irmãos e orar juntos, ler a Bíblia para buscar recursos. Infelizmente, deixamos de buscar Deus e negligenciamos nossa vida devocional, deixando claro que nosso interior não lhe pertence. Deliberadamente ou não, esquecemos que, se a alma enfrenta batalhas, precisamos buscar o Senhor em oração para que ela chegue ao seu templo.

Na primeira metade de sua oração, Jonas pergunta se veria o templo novamente. Mas, em Jonas 2.7, ele está convicto de que sua oração chegou até o templo, mesmo à distância. A certeza que temos é de que podemos chegar a Deus, em oração, mesmo afundados no mar da depressão.

Deus quer nossa oração, mesmo chorosa. Deus quer nossas lágrimas, mesmo quando elas substituem as palavras. Um dos meus textos favoritos da Escritura é Romanos 8.26: "da mesma maneira, também o Espírito nos ajuda em nossa fraqueza. Porque não sabemos orar como convém, mas o próprio Espírito intercede por nós com gemidos inexprimíveis".

O texto diz que o Espírito geme conosco. Dentro de todo o contexto desse capítulo, o gemido é sofrimento. A criação geme, nós gememos e o Espírito geme. O Espírito Santo está ao nosso lado na depressão. Ele está ao nosso lado nos momentos de pânico. Ele sente nossa confusão e age como instrumento para que nossos gemidos cheguem a Deus como aroma suave, para que o Senhor nos fortaleça e nos ajude espiritualmente. Deus tem misericórdia. Se você está enfrentando batalhas atreladas ao pecado, se o sentimento de culpa o leva a pensar no que está fazendo de errado em relação a Deus e acha que é culpa sua, saiba que Deus é misericordioso. Ele concede misericórdia até mesmo aos adoradores de ídolos, como o próprio Jonas, ao fugir dele.

Ao citar Salmos 16.4: "muitas serão as dores dos que trocam o Senhor por outros deuses", Jonas entende que Deus tem misericórdia dele apesar de sua idolatria. Ele foi idólatra ao fugir de Deus. Ele idolatrou o conforto, a própria sobrevivência, as próprias vontades, a etnia de Israel, o próprio senso de vingança. Qual é a solução para nós, homens e mulheres idólatras, que vivemos fugindo de Deus e que, por isso, enfrentamos infernos na alma? Salvação. Se lutamos contra a culpa, dediquemo-nos a crer que há um Deus misericordioso que age ampla e abertamente por nós. Deus não nos promete saúde psicológica nem felicidade nesta vida, mas promete salvação. Por sua graça, Deus nos aceita apesar de nossas confusões.

Jonas encerra o salmo dizendo que "ao Senhor pertence a salvação!" (Jn 2.9), numa clara citação de Salmos 3.8, "do Senhor é a salvação" — frase citada nos céus pelos santos (Ap 7.9-10). Jonas entendeu que Deus possui poder para salvar qualquer pessoa. Deus pode tirar qualquer um de qualquer situação. Jonas não se refere apenas à salvação da alma no sentido soteriológico, mas à salvação da alma para estar com Deus. E ele só entendeu isso quando afundou dentro da própria alma e encontrou o vazio da própria existência.

**CONCLUSÃO**

Assim escreve o rei Davi em Salmos 32.5-7:

> Confessei-te o meu pecado
> e a minha iniquidade não mais ocultei.
> Eu disse: "Confessarei ao Senhor as minhas transgressões";
> e tu perdoaste a iniquidade do meu pecado.
> Sendo assim, todo o que é piedoso
> te fará súplicas em tempo de poder te encontrar.
> Com efeito, quando transbordarem muitas águas,
> não o atingirão.
> Tu és o meu esconderijo;
> tu me preservas da tribulação
> e me cercas de alegres cantos de livramento.

Embora esse texto tenha sido escrito antes mesmo de Jonas nascer, ele encarna seu conteúdo. Jonas encontrou em Deus seu refúgio inabalável ao confessar seu pecado. Essa é também a sua oportunidade de confessar a Deus os seus pecados e encontrar nele esconderijo e livramento. Não posso prometer que a depressão desaparecerá ou que o transtorno de ansiedade seja uma questão de arrependimento, mas posso prometer que, ao confiar nele, o Senhor o aceitará, o receberá, o tratará para que sua vida volte a fluir, mesmo enfrentando os efeitos deste mundo caído.

C. H. Spurgeon faz um belo comentário sobre o livro *O peregrino*, escrito por John Bunyan, que ele lia na casa de seu avô. Ao lembrar da gravura do personagem Esperançoso segurando Cristão, personagem principal da alegoria, em um rio, ele diz:

> Esperançoso está com o braço em volta de Cristão, levanta as mãos e diz: "Não tenha medo, irmão, eu sinto o fundo". É exatamente isso que Jesus faz em nossas provações. Ele coloca o braço em volta de nós, aponta para cima e diz: "Não tenham medo! A água pode ser profunda, mas o fundo é bom".[3]

Essa é a nossa esperança. É a certeza de que, ao tocar o fundo das águas profundas, encontraremos a bondade de Deus. Por isso posso prometer que, ao olhar para ele, todas as questões são respondidas. O que Jonas sentiu ao encontrar a porta do inferno não é nada em comparação ao que sentiremos ao atravessar os portais dos céus, quando a luz de Cristo brilhará de modo tão profundo que não haverá mais necessidade de sol ou estrelas. Toda dor será esquecida, e por toda a eternidade só haverá alegria e júbilo. O próprio Senhor, com seus dedos eternos, limpará de nossos olhos toda lágrima, as passadas, as de hoje e as de amanhã. Toda a vida será consolada nele — porque nele existe salvação.

Essa é a esperança de quem já se viu diante dos portais do inferno.

# 10

## COMO NASCE UM MISSIONÁRIO

JONAS 2.10—3.3A

A história da igreja é cheia de relatos estranhos. Martyn Lloyd-Jones, o famoso ministro calvinista do século 20, disse certa vez que alguém só deveria aceitar ser pastor se, depois de muito tentar não sê-lo, não conseguisse escapar. Certamente, ninguém ilustrou de modo mais exagerado esse tipo de filosofia que Ambrósio de Milão.

Após a morte de Auxêncio, bispo de Milão, em 373 d.C., a cidade enfrentava grandes problemas. O bispo anterior fora enviado ao exílio pelo imperador com o intuito de empossar Auxêncio, que não acreditava na divindade de Jesus. Por conta da terrível situação entre igreja e Estado na época, a eleição do novo bispo ameaçava se transformar em um tumulto sangrento entre as correntes teológicas que queriam um representante seu.

É aí que surge Ambrósio. Ele era o governador da cidade de Milão. Seu governo era considerado justo e eficiente, o que lhe angariou a simpatia do povo. Filho de um alto funcionário do império, esperava subir na carreira política, e a possibilidade de uma violenta desordem na eleição do novo bispo de Milão poderia acabar com suas aspirações. Por isso, Ambrósio foi à igreja em Milão e exortou o povo com toda a eloquência que mais tarde o faria famoso. À medida que Ambrósio falava, a multidão, antes violenta, foi se acalmando e ouvindo. Parecia que os esforços do governador teriam bom êxito, quando, de repente, um menino grita: "Ambrósio bispo!", clamor repercutido inesperadamente pelo povo.

Ambrósio, que não era sequer batizado e estava mais preocupado com sua carreira política, entendendo que aquele clamor público poderia significar o fim de suas ambições, abriu passagem entre o povo, foi ao pretório e condenou diversos presos à tortura. Sua esperança era que esse ato o fizesse perder um pouco de popularidade, e o povo arrefecesse em seu intento. Mas sua tentativa foi inútil. Não vencido, Ambrósio mandou trazer para sua casa várias prostitutas, tentou fugir da cidade, se esconder, mas todos os esforços fracassaram. Por fim, ele acabou se rendendo à insistência do povo, e concordou em ser bispo de Milão. Então, foi batizado e, no intervalo de oito dias, foi feito leitor, exorcista, acólito, subdiácono, diácono, presbítero e finalmente consagrado bispo em dezembro de 373 d.C.[1]

Talvez não fosse nisso que Martyn Lloyd-Jones estivesse pensando. Ambrósio levou a cabo, e de modo extremamente bizarro, a fuga de um chamado público ao ministério. Mas Ambrósio não protagoniza o único caso bizarro de fuga de um chamado ao ministério. Muitos de nós também somos chamados — não por uma turba de cidadãos, mas pelo próprio Deus — e fugimos, talvez não por apego à carreira política, mas por amor aos planos pessoais que podemos ter estabelecido para nossa vida.

Ambrósio não queria ser bispo, mas o povo não o deixou em paz. Jonas não queria ser missionário, mas Deus não o deixou em paz. E foi pela insistência de Deus que nasceu um missionário.

## UM PEIXE OBEDIENTE

"E o SENHOR falou ao peixe, e este vomitou Jonas na terra. A palavra do SENHOR veio a Jonas pela segunda vez, dizendo: — Levante-se, vá à grande cidade de Nínive e pregue contra ela a mensagem que eu lhe darei. Jonas se levantou e foi a Nínive, segundo a palavra do SENHOR" (Jn 2.10—3.3a). Jonas se arrependeu de seu pecado, orou ao Senhor e foi liberto. O mesmo Deus que fala com Jonas fala com o peixe. Aparentemente até o peixe sabia ser impossível deixar de cumprir sua missão. Lembremos que Deus está usando as circunstâncias para que Jonas lhe obedeça.

Mais à frente, veremos que após o arrependimento da cidade de Nínive, o rei ordena que até os animais jejuem. Em seguida, Deus faz crescer uma árvore para logo depois mandar um verme comer essa mesma árvore a fim de mostrar a Jonas que até vermes e plantas seguem sua missão.

Na Criação, Deus trouxe tudo à existência pelo poder de sua palavra. Ele delimitou os mares, fez os luminares, organizou as leis químicas e físicas, levantou os montes e criou os animais exercendo poder sobre eles por meio de sua palavra. Mas Jonas é aquele que foge. O Deus que usa sua voz para criar e reger o universo é aquele que rejeitamos quando escolhemos fugir dele escolhendo o caminho do pecado.

Uma lenda registrada no livro anônimo *I Fioretti di San Francesco*, do século 14, narra um suposto milagre de Santo Antônio de Pádua, na cidade de Rimini. A lenda diz que Santo Antônio pregava a uma grande multidão de hereges que não lhe davam ouvidos. Consternado, o santo, por divina inspiração, foi para a beira de um rio, ao lado do mar. Chegando à margem entre o rio e o mar, começa a dizer aos peixes, como numa pregação: "Ouçais a palavra de Deus, vós, peixes do mar e do rio, pois os infiéis hereges não querem ouvir". A lenda diz que, quando ele proferiu essas palavras, subitamente veio à margem uma multidão tamanha de peixes que nunca se viram tantos, nem naquele mar, nem naquele rio. E todos mantinham a cabeça fora da água, atentos ao rosto de Santo Antônio. Então, Santo Antônio teria começado a pregar solenemente. Em determinado momento de seu breve sermão, ele diz:

> A vós foi concedido, por ordem divina, guardar o profeta Jonas e no terceiro dia jogá-lo na terra, são e salvo. Vós oferecestes o dinheiro do censo para nosso Senhor Jesus Cristo, que ele, como pobre, não podia pagar. Vós fostes comida do eterno rei Jesus Cristo antes e depois da ressurreição, por um singular mistério. Por todas essas coisas tendes muito o dever de louvar e bendizer Deus, que vos deu tais e tantos benefícios, mais do que às outras criaturas.

A lenda diz — e aqui começa a ficar mais absurda — que diante dessas e outras palavras e ensinamentos de Santo Antônio, os peixes começaram a abrir a boca e inclinar a cabeça, em sinal de reverência. O milagre teria então se espalhado entre o povo da cidade, e vieram até o rio os tais hereges que, agora compungidos no coração, lançavam-se aos pés de Santo Antônio para ouvir sua pregação. Então Santo Antônio começa a pregar sobre a fé, convertendo-os todos. Feito isso, Santo Antônio despediu os peixes com a bênção de Deus, e todos foram embora maravilhados— tantos os peixes quanto o povo.[2]

A lenda chega a ser algo cômica, mas nem o maior dos céticos poderia dizer que ela é impossível. O livro de Jonas nos mostra um peixe que obedece aos comandos de Deus — dada a desobediência de um homem. Assim como os peixes foram bons ouvintes da pregação para constranger os hereges do mito, um grande peixe foi um bom ouvinte da voz de Deus para constranger o profeta da narrativa bíblica.

A obediência do peixe nos ensina outra lição. Ao contemplar o arrependimento de Jonas, Deus moveu as circunstâncias para que o profeta tivesse outra oportunidade de obedecer. Deus é paciente. Muitas vezes ele nos coloca à beira do precipício, mas diante de nossa inclinação ao arrependimento, muda as circunstâncias para oferecer-nos a oportunidade de viver a fé mais uma vez.

Quantos de nós permanecemos vivos porque Deus nos dá uma segunda oportunidade de viver com ele? Ele é um Deus de segundas, terceiras e quartas oportunidades. Essa é uma das grandes maravilhas da redenção. Se dependesse de nós, já nos teríamos extraviado. Quantas fugas de Deus não acumulamos no coração, mesmo presentes na igreja? É por saber que Deus tem poder de fazer até os peixes obedecerem que seguimos adiante na fé.

Deus nos prepara interna e externamente para o serviço. Cria circunstâncias para que não consigamos nos afastar dele. Ele nos disciplina como um pai. Seu Espírito opera em nosso coração, extraordinária e ordinariamente, por meio das circunstâncias. Tentamos ir embora, mas as coisas dão errado. Achamos que curtiremos o melhor da vida longe de Deus, mas algo nos impede. Nessas situações costumamos questionar se Deus está nos punindo pela tentativa de desviar-nos, mas a verdade é que ele nos está engolindo para evitar que nos desviemos.

Deus poderia simplesmente ter deixado Jonas morrer, mas o Senhor tem prazer em permitir que nos aproximemos dele. O Deus que colocou Jonas dentro do peixe o traz de volta à terra seca. Deus traz Jonas para a calmaria, para a paz, e o envia mais uma vez a Nínive — uma cidade violenta — para pregar o evangelho. Na calmaria, podemos buscar ajudar alguém que se encontra no meio de uma situação tempestuosa. Foi o que aconteceu com Jonas. Deus criou um momento de tranquilidade para comissioná-lo novamente ao serviço.

Nem toda situação difícil é consequência do pecado. Mas, quando as situações difíceis provêm da disciplina de Deus sobre nós, apenas o arrependimento e a fé na obra de Cristo podem mudar as circunstâncias. Por isso, precisamos aprender que todos nós precisamos dos peixes de Deus. Armor D. Peisker diz que Jonas "havia aprendido da maneira mais difícil que fugir da vontade de Deus pelo desejo de evitar tarefas difíceis sempre nos envolve em dificuldades ainda maiores".[3]

Isso é importante principalmente quando lemos, mais adiante, o que Deus diz ao grande peixe: "e este vomitou Jonas na terra" (Jn 2.10). O verbo "vomitar" significa, em ambos os Testamentos, que alguém foi rejeitado por Deus (Is 19.14; Jr 48.26; Ap 3.16). Se não vivermos como o Senhor deseja, seremos vomitados, isto é, rejeitados por ele. Se achamos que a dor da disciplina momentânea é difícil, quanto mais será a dor da rejeição eterna. A dificuldade de Jonas foi um alerta para algo que poderia ter sido muito mais sério se ele não tivesse se arrependido de verdade. Ele foi vomitado pelo peixe, mas não por Deus.

Ainda assim, a seriedade do alerta é só presumida na passagem. Jonas não recebe um resgate épico, mas é simplesmente vomitado por um peixe. Há algo de cômico aqui: um profeta regurgitado, cheio de restos de comida e bile, no meio da areia e das ondas de uma praia.

Como seria maravilhoso se pudéssemos já olhar para nossa ressurreição final com esse mesmo riso no rosto. As doenças, a dor da morte, as tristezas e as batalhas são um peixe dentro da água do qual Deus consegue nos trazer de volta. Imaginar a alegria de voltarmos à vida em Jesus faz que a morte não pareça muito mais que um peixe zanzando pelas águas. Deus é maravilhoso, porque, como diz Phillip Cary, "o inferno sente indigestão quando nos arrependemos".[4] Jonas deu uma indigestão no peixe. Acima de tudo, porém, ele deu uma indigestão na morte e no inferno. É isso que Jesus faz por nós, porque ele "lançará todos os nossos pecados nas profundezas do mar" (Mq 7.19).

Na cruz e na ressurreição, Jesus nos comprou uma volta do mundo dos mortos muito maior do que Jonas poderia ter sonhado. Um dia, a morte vomitará todos os que vivem em arrependimento, e estes poderão encontrar o Deus vivo com um sorriso no rosto.

Em contrapartida, um dia, Deus vomitará quem não viver em fidelidade ao seu nome.

## UM DEUS INSISTENTE

"A palavra do S‍ENHOR veio a Jonas pela segunda vez" (Jn 3.1). Deus fala de novo. Ele é paciente, embora possa mostrar a força de sua justiça de forma muito imediata, como ocorreu com o profeta mentiroso que foi devorado por um leão (1Rs 13). Jonas, no entanto, ainda que tenha sido engolido pelo peixe, não é morto. E é lá que ocorre seu arrependimento. E Deus lhe concede uma segunda chance.

Muitos vivem temerosos com o dia em que Deus os pegará. Mas a alegria do Senhor é nos ver de pé, é nos levantar. "Levante-se, vá à grande cidade de Nínive e pregue contra ela" (Jn 3.2). É como se estivéssemos novamente no primeiro versículo do primeiro capítulo de Jonas. Mas, agora, algo mudou. E, claro, não foi Deus. Ele é o mesmo, com a mesma mensagem. Deus é o mesmo que falou com Jonas em Gate-Hefer, quando Jonas fugiu para Jope, quando Jonas desceu ao porão do barco, quando Jonas foi lançado ao mar e quando Jonas estava dentro do grande peixe. Ainda que as circunstâncias da vida do profeta tenham mudado muito a essa altura, Deus permaneceu imutável, pois seu caráter não pode ser julgado por nossas circunstâncias.

Quem mudou foi Jonas. Nesses dois capítulos temos o processo de formação de um missionário. Deus toma um fugitivo e o transforma em missionário. Quando passamos pela disciplina, podemos achar que Deus mudou, quando na verdade somos nós que estamos em processo de transformação por meio de seu poder. Ele está nos transformando para estarmos mais próximos dele. Nossa salvação só aconteceu porque Deus veio até nós, e continua vindo para usar-nos em favor de outros. Sua mensagem é muito maior que nós, os mensageiros. Por isso ele também usou Jonas.

Você quer ser mais firme na obra missionária? Acha que está pecando em sua vida tranquila de fé e que poderia estar mais engajado? Ainda que haja muitos peixes de Deus para nos engolir e mostrar o caminho que ele deseja que trilhemos, existe um meio mais simples: arrependimento e fé. Nem todos precisamos passar pelo caminho de Jonas. No entanto, como Deus é gracioso, quando nosso coração está endurecido, ele nos oferece o caminho de Jonas para nos trazer à fé e à obediência.

Deus diz a Jonas que, "porque a sua [de Nínive] maldade subiu até a minha presença" (Jn 1.2), ele queria que Jonas fosse até os ninivitas para entregar "a mensagem que eu lhe darei" (Jn 3.2). Embora Jonas saiba tratar-se de uma mensagem que envolvia a condenação da cidade, ele terá de ir na expectativa do que Deus lhe mostrará para dizer. A missão de todo enviado de Deus é falar não sua própria mensagem, mas a mensagem do Senhor. Isso é fé. É confiar que Deus dará os meios e recursos para cumprir sua missão. A missão de Jonas e de todo enviado de Deus é levar às pessoas a mensagem do Senhor a partir daquilo que ele nos dá.

O Deus que fala ao peixe poderia ter falado ao coração do rei de Nínive e tocado todos os ninivitas, mas Deus escolhe seus meios para seus fins. Seria muito mais fácil se Deus não usasse seres humanos como intermediários. No entanto, por algum motivo que só sua soberania pode explicar, Deus escolhe seres humanos para comunicar sua Palavra a outros seres humanos. Os pregadores são os meios de comunicação de Deus para levar sua verdade e também para nos lembrar do evangelho.

Aprendo no livro de Jonas que homens e mulheres experimentados na dor da disciplina são instrumentos mais eficientes para levar a mensagem de Deus. Para que ele use bem uma pessoa, ela será preparada dentro de um peixe. Conheço muitos pastores que estão sendo trabalhados no mar das tribulações. Muitos vocacionados ao ministério passam por diversas dificuldades, algumas em contexto ministerial. Ingratidão, pessoas voluntariosas, dificuldades financeiras podem ser formas de Deus trabalhar cada um de nós, para levantar-nos. Se você se sente provado por Deus, é hora de fazer da dor um tempo de esperança. A dor na vida de um vocacionado não visa derrubá-lo ou fazê-lo desistir, mas sim ajudá-lo a alcançar melhor os demais. É a isso que Paulo se refere quando diz que "em nós opera a morte; em vocês, a vida" (2Co 4.12).

Jonas pregará sobre um Deus capaz de destruir Nínive. O próprio Jonas havia experimentado a quase destruição como consequência de sua fuga, e agora se colocaria diante daquela cidade para falar da destruição que vem para os que fogem de Deus. Deus nos coloca nas mais variadas situações para que possamos ser luz e bênção na vida das pessoas.

Deus é insistente, paciente e nos prepara para que sejamos obedientes e diferentes.

## UM PROFETA DIFERENTE

"Jonas se levantou e foi a Nínive, segundo a palavra do Senhor" (Jn 3.3). Bem que esse poderia ter sido o começo do livro de Jonas! Mas a obediência ao chamado de Deus só ocorreu após todas as provações. Pelo que você precisará passar para obedecer à vontade de Deus para sua vida? Deus quer que lhe obedeçamos, que lutemos contra o pecado, que nos engajemos na vida da comunidade, que tenhamos uma vida de discipulado mútuo, que nos envolvamos no evangelismo pessoal, que plantemos igrejas, que enviemos missionários. Então, pelo que precisaremos passar para começar a fazer o que Deus deseja de nós?

Ao orar de dentro do peixe, Jonas talvez tivesse expectativa de voltar a Jerusalém, de ir ao templo cumprir seus votos. Mas não era esse o desejo de Deus. Ele queria que Jonas fosse a Nínive. Quando quer nos tornar servos fiéis, Deus nos tira do conforto. Aqueles que desejam obedecer à vontade de Deus, muitas vezes abdicam de uma vida confortável perto da família e de amigos para enfrentar circunstâncias difíceis. Do que estamos dispostos a abdicar para obedecer a Deus?

Jonas só queria voltar para o templo e fazer seus sacrifícios, mas Deus queria que ele fosse para o lugar de violência. Ali ele encontraria Deus. É para Deus que vamos quando buscamos os ímpios. Deus queria encontrar Jonas no evangelismo. Deus não está no meu ou no seu ministério. Ele não está na minha ou na sua igreja, nem na minha ou na sua convenção. Deus está na obra dele. Está na obra de levar o evangelho a quem precisa, e para isso precisamos ser obedientes a seus comandos. O que estamos dispostos a perder para sair de nossa zona de conforto e cumprir de fato a obra de Deus?

O relato de Jonas me remete à parábola dos dois filhos, em Mateus 21.28-32. Jesus relata que um filho diz que obedecerá ao pai, mas não obedece. Já o outro filho diz que não obedecerá, mas no fim se arrepende e obedece. Vem à mente também o chamado de Pedro para ser pescador de homens. Pedro atende imediatamente (Mc 1.16-17; Lc 5.10), mas depois passa por um tempo de fracasso, negação e fuga. Então, Cristo o traz de volta, dizendo: "Apascente os meus cordeiros" (Jo 21.15-17). O nosso é um Deus insistente e paciente tentando nos tornar pessoas diferentes.

O arrependimento tem um preço: a mudança de vida. Jonas orou em secreto, mas precisou agir de verdade. Atribui-se a Martinho Lutero a frase: "Sempre que você lavar o rosto pela manhã, lembre-se do seu batismo e a quem você pertence. Vá e viva o dia de acordo". Jonas saiu do ventre do peixe e do fundo do mar. Ele foi batizado pelas águas turbulentas. Agora precisava agir de acordo com seu arrependimento.

O que você tem feito em relação a tudo o que leu até aqui?

**CONCLUSÃO**

Iniciei este capítulo falando de um peixe que obedeceu. Em sua homilia alegórica "Sermão de santo Antônio aos peixes", o padre Antônio Vieira escreve:

> Ia Jonas, pregador do mesmo Deus, embarcado em um navio, quando se levantou aquela grande tempestade; e como o trataram os homens, como o trataram os peixes? Os homens lançaram-no ao mar, a ser comido dos peixes, e o peixe que o comeu levou-o às praias de Nínive, para que lá pregasse e salvasse aqueles homens. É possível que os peixes ajudam à salvação dos homens, e os homens lançam ao mar os ministros da salvação? Vede, peixes, e não vos venha vanglória, quanto melhor sois que os homens. Os homens tiveram entranhas para deitar Jonas ao mar, e o peixe recolheu nas entranhas a Jonas, para o levar vivo à terra.[5]

Apesar de julgar erradamente que os marinheiros foram cruéis ao lançar Jonas ao mar e acreditar no mito de que Jonas foi vomitado nas praias de Nínive, Antônio Vieira é muito sagaz ao perceber que peixes podem ser mais obedientes que homens pecadores. Por isso, se quisermos aprender com nossos colegas marinhos, só nos resta ouvir a voz de Deus, que fala pela segunda vez aos homens: "Levante-se, vá".

Se você é líder de uma igreja, vocacionado ao ministério, presbítero, missionário ou pastor, "levante-se e vá". Essa é a ordem de Deus para Jonas. Lembre-se de Timóteo. Paulo, no fim de sua vida, escreveu a Timóteo e o que ele diz não é "cumpra o papel de um teólogo" ou "cumpra o papel de um mestre". Ele diz: "cumpra o papel de um evangelista" (ver 2Tm 4.5). Timóteo era pastor, mas seu coração deveria estar voltado para o evangelismo. Pastores precisam ter um coração cada vez mais evangelista, em vez de apenas administrar a vida na igreja. Nosso coração tem de arder pela obra missionária. Se assim não for e não tentarmos motivar a igreja a isso, estaremos abandonando parte do que significa ser crente. Se não temos zelo evangelístico como pastores da igreja, simplesmente paramos de guiá-la como parte daquilo que Deus está fazendo.

Se você é vocacionado em sua igreja, "levante-se e vá". Não viva sua vida no autodesenvolvimento. É claro que o preparo teológico — o seminário, as reuniões com lideranças, o estudo individual — é fundamental, mas tudo isso deve ser entendido como um meio de alcançar pessoas. Você não está se preparando para ser alguém eminente. Você está se preparando para alcançar alguém. Quase todos os seminaristas com os quais converso, quando lhes pergunto como se veem em cinco anos, respondem: "Estarei pregando sermões no domingo, escrevendo livros e participando de conferências".

Talvez até sejam convidados como palestrantes. Talvez até consigam ser bons *influencers*. Mas não consigo enxergar as pessoas nessa visão deles de ministério. Vejo apenas a parte pública. Não vejo os casamentos, os filhos, as idas de madrugada à casa de irmãos. Ministério pastoral é estar na calçada ouvindo as dificuldades das pessoas, é estar com elas em momentos de luto, é tentar resolver conflitos de relacionamento, é passar tempo de gabinete estudando de novo e de novo para poder ajudar os irmãos, é exercer o evangelismo. Muitas vezes, só vemos a casca do ministério pastoral, quando ele, na verdade, acontece no miolo da vida comum.

Pessoas não podem se tornar instrumentos para chegar a algum lugar. Se vivermos o tempo de preparo imaginando quem nos tornaremos e preocupados com nossa imagem ministerial, não estaremos realizando nada, de fato, para o reino. Precisamos nos preparar para alcançar os outros, sem nos preocupar com o que fornece projeção.

Se você é diácono, "levante-se e vá". Lembre-se de Estêvão, que era diácono, mas se tornou evangelista e foi martirizado (At 6—7). Você talvez desenvolva muitas atividades, e reconheço que boa parte da qualidade ministerial da igreja normalmente é fruto do esforço e da dedicação dos diáconos, que trabalham com dedicação para liberar os pastores da coordenação da vida da igreja. Mas diáconos também são evangelistas, e como tal também precisam levar o evangelho a quem precisa.

Se você é membro de igreja, "levante-se e vá". Essa mensagem para Jonas é também para toda a igreja. Temos enviado pessoas para a obra missionária, mas ainda há pontos a melhorar. O que estamos dispostos a perder? Precisamos fazer além de enviar e sustentar missionários.

Se você está chegando a uma igreja, "levante-se e vá". Não seja turista. Não seja consumidor. Precisamos nos disponibilizar para ir. Não se trata apenas de consumir boa teologia, mas de sermos pessoas transformadas por Deus para engajar-nos em sua obra. Se você está chegando a uma igreja, chegue com vontade de servir a Deus. Se estiver ferido, poderá encontrar cura no serviço a Deus. Se é novo convertido, lembre-se do gadareno, que em um minuto estava endemoniado e no outro, evangelizando em Decápolis. Nunca acredite que o cristianismo é para ser consumido. Ele é transformador e deve ser transmitido.

Se você é um crente no campo missionário e já está em sua Nínive, esta é a pergunta que precisa responder: Você é como o Jonas do capítulo 1 ou do capítulo 3?

## ATO IV:

## A RESTAURAÇÃO DOS ARRUINADOS

# 11

## ANTES QUE DEUS NOS ENCONTRE

JONAS 3.3B-6

A literatura protestante é repleta de incríveis histórias de avivamentos. O livro de Atos relata conversões em massa. A patrística nos conta que João Crisóstomo batizou três mil pessoas em um único dia. No tempo da Reforma, vilarejos inteiros vinham à fé, semana após semana. O avivamento ocorrido no país de Gales, entre 1904 e 1905, é tido como o maior do século 20. Mas foi o avivamento ocorrido em Nova York, em 1858, que me chamou atenção.[1]

Uma igreja reformada de origem holandesa com dificuldades de alcançar os perdidos em Manhattan contratou o missionário Jeremiah Lanphier para iniciar uma obra evangelística na região. Levar o evangelho a uma das maiores cidades do mundo era quase uma missão impossível. Na primeira semana, havia apenas seis pessoas na reunião. Na seguinte, vinte. Com duas semanas, trinta. Em pouco tempo, o prédio da igreja já não era suficiente para acolher a quantidade de pessoas que vinha para a reunião. Outras igrejas começaram a ceder suas instalações a fim de realizar reuniões simultâneas. O crescimento se deu de tal modo que foi necessário usar as dependências dos teatros da cidade. Seis meses depois, cinquenta mil pessoas se reuniam todos os dias, em Manhattan, para orar.

Deus faz coisas grandiosas a partir de simples atitudes, quando somos fiéis. Era apenas um encontro de oração, e o Deus todo-poderoso moveu uma cidade imensa. Essa é a linguagem usada por Paulo quando se refere ao fato de Deus colocar tesouros em vasos de barro (2Co 4.1-15). Embora nunca tenha presenciado um avivamento, já vi sermões simples gerarem resultados sobrenaturais. Quando tinha menos de vinte anos, preguei em um acampamento com o tema "Deus e eu". Sem ter ainda qualquer preparo, nem muita ideia do que fazer, selecionei os atributos de Deus e mostrei como não os honrávamos. Enquanto pregava, as pessoas, de joelhos ou prostradas, começaram a chorar, de modo que não consegui terminar o sermão. Fechei a Bíblia e nos trinta minutos seguintes oramos espontaneamente.

Aquela experiência me fez pensar que poderia pregar novamente aquele "sermão poderoso"! Mas sempre que tentei fazê-lo, o resultado foi completamente inverso. As pessoas, distraídas e desinteressadas, não se ativeram ao sermão. Isso me ensinou que Deus não permite ser manipulado por ações humanas. Embora, depois disso, tenha resolvido ir para o seminário a fim de preparar-me para o ministério, nenhum outro sermão que preguei repetiu aquele resultado. Deus ama trabalhar no que é improvável. Deus age através da simplicidade porque deseja nos mostrar que é seu poder que gera transformações poderosas.

No fim do livro de Jonas, lemos que o sermão de sete palavras de um profeta que não queria estar ali e cujo coração rejeitava o povo para quem ele pregava resultou no arrependimento das cerca de 120 mil pessoas da cidade, que abandonaram sua vida de pecado e creram no evangelho.

"Ainda quarenta dias, e Nínive será destruída" (Jn 3.4). Essas sete palavras foram suficientes para Deus realizar o maior avivamento da história.

### MISSÕES URBANAS

Em Jonas 3.3b-6, lemos:

> Ora, Nínive era uma cidade muito importante diante de Deus; eram necessários três dias para percorrê-la. Jonas começou a percorrer a cidade caminho de um dia, e pregava, dizendo:
> — Ainda quarenta dias, e Nínive será destruída.
> Os ninivitas creram em Deus. Proclamaram um jejum e vestiram roupa feita de pano de saco, desde o maior até o menor.
> Quando esta notícia chegou ao rei de Nínive, ele se levantou do seu trono, tirou os trajes reais, cobriu-se de pano de saco e sentou-se sobre cinzas.

Deus faz coisas maravilhosas. Nínive era poderosa, imensa e rica. "O interior da cidade era cercado por um muro de trinta metros de espessura, largo o suficiente para três carros passarem lado a lado", descreve Armor D. Peisker. "As paredes tinham 1.500 torres de cem pés de altura. Leões e touros colossais esculpidos em pedra guardavam seus 27 portões. Belos jardins cercavam os prédios públicos, que eram ornamentados com alabastro e figuras esculpidas. Campos de cultivo foram mantidos dentro da cidade para salvar os habitantes da fome em caso de cerco."[2]

Para o Deus vivo, no entanto, Nínive era nada. O profeta Isaías escreve que Deus "é o que está assentado sobre a cúpula da terra, cujos moradores são como gafanhotos. É ele quem estende os céus como cortina e os desenrola como tenda para neles habitar. É ele quem reduz a nada os príncipes e torna em nulidade os juízes da terra" (Is 40.22-23).

Nenhum poder humano se compara ao poder de Deus. As maiores potências humanas são nada diante dele. A importância daquela cidade para Deus não se baseava em seu poder bélico ou econômico, e muito menos em sua opulência, mas, sim, no caráter misericordioso e amoroso do próprio Javé, que deseja alcançar as multidões que não o conhecem. Os olhos humanos de Jonas viam a grandeza de Nínive, mas os olhos misericordiosos de Deus viam uma cidade carente de seu amor.

Por terem sido eleitos por Deus, Jonas e os israelitas se sentiam superiores às demais nações, subvertendo o propósito de Deus, que escolhera Israel para que ela fosse luz para os povos gentios. Talvez por isso Jonas entendesse não valer a pena perder tempo com Nínive. Os israelitas a tinham como inimiga, uma cidade perversa que deveria ser excluída da graça, removida da terra, digna de ódio.

Encontramos em Jonas um paradigma de um Israel que rejeita sua missão como povo escolhido, o que nos faz refletir em nosso próprio comportamento diante dos descrentes. É Deus quem nos escolhe e nos tira do caminho do pecado, daí não podermos categorizar como inferiores os que não vivem em fé. Se o fizermos, olharemos os descrentes com os mesmos olhos carnais de Jonas.

"É verdade que os ninivitas eram vis, idólatras e impiedosos; mas Deus ansiava por sua salvação e regeneração. O Senhor não está interessado em exterminar os maus, mas em transformá-los em pessoas justas e tementes a Deus. Ele enfrenta o pecado do homem com ofertas de salvação. Ele recorrerá à retribuição somente quando a oferta de sua graça for rejeitada."³ Deus olha os ímpios com amor, e Jonas deveria ser um instrumento dessa graça, assim como nós.

A questão é que temos dificuldade de enxergar o diferente com o olhar de Deus — com misericórdia, amor e magnitude. Somos ensinados a tratá-los diferentemente. Será que olhamos os menos favorecidos como pessoas sem importância para Deus? Será que nosso coração olha pessoas de outras culturas como dignas de receberem a pregação do evangelho e a salvação? Ou esperamos que Deus os puna — e de preferência rapidamente?

Como igreja, podemos ser como Jonas e olhar os diferentes como povo a ser excluído, ou podemos ter os olhos de Deus e nos aproximar do diferente com o intuito de entregar-lhe a beleza da salvação, que um dia também recebemos.

Os ninivitas eram violentos. Matavam crianças e arrancavam a pele dos soldados ainda vivos. E Deus considerou aquela cidade importante para ele. Apesar da maldade daquele povo, Deus o olhou com misericórdia. Com a misericórdia com que talvez não sejamos capazes de olhar um parente, um irmão da igreja ou alguém que nos prejudicou. O olhar de Deus não pode ser compreendido pelo mundo, que o considera loucura. No entanto, como pessoas alcançadas pela graça, devemos olhar os piores membros da sociedade com os olhos de Deus — ou seja, não como pessoas a serem excluídas, mas como pessoas a serem transformadas.

Jonas deveria entender que aquela cidade de gente pecadora era importante para Deus e, como parte do povo eleito por Deus, deveria ver-se como luz para os ímpios. Assim também nós, como povo alcançado por Deus, devemos alcançar e atrair para ele aqueles que não participam da fé. Nosso coração deveria ser como o de Spurgeon, que certa vez clamou: "Senhor, apressa-te em trazer todos os teus eleitos — e então elege mais alguns".⁴

O texto diz que "eram necessários três dias para percorrê-la. Jonas começou a percorrer a cidade caminho de um dia" (Jn 3.4). Jonas caminhou um dia inteiro antes de começar a pregar, o que era muito perigoso. Ele, um israelita, estava na sede do principal inimigo militar de Israel. Jonas estava se colocando no olho do furacão de ira daquele povo. Era quase um suicídio, e dos piores! Ele não receberia a misericórdia de uma morte rápida. Em vez disso, seria preso e torturado cruelmente. Mas, àquela altura, ele havia entendido que a dor que os assírios poderiam infligir era muito menor que o desespero de enfrentar as consequências de fugir da missão que Deus lhe confiara.

O relato me remete a Elias no deserto, em que, tendo caminhado "um dia inteiro" ele se senta debaixo de um zimbro e pede a Deus que tire sua vida (1Rs 19.4). Jonas era o profeta diante da morte. Ele foi chamado para um lugar perigoso. Ele não está ali porque ama aquele povo, mas porque não aguenta mais fugir de Deus. As dores de fugir de Deus são muito piores que as dores da obediência. Ele entendeu que a dor que os assírios poderiam trazer sobre ele era muito menor que o desespero de enfrentar as consequências de fugir da missão que Deus lhe tinha reservado.

Você se sente chamado para lugares perigosos? Está disposto a colocar sua vida em situações extremas em nome do evangelho? Você não tem coragem de evangelizar em hospitais, por medo de contrair alguma doença, ou em presídios, por causa da violência? A pregação do evangelho custa algo. Na primeira vez que levei meus alunos para evangelizar em uma rua perigosa, um deles foi roubado. A verdade é que, quando nos envolvemos com a obra de Deus, ele pode nos colocar em situações de perigo. Avivamentos muitas vezes acontecem quando entendemos que Deus nos tira da zona de conforto.

Para Jonas, estar diante de pessoas violentas com desejo de matá-lo das piores formas era uma situação extremada. Alguns missionários de nossa igreja enfrentam uma vida difícil e dolorosa, não só para eles, mas para a família, dependendo de doações para pregar o evangelho. Responder ao chamado de Deus pode cobrar um alto preço. Deus pode nos tirar coisas ou talvez, para viver para ele, precisemos entregar-lhe coisas voluntariamente. A questão é que somos uma geração não acostumada a abrir mão de coisas. Nosso senso de segurança e de autopreservação nos detém. Não estamos dispostos a sacrificar coisa alguma.

Imagino Jonas no centro daquela grande capital, entendendo que Deus o colocara ali para pregar a destruição daquele império. Ele não podia fazer nada para mudar a realidade daquela metrópole. Não tinha influência política, nem recursos, nem poder de negociação. Tudo que possuía era um sermão de sete palavras. Claro que essa frase apenas resume sua mensagem. Jonas era um estrangeiro de uma nação distante, muito menor que a nação assíria, gritando no centro do império que a cidade seria destruída. Quem levaria um homem desse a sério? Como essa pregação poderia transformar alguma coisa? Mas Deus usa as palavras de Jonas para transformar aquele império como nenhuma força política poderia.

Como igreja, às vezes acabamos descrendo do poder da pregação. Achamos que precisamos agir. Então, entregamos cestas básicas aos miseráveis, promovemos restaurações sociais, achamos algum nível de influência e relacionamento político. Mais uma vez, nada disso é errado. O problema está em nos esquecermos de que possuímos algo muito mais poderoso que tudo o que mencionamos. Temos a pregação do evangelho. É através dela que corações são transformados e, portanto, a sociedade. Embora tenhamos esse instrumento de poder, às vezes o sacrificamos em nome de coisas menores.

Um pastor amigo meu pregou durante quatro anos em um centro educacional para menores infratores enquanto ainda era seminarista. Ele sempre se queixava de que, em quatro anos de pregação, nenhum jovem havia se convertido. Pode ser frustrante, é verdade, mas naqueles quatro anos nunca houve uma rebelião. Não sabemos o que Deus faz no coração do ser humano quando pregamos o evangelho. O que sabemos é que devemos pregar.

Lei e ordem, força policial, ações sociais sem dúvida ajudam, mas o que o mundo precisa acima de qualquer coisa é de corações transformados pela verdade do evangelho. E esse trabalho é da igreja. Se deixamos de confiar no poder da pregação, deixamos de entregar ao mundo aquilo de que ele realmente precisa. A pregação de Jonas pode até soar ingênua, mas Deus é poderoso o suficiente para converter corações através da mais simples das mensagens.

A pregação de Jonas era muito poderosa: "Ainda quarenta dias, e Nínive será destruída" (Jn 3.4b). Imagine ir ao médico e ouvir: "Você só tem mais alguns dias de vida". A sentença dos ninivitas era de quarenta dias para se arrependerem e deixarem a vida de pecado. O número quarenta ocorre com frequência na Bíblia e geralmente indica um período de provação. O dilúvio durou quarenta dias. Israel passou quarenta anos vagando no deserto após o êxodo. Moisés passou quarenta dias na montanha com Deus. Ezequiel carregou a iniquidade de Judá por quarenta dias. No Novo Testamento, Jesus foi tentado por Satanás, no deserto, por quarenta dias.

A mensagem para os ninivitas é triste porque não há convite ao arrependimento. Era uma mensagem de condenação, pura e simplesmente. Então, qual o objetivo de mandar um profeta pregar uma mensagem de destruição sem oferecer um caminho de mudança?

### O PRIMEIRO GRANDE AVIVAMENTO

Então, "os ninivitas creram em Deus" (Jn 3.5). Não há, na história do cristianismo, registro de uma conversão em massa tão grande e simultânea. Deus faz as coisas mais grandiosas por meio da mais humilde das pessoas. Deus faz coisas incríveis por meio dos mais fracos. Não pensemos que, por ser grandioso, Deus não nos usará para fazer grandes coisas. Não é assim que Deus age. Ele tem seus propósitos para cada um de nós.

Jonas acaba de sair do fundo do mar, prega uma mensagem de condenação e um grande avivamento ocorre. Não cabe dúvida de que foi um arrependimento real porque o próprio Jesus diz que os ninivitas "se arrependeram com a pregação de Jonas" (Lc 11.32). Aquela cidade de pecado, aquele lugar de ódio e violência passa a ser uma cidade de arrependimento. Cento e vinte mil pessoas encontram a Palavra de Deus. Esse é o fruto de um homem que segue sua missão e age segundo o que Deus espera dele. Esse é o fruto de uma mensagem simples.

O texto diz que os ninivitas "proclamaram um jejum e vestiram roupa feita de pano de saco, desde o maior até o menor" (Jn 3.5). Jejum e pano de saco são sinais externos de um arrependimento interno. Do maior ao menor, todos procuraram o Senhor. É a mesma linguagem usada na convocação de uma assembleia solene para santificar um jejum em Israel (Jl 1.14; 2.15). Os gentios ouvem a voz de Deus por meio do profeta e se arrependem. Phillip Cary escreveu: "Os ninivitas estão se arrependendo como Israel deveria se arrepender. Eles nem mesmo invocam seus falsos deuses, como os marinheiros em Jonas. Não ouvimos falar de sacerdotes e magos pagãos, como na narrativa sobre Moisés e Faraó, em Êxodo. O milagre da graça continua".[5]

### QUATRO APLICAÇÕES

Em primeiro lugar, uma mensagem dura é também uma mensagem poderosa. Infelizmente, nos acostumamos com frases genéricas, chavões, como "Jesus te ama", "Deus tem um plano maravilhoso para sua vida". Não percebemos que, quando pregava aos fracos, Jesus sempre tinha uma mensagem exclusiva de graça, amor e esperança. E, quando estava diante de homens orgulhos, de dura cerviz, pregava mensagens fortes.

Não raro, nossa mensagem deveria ser que em quarenta dias a espada da ira de Deus cairá sobre a pessoa. Podemos mentir sobre o caráter de Deus quando pregamos apenas metade do evangelho. "Venha para a igreja e seu marido sairá da depressão", "Venha para a igreja e sua vida será melhor". Porém, diante de homens já convictos de sua maldade e presos a sua violência, precisamos levar uma mensagem dura de condenação e força. No livro de Atos, os apóstolos ora estavam olhando nos olhos dos aleijados e os levantando com misericórdia, ora estavam cheios do Espírito Santo olhando nos olhos do mago e o chamando de filho do inferno necessitado de arrependimento.

Precisamos mostrar Deus por completo para este mundo. Precisamos lembrar que este mundo precisa ouvir do poder da santidade de Deus e do que significa levantar-se contra ele. Terrível coisa é cair nas mãos de um Deus irado.

Segundo, a solução para uma cidade violenta é a transformação proporcionada pelo evangelho. Vivemos em tempos em que homens prometem coisas que só Deus pode dar. A verdade é que a solução da violência está na transformação real do coração daqueles que vivem longe de Deus. Crimes têm sido evitados em presídios por causa da pregação do evangelho. Se o mundo soubesse quanta melhoria poderia obter através do trabalho evangelístico da igreja, teríamos muito menos oposição. As pessoas ficariam felizes com uma igreja em cada esquina. A igreja possui um bem social para entregar capaz de mudar essa sociedade que só conhece a própria violência.

Terceiro, os ninivitas correram atrás de perdão, mesmo que não lhe fora prometido. E essa é uma aplicação pessoal muito importante. Muitos crentes são enganados pelo diabo, que quer nos convencer de que Deus nos abandonou, de que não somos eleitos ou salvos, e usa a Palavra de Deus para isso. Ele quer que pensemos que somos filhos da ira, e assim nos levar a desistir da vida de verdadeiro crente.

No texto de Jonas, os ninivitas ouvem uma pregação de condenação e correm em direção ao arrependimento. Este é o verdadeiro arrependimento: correr para Cristo independentemente de qualquer outro sentimento. É esconder-se à sombra do amaldiçoado da cruz, mesmo quando se tem dúvidas sobre a salvação. É continuar aos pés de Cristo mesmo que seu sentimento seja de abandono. A certeza que temos pela fé é que essa é a postura de quem nunca será lançado fora. Portanto, corra aos pés de Cristo implorando por misericórdia, de novo e de novo.

Quarto, só escapamos da destruição de Deus quando corremos para o Deus que prometeu destruição. Só encontramos salvação da ira de Deus com o próprio Deus. O único local seguro é perto desse Deus. Ele retém sua ira porque a derramou em seu próprio Filho. A promessa de destruição que ele deu a Nínive foi retida por causa do arrependimento e derramada em seu Filho, para que eles obtivessem perdão. O Deus que destrói cidades é o Deus que mandou seu Filho à cruz para nossa salvação. Ao nos aproximarmos desse Cristo, somos aceitos pelo Deus vivo.

## CONCLUSÃO

O grande avivamento da cidade de Nínive é uma promessa de algo que pode acontecer em nosso coração se tivermos a mesma atitude dos ninivitas. Diante da certeza e da inevitabilidade da nossa destruição, corremos para Deus por crer que a destruição prometida foi derramada no Filho. Crendo nele podemos ser recebidos como um Israel Prometido, um Jonas obediente e como um filho que é trazido para casa, para com ele morar na cidade eterna.

Que essa possa ser nossa atitude. Mesmo que estejamos afundados nos mais diferentes pecados, podemos encontrar em Cristo libertação e esperança.

# 12

## A SALVAÇÃO DO GOVERNANTE

**JONAS 3.6-9**

O cristianismo sofreu ampla perseguição até o início do século 4. Os tipos de tortura e de assassinatos eram aterrorizantes. Pessoas riam e gargalhavam em arenas enquanto crentes eram decapitados, incendiados e esquartejados. Então, em 312 d.C., o imperador Constantino se converteu ao cristianismo. Embora sua conversão seja obscura, conforme descrevem as duas principais fontes, Eusébio de Cesareia e Lactâncio, ela marcou, em um primeiro momento, uma das mais poderosas ações em benefício da igreja até então.

Eusébio de Cesareia conta que, antes da Batalha da Ponte Mílvia, Constantino decide pedir ajuda ao Deus dos cristãos, influenciado pelo poder que os mártires expressavam ao morrer com paz e segurança. Quando Constantino "começou a invocá-lo em suas orações, suplicando e implorando que se lhe manifestasse quem era ele e que estendesse sua destra nas circunstâncias presentes [...] aparece-lhe um sinal divino. Quando o dia começa a declinar, ele disse que viu com seus próprios olhos, em pleno céu, sobreposto ao sol, um troféu de luz em forma de cruz unido a uma inscrição que dizia: Com este vencerá".[1] Seu exército inteiro viu o sinal e todos ficaram pasmos. Eles foram para a guerra e a venceram.

Anteriormente a Eusébio, Lactâncio, que foi mais próximo do imperador por ter sido o tutor de seus filhos, registra uma história mais simples. Segundo seu relato, "Constantino foi advertido em sonhos para que gravasse nos escudos o sinal celeste de Deus e deste modo começasse a batalha".

Seguindo esse direcionamento, ele marcou os escudos com a letra grega *chi* (em forma de X), atravessou-a ao meio com uma linha perpendicular que encurvava no topo. O resultado foi a combinação *chi-rho* (que se parece com as letras latinas XP), as primeiras letras do nome de Cristo em grego. Lactâncio diz que "com este emblema", o exército "toma as armas".[2]

A conversão de um líder poderoso tem efeitos reais na vida religiosa de quem está sob seu governo. Por isso a conversão do rei de Nínive é tão interessante. Vemos a autoridade máxima de um país violento e cruel não só aceitar a pregação de Jonas como acompanhar o movimento do povo em direção a Deus.

### CONVERSÃO DO REI

"Quando esta notícia chegou ao rei de Nínive, ele se levantou do seu trono, tirou os trajes reais, cobriu-se de pano de saco e sentou-se sobre cinzas" (Jn 3.6). Embora o texto não deixe claro se o que chegou até o rei foi a pregação de Jonas ou seu efeito — a conversão de todo o povo —, o importante é que ele dá sinais reais de arrependimento: 1) saiu do trono; 2) tirou as roupas reais; 3) vestiu pano de saco; 4) sentou-se em cinzas. O mundo antigo era profundamente ritualístico, e esses atos representavam um coração arrependido.

A atitude do rei de Nínive era rara entre os poderosos. Paulo escreve que não foram muitos os poderosos chamados, e desses não são muitos os que chegam até o evangelho (1Co 1.26). Deus chamou poucos dos grandes deste mundo. Aquele que governava todo grande império da Assíria foi um deles, que não só ouviu a mensagem como curvou-se diante de Deus, atitude incomum uma vez que os reis daquela época eram considerados quase uma divindade, representando um amálgama muito profundo de seus próprios deuses. Eles próprios recebiam algum tipo de ritual de adoração e louvores públicos. Portanto, não se tratava simplesmente de alguém submisso a outro deus que agora se convertia a Javé. Tratava-se de um "deus" a quem os outros eram submissos e que agora se convertia a Javé.

A conversão do rei de Nínive, cujo nome desconhecemos, representa a derrocada dos deuses seculares e da adoração de homens, que agora precisam olhar para Javé e se curvar diante dele. Não somos reis, nem imperadores, nem faraós, mas cada um de nós é um pouco rei de seu reinado interior. Queremos ser divindades adoradas pela esposa, pelo marido, pelos filhos, pelos empregados, pelos amigos ou por aqueles sobre os quais consigamos impor alguma força de controle e de atração. No entanto, quando nos convertemos, rompemos com a autoidolatria. A promessa do pecado de que seremos deuses deixa de ter sentido. Agora é sair do trono, reconhecer que nada somos e que só há um Deus e rei sobre nossa vida, e esse não somos nós.

É muito fácil descobrir se somos o deus de nossa vida. Não aceitamos ser contrariados. Só nós estamos certos e somos capazes de boas ideias. Se não é do nosso jeito, não funciona. Nós sempre faríamos melhor. Esses são bons exemplos de quem se vê como um tipo de deus. Quando olhamos para o Senhor, temos que entender que é ele quem realiza. É o jeito dele que está certo. É o seu jeito de ensinar que funciona. É ele que sabe como fazer. Temos que concordar com ele, e tirar o foco de nós mesmos.

Embora se trate de uma conversão impactante, nem sequer sabemos o nome desse rei. O único rei de Nínive de que ouvimos falar é o imperador assírio Senaqueribe (705-681 a.C.), citado em 2Reis como "o grande rei, o rei da Assíria" (2Rs 18.19). É Senaqueribe quem rompe o cerco de Jerusalém e retorna a Nínive, onde é assassinado por seus próprios filhos no templo de seu deus (2Rs 19.35-37). Ele é tratado como um rei orgulhoso que se gabava de ser mais forte do que os deuses de todas as outras nações, incluindo o Senhor (2Rs 19.10-13; cf. 2Rs 18.34-36). Ezequias o confrontou com veemência (2Rs 18—19; 2Cr 32; Is 36—37).

O relato parece nos convidar a comparar esses dois reis da Assíria. Temos, de um lado, um rei que se gabava de ser mais forte que os deuses e Javé, e do outro, um rei que desce de seu trono para sentar-se em cinzas de arrependimento diante do Senhor. O livro de Jonas, portanto, nos mostra um rei cujo exemplo de arrependimento nos humilha, como humilhou Jonas e o povo de Israel.

### A QUEDA DE UM DEUS

"Ele *se levantou* do seu trono." A expressão em destaque é a mesma usada repetidas vezes para Jonas. Um rei ímpio e gentio, adorado pelos pagãos, se dispõe a sair do próprio altar para se prostrar diante do Deus vivo. A mensagem de condenação para os ninivitas podia servir para o próprio povo de Israel, que naquele tempo estava sob a direção de um rei ímpio, que não só não reconhecia Deus como permitia a prática da idolatria pelo povo. A conversão desses homens nos ensina a glorificar a Deus pela salvação dos perdidos e a nos humilhar por causa de nossas idolatrias.

A Bíblia diz que "todos os príncipes do mar descerão dos seus tronos, tirarão de si os seus mantos e despirão as suas roupas bordadas. Eles se vestirão de tremores, ficarão sentados no chão, tremendo sem parar; e ficarão espantados por causa de você" (Ez 26.16). Se os reis deste mundo não reconhecerem Jesus como Senhor e Salvador, um dia enfrentarão o juízo de Deus.

Infelizmente, a igreja vem perdendo o poder profético de condenar os reis. Não muito tempo atrás, ser cristão não era a tendência. Então, vimos os primeiros músicos gospel surgirem e aparecerem na televisão. Pensávamos que o cristianismo estava saindo das catacumbas! Pensávamos na possibilidade de conversão dos poderosos. Mas, de repente, todo mundo é crente. Os grandes coaches são também pastores. As pessoas movem dinheiro em torno de Jesus. Todo político quer estar em igreja e falar de Jesus. Os poderosos deste mundo estão "falando de Deus". Pregadores, que poderiam condenar a hipocrisia, denunciando o uso indevido do nome de Jesus, o instrumentalizam para seus projetos. São profetas que vendem o ofício para estar nas cortes dos poderosos.

E nós, em contrapartida, em vez de pregarmos o evangelho aos poderosos, para sua conversão, deixamos que eles nos usem em nome de obter mais status. Alguns amigos pastores, embora tivessem contato com as principais figuras públicas do país, nunca os evangelizaram. Os mais ricos estão entre os menos evangelizados do país. Embora os poderosos citem muitas vezes o evangelho, quantos deles de fato ouvem e vivem seus ensinamentos?

A mensagem de Jonas não está centrada na mudança da política do rei de Nínive, mas em sua conversão. Precisamos de pessoas que mudem de fato a sociedade e que representem a salvação que há em Cristo. Quando perdemos nossa soteriologia em nome de ação social ou de influência, deixamos de ser igreja para nos tornar comunidades temporais. Isso é triste porque perdemos a oportunidade da real transformação política pela transformação dos poderosos.

## CONVERSÃO POR DECRETO

Considere também o seguinte: a conversão do rei muda a política do rei. A política não é neutra. Não acontece somente no mundo secular como se ele fosse separado da igreja. A política é espiritual, e as decisões também passam por decisões espirituais dos governantes. Jonas 3.7-8 diz que o rei "mandou proclamar e divulgar em Nínive o seguinte: Por mandado do rei e dos seus nobres". Trata-se de um tipo de decreto que faz muito sentido no mundo antigo, tanto nas relações entre religião e política, como no tratamento que Deus dispensava às nações na Antiga Aliança. Mas o texto continua:

> ninguém — nem mesmo os animais, bois e ovelhas — pode comer coisa alguma; não lhes deem pasto, nem deixem que bebam água. Todos devem ser cobertos de pano de saco, tanto as pessoas como os animais. Então clamarão fortemente a Deus e se converterão, cada um do seu mau caminho.

Um decreto nacional ordena jejum, arrependimento e conversão. Podemos achar estranho esse decreto, mas a dicotomia entre política e instituições religiosas é algo bem moderno, fruto da Reforma Protestante. No mundo antigo, o rei era o representante dos deuses. A função de um rei absolutista era coordenar a vida religiosa de seu povo. Por isso a conversão do rei provoca uma transformação na política de Nínive.

Em Israel, porém, havia um tipo de divisão entre o que competia aos sacerdotes e o que era responsabilidade do rei. Os reis não podiam fazer o trabalho dos sacerdotes, por exemplo, pois incorreriam em pecado. E o pecado do rei afetava o povo, uma vez que, por ser escolhido pela ação de profetas, ele também era um representante espiritual de Israel. A própria divisão em reino do norte e reino do sul ocorreu pelo pecado dos reis. Em contrapartida, a qualidade do rei dependia do arrependimento do povo.

Além disso, no Antigo Testamento a aliança era de caráter nacional, e não individual, como entendemos nosso relacionamento com Deus hoje. As coisas civis e religiosas estavam intimamente ligadas. Não só as pessoas, crentes ou descrentes, estavam sob o poder da aliança, mas também os animais, daí sua inclusão no decreto do rei de Nínive.

Mas então como lidar com esse texto, que expressa a realidade da Antiga Aliança? Podemos pensar em elementos de descontinuidade e de continuidade — o que fica para trás nessa passagem e o que permanece. Um elemento de descontinuidade, quando pensamos na nova aliança, é que líderes civis não são responsáveis pela conversão nem por decretar jejum e arrependimento. A conversão ocorre no coração, pela fé, e a fé não pode ser decretada. Mesmo as melhores leis e os melhores líderes não são o bastante para converter corações. O que tem poder de conversão é a pregação do evangelho e a ação sobrenatural do Espírito Santo. É Deus quem age no coração.

Já um elemento de continuidade é o fato de que não podemos desconsiderar os efeitos da crença e da descrença na política de líderes humanos. Como não há neutralidade, se são descrentes, a influência vem do diabo (Ef 2.2). Em geral, o mundo é governado por pessoas que não amam a Deus. São elas que criam leis e definem os rumos da governança, prejudicando muitas vezes a vida da fé e dos mais fracos. Não podemos esquecer que existe uma espiritualidade por trás das decisões civis.

Quando nos voltamos para a postura do rei de Nínive, vemos algo particularmente intrigante. Trata-se da mesma postura do capitão do barco. Ambos percebem que precisam clamar ao Deus vivo e ordenam a seus subordinados que o façam. Inversamente, o líder de Israel no tempo de Jonas, Jeroboão II, continuava a repetir os pecados de seu pai, ou seja, "fez o que era mau aos olhos do SENHOR. Jamais se afastou de nenhum dos pecados de Jeroboão, filho de Nebate, que este levou Israel a cometer" (2Rs 14.24). Israel precisava ouvir a mesma pregação direcionada a Nínive. Precisava ouvir que em breve se levantaria a ira de Deus, porque tanto o povo como seus governantes haviam se afastado do Senhor.

### FUGINDO DA IRA

Nosso maior anseio, como cristãos, para a classe política de qualquer nação deveria ser a conversão, real e genuína, de seus líderes. Que poderoso seria se tivéssemos líderes civis verdadeiramente cristãos, dispostos a servir o país com humildade, com amor cristão colocando-se como servos da sociedade. As leis seriam mais justas. Haveria menos violência. Viveríamos o que esta passagem de Jonas nos diz: "então clamarão fortemente a Deus e se converterão, cada um do seu mau caminho e da violência que há nas suas mãos. Quem sabe? Talvez Deus se volte e mude de ideia, e então se afaste do furor da sua ira, para que não pereçamos" (Jn 3.8-9). Os ninivitas deveriam abandonar a violência, porque ela atraiu a ira de Deus. Precisavam reconhecer que a vida que levavam era de total oposição a Deus.

Como cristãos, não temos utopias. Temos uma escatologia baseada no Apocalipse. Não acreditamos no sonho irreal pós-iluminista de que líderes humanos levarão o mundo a um estado de paz e prosperidade. Cremos, no entanto, que quanto mais o cristianismo influenciar positivamente a sociedade mais a mensagem do evangelho mudará as pessoas e mais justo e distante da violência estará o mundo. Em Nínive, os violentos precisavam se afastar da violência, mas não pelo decreto do rei, mas porque a ira do Sumo Rei recairia sobre eles. O que transforma o mundo não é simplesmente a decisão humana, nem as decisões políticas. O que transforma o mundo é a manifestação clara do poder de Deus sobre nós. É o poder de Deus que muda o tratamento que dispensamos aos concidadãos. Diante da ira de Deus, nossa reação deve ser de arrependimento. O rei de Nínive esperava pela misericórdia do Deus todo-poderoso. "Quem sabe [...] [ele] se afaste do furor de sua ira, para que não pereçamos". Se ele como rei da Assíria exerce grande poder e violência sobre os demais povos ao redor, quanto mais não seria o poder da ira do Senhor.

Ao contrário do que ocorre conosco, que temos convicção de nossa salvação em Cristo, aqueles homens não sabiam se Deus os pouparia. Não precisamos, como eles, do decreto de um rei humano, nem viver pelo "quem sabe". Temos a obra poderosa de Cristo, que nos concede verdadeiro arrependimento e vida eterna. Não podemos confiar plenamente nas promessas de líderes civis, pois elas nem sempre se cumprem. Entretanto, diante do único Deus verdadeiro nossa expectativa não é incerta. O que o Senhor promete ele cumpre.

Os ninivitas não sabiam se Deus os perdoaria. Ele não lhes havia prometido salvação, mas ainda assim foram salvos. Mesmo uma conversão medrosa pode ser uma conversão genuína. A fé, ainda que humilde e frágil, afasta a ira de Deus. A salvação não vem pela qualidade ou efusividade da nossa fé, mas pela grandeza daquele em quem a depositamos, ou seja, o Deus poderoso, gracioso e sempre disposto a nos alcançar.

## CONCLUSÃO

Em sua tragédia chamada *Tiestes*, o filósofo Sêneca narra sua versão de uma lenda grega. Uma trama de vingança e intriga mostra os extremos a que o desejo de retaliação pode levar quando há um trono em disputa. O coro, invocando as divindades, clama pela prevenção do mal que se desenrola, critica a ambição dos governantes e, ao destacar o valor de uma vida simples, exalta a virtude de um verdadeiro líder.

> Se as forças dos ventos cessaram de agir,
> mais calmo que um lago nivela-se o mar;
> o abismo que as naus receavam cruzar,
> as escunas ligeiras as rotas abriu,
> ornado de velas por toda extensão;
> os peixes que passam dá até p'ra contar
> ali onde há pouco, sob forte tufão,
> as Cíclades móveis temeram o mar.
> [...]
> E vós, que o regente da terra e do mar
> O mando de vida ou de morte vos deu,
> Livrai-vos de inflada e arrogante feição,
> Tudo que um mais fraco receia de vós,
> Ameaça-vos disso um mais forte senhor,
> Está todo reino sujeito a um maior.[3]

Essa relação entre a paz do mar e a paz que o governante deve ter também se encontra na história de Jonas. Deus acalmou uma tempestade turbulenta do tipo que destroça navios. Deus acalmou um rei turbulento, do tipo que destroça pessoas. O mesmo Senhor sobre terra e mar é Senhor sobre pessoas e corações. O Cristo que acalmava tempestades também acalma os tufões do nosso interior.

O conselho do coro da peça é que todo aquele que governa o mar e a terra, por ter poder sobre a vida e a morte, deve abandonar a arrogância. O motivo é muito prático: tudo o que um subalterno teme de seu governante, um senhor maior pode usar contra esse mesmo governante, já que todos estão sujeitos a um líder superior. No texto, o rei de Nínive estava finalmente diante de um Senhor da terra e do mar que lhe traria a violência de que ele tanto usara, injustamente, contra os outros. Mas o poder da pregação da Palavra transformou o coração do rei. Foi pela pregação que Nínive alcançou paz. Deus não mandou um político, nem uma comitiva de Jeroboão II para tentar convencer o rei de Nínive. Deus mandou um pregador do evangelho. Mandou um Senhor acima de qualquer senhor humano. Pela pregação da destruição um novo coração foi construído. A sobrenaturalidade da Palavra mudou o rei de Nínive.

Em um sermão de 1522, Martinho Lutero disse: "Eu simplesmente ensinei, preguei e escrevi a Palavra de Deus; fora isso, não fiz nada. E, enquanto eu dormia, ou bebia a cerveja de Wittenberg com os meus amigos Filipe e Amsdorf, a Palavra enfraqueceu tanto o papado que nenhum príncipe ou imperador jamais lhe infringiu tantas perdas. Eu não fiz nada, a Palavra fez tudo".[4] Nesse mesmo espírito da Reforma, podemos, pelo poder da Palavra, ter esperança de uma sociedade, uma família, uma relação pai e filho, um trabalho melhor.

Mas há um segundo ponto. Os ninivitas creram com bem pouco, enquanto nós precisamos de muito mais. Foi Jesus quem disse que os "ninivitas se levantarão, no Juízo, com esta geração e a condenarão, porque se arrependeram com a pregação de Jonas. E aqui está quem é maior do que Jonas" (Mt 12.41). Aqueles homens creram mediante a pregação de um profeta que nem sequer queria estar ali. Jonas esperava pela condenação da cidade, e não pela conversão. E lamentou.

Nós, em contrapartida, temos a revelação maior e perfeita em Cristo Jesus. Ele é o ápice da revelação de Deus. Ao contrário de Jonas, Cristo não fugiu de sua missão, mas veio de livre e espontânea vontade, em obediência ao Pai. Se ouvirmos esse evangelho e descrermos, os ninivitas estarão lá para nos condenar. Os ninivitas creram no escuro, mas nós podemos crer em Deus pela luz poderosa de Cristo.

Um terceiro ponto nos mostra que o poder gera corrupção. Vimos que a conversão de Constantino — que foi uma bênção, naquele momento histórico, para a igreja perseguida — abriu as portas para o cristianismo. Porém, com o tempo, o cristianismo começou a se corromper dada a proximidade com o poder mundano. O Estado começou a sustentar a igreja, e ela não estava disposta a viver sem os fundos governamentais. O próprio Eusébio de Cesareia faz um discurso público em honra de Constantino, no qual o trata quase como um ser divino.

Se, de um lado, a proximidade do poder pode ser benéfica, de outro, pode corromper a fidelidade da igreja. Nosso habitat natural é a oposição e a perseguição. Os favores dos poderosos podem beneficiar o trabalho de pregação do evangelho e a vida da igreja, mas também podem tornar-se uma voz sussurrante para que vivamos uma fé mais relaxada. Em Nínive, eles se convertem. O rei traz um decreto de conversão, e o povo tem uma transformação real. Entretanto, sabemos por meio de Naum que a geração seguinte volta a ser inimiga de Israel. Eles não conseguiram manter por muito tempo o que se propuseram.

Podemos nos empolgar com a conversão dos poderosos e daqueles que estão nas altas camadas da sociedade, mas o que aconteceu em Nínive nos alerta para o fato de que nossa esperança nunca está alicerçada em poderes humanos, mas é projetada em Deus — em seu Reino e poder.

Oramos para que Deus nos dê essa convicção, essa paz e essa visão sobrenatural do mundo em que vivemos.

# 13

## O QUE FAZ DEUS MUDAR DE IDEIA

JONAS 3.10

Os decretos reais não voltam atrás. Essa irrevogabilidade está ligada à imagem do rei. "Porque os decretos feitos em nome do rei e que foram selados com o seu anel-sinete não podem ser revogados" (Et 8.8). "Portanto, ó rei, sancione o interdito e assine o documento, para que não seja mudado, segundo a lei dos medos e dos persas, que não pode ser revogada" (Dn 6.8).

Reis publicam decretos, e autoridades emitem juízo. Aquilo que é dito por uma autoridade não pode voltar atrás. Diferentemente das democracias modernas, com constituição e estado de direito, naquela época o rei era a lei. Mas o rei de Nínive se viu diante do Rei Soberano, que reinava sobre ele, e ouviu o decreto: "Daqui a quarenta dias, Nínive será destruída". E é diante desse decreto que os ninivitas se arrependem e clamam por misericórdia.

O texto diz que Deus muda de ideia. Por um lado, trata-se de uma questão problemática do ponto de vista teológico. Como Deus pode mudar de ideia? Mas, de outro lado, essa é a nossa salvação. O que nos coloca em um terrível dilema. Se Deus não muda de ideia, a ira que me foi prometida, como pecador, precisava se cumprir em mim. Logo, preciso de um Deus que mude de ideia, caso contrário meu caminho será o da condenação.

O Deus que muda de ideia, porém, não parece o Deus das Escrituras. Então a qual Deus nos apegaremos? Ao Deus impassível, que não muda de ideia ao estabelecer seus decretos e planos, e que portanto terá de nos condenar por termos estado no caminho de condenação? Ou o Deus que muda de ideia, e que não parece ser aquele que repetidamente encontramos na Bíblia?

O texto de Jonas 3.10 traz a maravilha de um Deus que volta atrás, mas sem negar sua autoridade e soberania.

### DEUS MUDA DE IDEIA?

O texto diz que "Deus viu o que fizeram, como se converteram do seu mau caminho; e Deus mudou de ideia quanto ao mal que tinha dito que lhes faria e não o fez" (Jn 3.10). A linguagem bíblica é que Deus "muda de ideia" diante do arrependimento. Algumas traduções dizem que "Deus se arrependeu". Pessoalmente, "mudou de ideia" é uma tradução melhor. É possível que Deus mude de ideia? Ele é pego de surpresa por algum comportamento humano que o faça voltar atrás?

Existem correntes teológicas que diriam sim. O teísmo aberto argumenta que Deus está construindo a história junto com o ser humano e, por isso, não sabe o que virá adiante. Ele é onisciente apenas no que diz respeito ao presente. Mas não é isso que nos diz o livro de Jonas. O texto nos mostra que não temos um Deus alheio ou incapaz, mas um Deus plenamente providente e soberano. Ele não foi pego de surpresa pelos atos de Jonas. Ao contrário, Deus antecipou toda a ação do profeta e trabalhou de forma soberana a fim de cumprir seu plano eterno.

Ao longo de toda a Bíblia, vemos um Deus que não volta atrás em seus projetos eternos. Moisés escreve que "Deus não é homem, para que minta; nem filho de homem, para que mude de ideia. Será que, tendo ele prometido, não o fará? Ou, tendo falado, não o cumprirá?" (Nm 23.19). O profeta Samuel diz a Saul que Deus "não mente, nem muda de ideia, porque não é homem, para que mude de ideia" (1Sm 15.29). O salmista fala que "o SENHOR jurou e não voltará atrás" (Sl 110.4). Em Malaquias 3.6 lemos: "Porque eu, o SENHOR, não mudo; por isso, vocês, filhos de Jacó, não foram destruídos". E, no Novo Testamento, Tiago afirma que Deus é o "Pai das luzes, em quem não pode existir variação ou sombra de mudança" (Tg 1.17).

O Deus das Escrituras prevê e controla todas as coisas. Ele não é homem para ser pego de surpresa. Ele não é tolo para mudar de ideia. Ele é Deus forte, poderoso e soberano. Então qual a explicação para um Deus que "muda de ideia"? A linguagem bíblica muitas vezes é uma linguagem de percepção. Ou seja, está na perspectiva de quem vê o fato acontecer. Quando dizemos que o Sol nasceu, estamos falando da experiência de quem observa a partir da Terra. Assim também, quando o texto diz que Deus "mudou de ideia", a linguagem reflete a perspectiva de quem vê as coisas a partir deste mundo. Deus prometeu um mal, e o arrependimento o levou a não cumprir o prometido.

Deste lado da eternidade, vemos e experimentamos coisas que não parecem fazer muito sentido acerca do caráter de Deus. Imaginamos um Deus santo, pleno, justo, poderoso e soberano, mas que às vezes parece mudar de ideia. Graças a sua bondade e misericórdia, ele evita males que cairiam sobre nós. Além disso, devemos considerar que há uma diferença entre promessas condicionais e incondicionais de Deus. Deus não volta atrás em seu propósito incondicional para a história. Ele tem um plano que está além do nosso conhecimento. Ele está guiando a história segundo um propósito. Esse é o Deus que mantém seu plano eterno. Ele tinha um plano incondicional para Nínive — um plano de perdão —, e esse plano se manifesta. Ele tinha um plano eterno e incondicional para Jonas — trazer-lhe uma lição —, e esse plano se manifestou.

Mas dentro desse propósito incondicional e maior havia promessas condicionais. Essas promessas condicionais estão atreladas a algum fator da nossa vida. A promessa feita a Nínive baseava-se em sua falta de arrependimento. Por causa da vida que seguiam, a ira de Deus cairia sobre eles. Mas o plano de Deus era que aquele mal não fosse manifesto na vida dos ninivitas. Deus queria que eles se arrependessem, então fez promessas condicionais a fim de estabelecer seu propósito incondicional. Se eles se arrependessem, o mal não recairia sobre Nínive.

Em Salmos, temos promessas de ira e de vingança contra aqueles que vivem longe do Senhor. Deus faz promessas para evitar o cumprimento de uma promessa. É como quando os pais prometem disciplinar os filhos na esperança de provocar mudança em seu comportamento e assim não ter de pôr em prática a disciplina. Deus promete destruição a Nínive na esperança de não trazer essa destruição. Nem sempre conseguimos identificar quais promessas bíblicas são condicionais e quais são incondicionais, mas sabemos pelas Escrituras que a promessa de ira, fogo e destruição é condicional à falta de arrependimento.

As Escrituras mostram um Deus que, na nossa perspectiva, decide mudar de ideia quando nos arrependemos e nos achegamos a ele com coração humilde. O versículo explica o significado dessa "mudança de ideia" de Deus, que de modo algum se refere a seus planos absolutos. Não é que, como alguns creem, Deus mude seus planos eternos por ter recebido uma informação nova e imprevista; trata-se apenas de uma linguagem segundo a percepção de quem vê as ações de Deus do outro lado da eternidade.

A humildade de Deus é constrangedora. Nós, orgulhosos, dificilmente voltamos atrás no que dizemos ou fazemos. Alguns de nós sequer têm palavra, enquanto outros mentem indiscriminadamente. Deus, em contrapartida, nos oferece uma alternativa a sua decisão a fim de aproximar-nos dele. Uma alternativa já prevista — por sua graça e misericórdia —, e não intempestiva. Deus promete ira e punição a todos, mas retém seu furor quando vamos, arrependidos e com fé, até ele.

Deus sempre nos traz um caminho de vida, e esse caminho é Jesus Cristo, que venceu a morte. Deus se apega muito mais a seu amor e misericórdia que à postura de um rei autocrático que deseja ser louvado por sua palavra impassível. Jeremias 18.7-8 também mostra um Deus que exerce misericórdia e voltou atrás porque encontrou um coração que se prostrou diante de sua promessa de condenação: "No momento em que eu falar a respeito de uma nação ou de um reino para o arrancar, derrubar e destruir, se essa nação se converter da maldade contra a qual eu falei, também eu mudarei de ideia a respeito do mal que pensava fazer-lhe".

Deus não muda de ideia. Isso é o que nós, como criaturas limitadas, entendemos. Deus exerce misericórdia e amor com os arrependidos: "Venham, pois, e vamos discutir a questão. Ainda que os pecados de vocês sejam como o escarlate, eles se tornarão brancos como a neve; ainda que sejam vermelhos como o carmesim, eles se tornarão como a lã" (Is 1.18). Essa linguagem pode dar a entender que Deus mudou sua cabeça, mas essa leitura não respeita o contexto do próprio livro, que mostra um Senhor plenamente soberano sobre o que acontece. Esse texto, com efeito, mostra um Deus que exerce misericórdia e que volta atrás na promessa que havia feito unicamente porque encontrou um coração que se prostrou diante daquela promessa de condenação.

É maravilhoso que Deus seja tão diferente dos reis humanos. Enquanto os homens se apegam ao seu orgulho e poder, Deus não se incomoda de voltar atrás em suas próprias condenações. Um rei poderoso deveria ser implacável, como o rei de Nínive certamente era. O Rei Javé, por sua vez, não se incomoda em voltar atrás com base em seu amor e em sua misericórdia. Ele é um Rei de cetro poderoso que decide ser conhecido pelo amor com que trata os arrependidos.

### O QUE FAZ DEUS MUDAR DE IDEIA?

O texto diz com clareza que "Deus viu o que fizeram, como se converteram do seu mau caminho" (Jn 3.10). A passagem menciona que Deus voltou atrás em sua promessa de condenação porque os ninivitas se converteram do mau caminho. Foi essa mudança na atitude dos ninivitas — que pode ser entendida como obras — que levou Deus a suspender sua destruição.

E isso traz mais uma dificuldade ao texto. Primeiro, temos um Deus que aparentemente muda de ideia. Agora, temos um Deus que muda de ideia com base nas obras. Como protestantes, cremos na doutrina da justificação pela fé somente, conforme as Escrituras, já no Antigo Testamento, afirmam. O salmista diz que o Senhor "não nos trata segundo os nossos pecados, nem nos retribui conforme as nossas iniquidades" (Sl 103.10). Se assim o fosse, quem de nós estaria vivo? O profeta Habacuque diz que "o justo viverá pela sua fé" (Hc 2.4).

No Novo Testamento, Paulo foi o grande pregador da justificação pela fé somente: "concluímos, pois, que o ser humano é justificado pela fé, independentemente das obras da lei" (Rm 3.28). Em seguida, ele explica que nossa salvação não vem pelas obras porque, se tivéssemos de trabalhar pela salvação, seríamos merecedores dela, uma vez que o trabalhador é digno de seu salário. No entanto, como ela ocorre pela fé, essa fé é dada como justiça: "Pois que diz a Escritura? Abraão creu em Deus, e isso lhe foi imputado para justiça. Ora, ao que trabalha, o salário não é considerado como favor, e sim como dívida. Mas, ao que não trabalha, porém crê naquele que justifica o ímpio, a sua fé lhe é atribuída como justiça" (Rm 4.3-5).

Então, como explicar o texto de Jonas? Um erro comum de protestantes que acreditam em justificação pela fé é ignorar que a manifestação visível da fé é o comportamento. Somos justificados pela fé somente, mas a demonstramos por meio das obras, pelo modo como vivemos. As obras são sinais visíveis daquilo que argumentamos possuir internamente. Se temos fé, viveremos como quem tem fé. Se não temos fé, viveremos como quem não tem fé. Jesus disse que "o Filho do Homem há de vir na glória de seu Pai, com os seus anjos, e então retribuirá a cada um conforme as suas obras" (Mt 16.27). João escreve que "os mortos foram julgados, segundo as suas obras, conforme o que estava escrito nos livros" (Ap 20.12-13).

Portanto, justificação pela fé somente não significa justificação por uma fé sem obras. Justificação pela fé somente significa, isto sim, justificação por meio de uma fé que produz obras. Tiago o diz claramente: "Meus irmãos, qual é o proveito, se alguém disser que tem fé, mas não tiver obras? Será que essa fé pode salvá-lo?" (Tg 2.14). Ele argumenta que a fé que não produz obras é morta. Não é fé genuína. E com isso ele está se referindo ao tipo de fé, e não ao ato da fé, por si só, como elemento salvador. Tiago alude àqueles que querem viver por meio de uma fé que não existe: "Mas alguém dirá: 'Você tem fé, e eu tenho obras.' Mostre-me essa sua fé sem as obras, e eu, com as obras, lhe mostrarei a minha fé. Você crê que Deus é um só?" (Tg 2.18).

Quantos de nós confiamos em uma fé morta? Quantos de nós esperamos que Deus descumpra suas promessas de condenação com base em uma fé que não pode ser comprovada por uma vida de proximidade dele? Se o coração não estiver transformado, se o comportamento permanece o mesmo, é possível que essa fé não seja verdadeira. É possível que a promessa de ira de Deus ainda paire sobre nossa cabeça — afinal, muitos dizem ter fé, mas maltratam a família, mantêm uma vida financeira desonesta, são ingratos, maledicentes, violentos. O arrependimento daqueles homens foi real, porque havia frutos claros. A fé real muda a jornada. Se encontramos Jesus, ele nos transforma.

Temos coragem de olhar para o mundo e dizer que tivemos um encontro com Deus? Temos coragem de dizer que o Deus de perdão nos perdoou, se não conseguimos perdoar? Dizemos que tivemos um encontro real com Deus, mas continuamos agindo sob a atuação do inimigo. Olhamos para nosso coração e muitas vezes não estamos dispostos a julgar se estamos na fé. Agimos como se ela fosse uma vacina, que tomamos no passado e pronto. A verdade é que os Evangelhos dizem que aquele que encontrou Jesus carrega sua cruz diariamente. Não é algo só do passado, nem um compromisso só para o futuro. É um compromisso diário de transformação de vida diante dele.

O rei de Nínive mudou sua vida. A fé genuína precisa transformar, independentemente de quem seja. Torcemos nossa visão da salvação porque somos tolos e acreditamos que basta dizer que aceitamos Jesus, e estaremos salvos. A fé genuína envolve uma crença profunda e transformadora. Ela move nosso interior completamente.

Não podemos acreditar em uma fé que não transforma.

### CONCLUSÃO

Talvez você não tenha certeza se sua vida condiz com sua fé. Embora vá à igreja, ouça pregações, tenha abandonado pecados e vivido uma nova vida, ela não lhe parece tão transformada. A mensagem das Escrituras é que, primeiro, precisamos confiar na fé que recebemos, na salvação que independe das obras. Meu versículo favorito é 2Coríntios 5.21: "Aquele que não conheceu pecado, Deus o fez pecado por nós, para que, nele, fôssemos feitos justiça de Deus". Na cruz, Deus tratou seu Filho como pecador, e o puniu para que nele fôssemos considerados justos.

A salvação não se baseia em nossa capacidade, mas na obra perfeita de Cristo. Ainda que nossas obras ou nossa vida não sejam perfeitas, o Pai nos recebe em perfeição porque Jesus foi perfeito. Podemos ser aceitos hoje porque Deus moeu seu Filho na cruz para que nós, confiantes nesse sacrifício, saibamos que ele olha com misericórdia para nossas lutas contra o pecado. Deus não vê as batalhas perdidas, mas a justiça plena e perfeita de Cristo Jesus.

Segundo, precisamos entender que a salvação recebida traz mudança. Precisamos lutar por obras que confirmem nossa fé. Muitos já não creem que podem mudar e abandonar hábitos terríveis. Muitos caem repetidamente nos mesmos pecados não porque estejam escravizados, mas porque desistiram da ideia de que é possível vencer. Mas se somos crentes, se fomos remidos por Cristo Jesus, fomos transformados por um poder sobrenatural que vai além de nossas forças e energia. Se fomos verdadeiramente salvos por Cristo, do trono da graça ele emana poder e nos ajuda em tempo oportuno. Não se trata apenas de misericórdia; Hebreus 4.16 diz que dele também emana ajuda.

Essa luta ainda não acabou. Quando olhamos para dentro de nós e pensamos não haver nada que nos mova em direção a Deus, é hora de lutar, de fato, pela fé e pela mudança de vida. Existe um caminho de transformação em Cristo Jesus para aqueles que não desistem de lutar. Há um caminho, aberto pelo próprio Cristo, para que encontremos a fé genuína e transformadora de modo que a promessa de ira não caia sobre nós. Deus é misericordioso, paciente, lento em se irar e está constantemente dizendo que não jogará fora nenhum que se aproxime dele. Não importa o que tenhamos feito ou quanto já nos enganamos ou desistimos. Há um Cristo que vivifica, transforma e, por pura misericórdia, retarda sua ira. Ele está disposto a aceitar-nos de braços abertos.

Temos de abandonar as tolices que nos rodeiam e nos apegar às verdades de Cristo. É hora de entender que, depois de tanto fugir de casa, não temos outra morada além da casa do Pai. Ele é nosso refúgio. A única forma de escapar de Deus é indo até ele. A única forma de encontrarmos perdão e salvação diante do Deus que promete a ira é acreditar que — ao abandonar a apostasia, a violência e as más obras — ele nos receba em sua morada por meio da obra perfeita de Cristo Jesus.

Deus não apenas mudou de ideia quanto à destruição de Nínive, mas permitiu que Cristo recebesse a destruição em lugar daquela cidade. A ira santa tocou aquele que é o nosso Senhor. A fé nos permite ter mais esperança naquilo que Jesus recebeu. Se você luta contra medo, tristeza e terror, confie nesse Cristo, porque foi ele que recebeu a destruição em seu lugar. Mesmo uma fé que luta para se estabelecer ainda é uma fé salvadora, pois está fundamentada no sangue que salva. Essa fé progride não porque confiamos em sua qualidade mas porque confiamos no sangue. Essa fé recebe a transformação do Espírito Santo e de sua habitação em nós. Onde antes havia ira e afastamento, agora há graça, misericórdia e aceitação na família de Deus.

Se você é descrente, esta é a hora de crer. Se você já tem uma vida de igreja, mas não possui a maturidade devida, esta é a hora de procurar Jesus. Jonas precisou ouvir a mensagem que ele próprio pregava e se arrepender diante de Deus por suas fugas. É hora de parar de fugir do Senhor e obedecer-lhe. Temos vários chamados como cristãos: pregar o evangelho, amar o próximo, perdoar os que nos ferem, dar a outra face, entregar a capa para quem quer nossa túnica, e assim por diante. Temos muitas missões difíceis, mas quão terrível é fugir da missão daquele que nos envia em seu nome. Quão terrível é, diante da missão do evangelho, voltarmos atrás no caminho da fé, nos escondermos e sermos encontrados por Deus sem arrependimento.

Nínive mudou suas obras. Jonas precisava mudar as obras dele. Os descrentes precisam se arrepender, mas a mensagem que converte e salva o ímpio também precisa amadurecer os salvos.

Precisamos que Deus nos alcance de acordo com sua Palavra.

# ATO V:

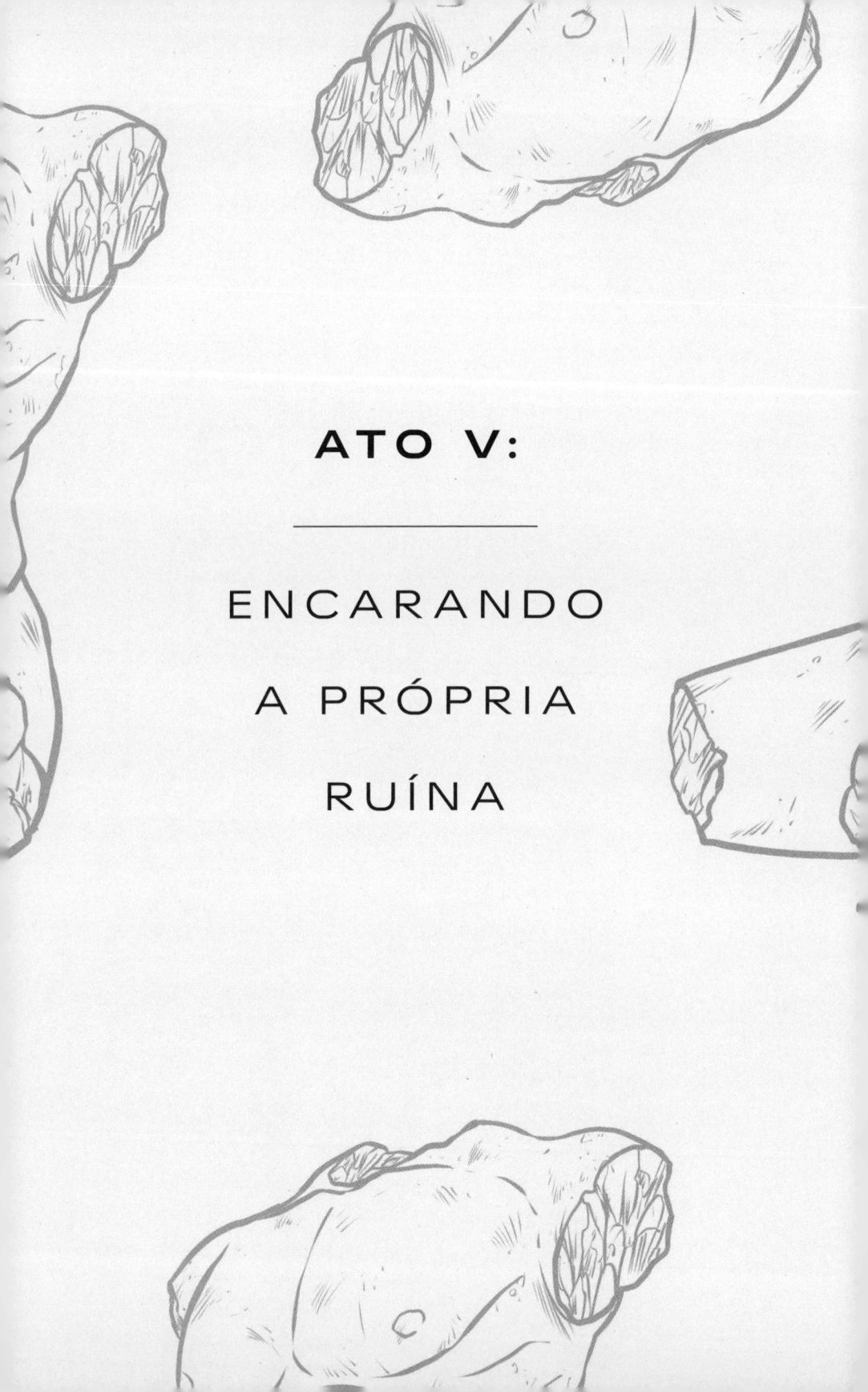

## ENCARANDO A PRÓPRIA RUÍNA

# 14

## A IRA DO RACISTA

**JONAS 4.1-3**

Se você nunca assistiu a *Seven: os sete crimes capitais*, está perdendo um dos melhores suspenses policiais já produzidos. Apesar de ter sido lançado em 1995, permanece um clássico imbatível. Um assassino em série comete crimes baseados nos sete pecados capitais. Quando a polícia o encontra ainda faltavam dois assassinatos para completar os sete: um que representasse a inveja e outro, a ira. E é aqui que as coisas ficam interessantes, porque começa um jogo entre o assassino e os dois investigadores. O assassino, que sentia inveja de um dos policiais, queria suscitar-lhe a ira para que, enfim, o policial o matasse, o que concluiria seu plano, "a sua obra", como ele mesmo diz.

Uma caixa enviada pelo assassino ao policial suscita sua ira. Se cedesse a ela e matasse o assassino, o policial seria o instrumento para que aquela "obra" fosse concluída. A aposta do *serial killer* estava no caráter implacável, incontrolável e incontido da raiva. E foi o fomento da ira que revelou algo sobre aquele detetive, fazendo surgir sua verdadeira identidade. O que aprendemos sobre esse pecado é triste, mas verdadeiro: a ira revela o que há de pior dentro de nós.

Quando amamos uma pessoa, é fácil disfarçar coisas que a machuquem, como a tristeza, por exemplo. A ira, em contrapartida, é difícil de esconder. Ela revela coisas sobre nós. A ira é poderosa. Horácio, o poeta romano, dizia que a ira é uma loucura temporária. Sob seu domínio, dizemos a quem amamos o que nunca diríamos de cabeça fria. Não medimos as consequências de nossas atitudes.

O conflito é que aquele policial sabia que seu ato poderia suscitar mais morte e, portanto, precisava ser forte o bastante para lutar contra seu pecado. Jonas recebeu uma caixa enviada pelo próprio Deus. Seu conteúdo evoca ira, uma ira que faz muito sentido quando entendemos o que está por vir. Mas, no caso de Jonas, a violência dessa caixa se converte em salvação. Superficialmente, há uma ira que parece injusta, mas, se lermos com cuidado, entenderemos a atitude de Jonas, assim como entendemos a atitude do policial do filme e daqueles à nossa volta que muitas vezes cedem a pecados que costumeiramente permitimos na própria vida.

### DECEPCIONADO COM A SALVAÇÃO

De início, lemos: "Mas Jonas ficou muito aborrecido e com raiva" (Jn 4.1). Em vez de Jonas receber o maior avivamento da história como um ato de graça do Deus vivo, ele o recebe como um ato de violência da parte de Deus. Literalmente, o texto em hebraico diz que ele ficou em chamas. Em um primeiro momento, é difícil entender Jonas. Como alguém pode ficar aborrecido com a conversão de perdidos? Para entender, precisamos relembrar o contexto. Os assírios eram obstinadamente violentos. Eram responsáveis por estupros, assassinatos, infanticídios. Não se tratava de um inimigo comum do povo judeu. Os assírios não só destruíam, matavam, humilhavam e torciam vidas humanas de forma terrível, mas eram conhecidos por se orgulharem das torturas perpetradas.

Jonas está diante de um povo responsável pelo que havia de mais terrível em morte e abuso, e presencia seu perdão. Ele sabia que o povo israelita não era capaz de vencer, pela própria força, os assírios em uma guerra. Jonas, que desejava o crescimento de Israel e profetizava sua expansão apesar do pecado do povo, se vê diante do povo que representava o maior risco para os israelitas. Embora profetize sua destruição, Jonas contempla, em vez disso, seu perdão. Deus perdoa essa geração, apesar de não haver garantia de que eles não voltariam à violência.

Pensemos por um instante: Ficaríamos felizes com a salvação de alguém que abusou de nós? Ficaríamos felizes com o perdão do assassino de um ente querido? Participaríamos da festa nos céus se aquele que é batizado em nossa igreja fosse o responsável por algum crime terrível contra alguém que amamos ou contra nós mesmos? Geralmente, desejamos que essas pessoas pereçam no inferno. Às vezes, queremos o mal de outra pessoa por muito menos. O "olho por olho, dente por dente" existia como forma de dar justa retribuição. Não raro, devolvemos exageradamente o que recebemos. Quando a ira se levanta em nosso coração, queremos punição.

Para Jonas, a ira de Deus era a única forma de Israel ser recompensado pelos crimes cometidos pelos assírios. Agora, com o perdão de Deus, onde estaria a justiça? Como aqueles estupradores e abusadores seriam punidos por seus pecados? Se eles foram perdoados por Deus, essas atrocidades passariam impunes? Arrancar, celebrando, a pele de pessoas ainda vivas não significaria nada? Deus não puniria essa nação? A raiva de Jonas parece muito justa. Irado com a salvação de seus opressores, ele orou: "Ah! Senhor! Não foi isso que eu disse, estando ainda na minha terra? Por isso, me adiantei, fugindo para Társis, pois sabia que tu és Deus bondoso e compassivo, tardio em irar-se e grande em misericórdia, e que mudas de ideia quanto ao mal que anunciaste" (Jn 4.2).

A ira de Jonas revela algo sobre ele. Jonas não queria a salvação daquele povo gentio. Mas isso também revela algo sobre nós. Há uma esfera ampla de pecados na ira de Jonas. Ele não deseja a redenção daquele povo, sendo ele um homem redimido. No capítulo 2, ele se arrepende de ter fugido de Deus e de ter colocado em perigo os marinheiros do barco. Deus o perdoa, e Jonas declara que "a salvação pertence ao Senhor" (Jn 2.9). Mas ele não queria que essa salvação alcançasse os gentios afastados de Deus, ou que estes fossem perdoados. Embora Israel caísse em variados pecados, Deus era misericordioso com seu povo. Jonas, porém, não estava disposto a ver o perdão de Deus, que alcançou seu povo, alcançar outros povos.

Se olharmos a história de Jonas e o percebermos como um nacionalista radical, ele poderia ser entendido como racista. Ele deseja que a graça alcance Israel, mas não aceita que outra etnia a receba. Hoje ele talvez fosse chamado simplesmente de xenófobo. Mas, se atentarmos para a configuração das cidades e nações daquele tempo, veremos que ele está muito mais preocupado com seu povo. Racismo é basicamente discriminação baseada em raça. É como se ele mal compreendesse a eleição de Israel a ponto de acreditar na superioridade intrínseca de sua etnia.

Parte desse problema de Jonas com os gentios pode ser nosso problema também com os que não queremos que recebam salvação. Há três pecados que a ira racista de Jonas revela em minha leitura da narrativa: egocentrismo, justiça própria e hipocrisia.

## A IRA DO RACISTA REVELA EGOCENTRISMO

Jonas evidencia um nacionalismo muito forte ao profetizar a expansão de Israel mesmo debaixo de um rei mau. Aparentemente, ele acredita poder afastar-se de Deus afastando-se de sua terra, como se Deus atuasse geograficamente, como alguns acreditavam ser o caso dos deuses pagãos.

O que faltou a Jonas foi um perdão "étnico", termo usado pelo teólogo croata Miroslav Volf em seu livro *Exclusão e abraço*. Volf fala, a partir das Escrituras, sobre os conflitos étnicos e religiosos em seu país. O ódio entre as diferentes etnias dificultava a propagação do evangelho de uma cultura para outra. O autor menciona que, quando um povo é historicamente inimigo do outro, quando um grupo é historicamente inimigo do outro grupo, é fundamental que haja, pelo poder do evangelho, unidade e amor, caso contrário esse tipo de conflito pode perdurar por gerações. Esses povos precisam entender que apenas o evangelho é capaz de uni-los, e apenas ele pode trazer salvação para ambos. Ele escreve: "O que todos os seres humanos têm em comum é secundário em relação àquilo que os distingue individualmente".[1]

Quando somos tomados por esse tipo de etnocentrismo — ou por qualquer tipo de exclusão do diferente ou pelo racismo —, esquecemos que somos todos iguais à imagem de Deus. Fomos todos igualmente separados de Deus por nosso pecado. Somos todos passíveis de remição através do sangue de Cristo. Deus é maravilhoso e poderoso, e não faz acepção de pessoas. Ele está disposto a nos receber, independentemente de nossa etnia. Israel esquecia que os povos gentílicos também estavam debaixo do reinado soberano do Deus vivo, que ele age para a salvação de todos os povos a fim de que as nações se alegrem e sua glória encha a terra.

Jonas não estava preparado para aquele perdão, porque ele conhecia as profecias de que a Assíria destruiria Israel (Os 9.3; 11.5,11; Am 5.27). A destruição de Nínive era uma oportunidade poderosa para que Israel se livrasse de seu maior adversário, enquanto sua salvação significava que Israel continuaria em risco. Além disso, como os irmãos israelitas lidariam com Jonas? A destruição profetizada não se cumpre porque o povo se arrependeu.

Diante disso tudo, Jonas responde com ira. O profeta lembra os judeus do tempo de Cristo. Várias parábolas foram escritas para lidar com esse tipo de sentimento. Na parábola da vinha (Mt 20.1-16), os trabalhadores lamentam o tratamento misericordioso de Deus — o mesmo que ele dispensava ao povo da aliança — oferecido aos pagãos arrependidos. Na parábola do filho pródigo (Lc 15.11-32), narrada para mostrar como os judeus não queriam que Jesus se sentasse com os gentios, havia dois filhos: um representava os gentios que saíram em rebeldia, o outro, os judeus que lamentavam o retorno do pródigo. Faltava a Jonas o espírito que habitava em Jesus, que chorou pela cidade condenada de Jerusalém. Faltava-lhe o pesar pela condenação de outros povos. Ezequiel diz que Deus não tem prazer na morte do ímpio (Ez 18.23), mas Jonas estava muito disposto a ver aqueles ímpios serem mortos por não pertencerem ao povo escolhido de Israel.

Jonas não entendeu que não poderia haver uma ruptura entre povos diante do poder do evangelho. Essa ira racista de Jonas acreditava na superioridade de seu povo em relação aos demais e, com isso, ele mostra um tipo muito triste de egocentrismo, o de que "somos melhores". Jonas não entendeu que, ao pregar a Palavra de Deus que alcança todas as nações, ele seria o precursor, no Antigo Testamento, do que Jesus manifestaria no Novo Testamento.

Jonas deveria passar pela mesma experiência de transformação de Pedro em Jope, quando o discípulo de Jesus é constrangido pela salvação dos gentios. No Antigo Testamento, em Jope, Jonas foge dos gentios. No Novo Testamento, em Jope, Pedro aprende a importância de alcançar os gentios e entende que não poderia haver uma ruptura entre povos diante do poder do evangelho (At 10.8-17). Essa ira racista de Jonas fazia que ele encarasse seu povo como superior aos demais, um tipo lamentável de etnocentrismo: "Nós somos melhores", "Somos mais merecedores", "Salvação para nós, mas para eles, não". Jonas não entendeu que ele seria o precursor no Antigo Testamento do que Jesus manifestaria no Novo Testamento ao pregar a Palavra de Deus que alcança todas as nações.

### A IRA DO RACISTA REVELA JUSTIÇA PRÓPRIA

Vimos que Jonas não queria que a misericórdia de Deus alcançasse os ninivitas: "Por isso, me adiantei, fugindo para Társis, pois sabia que tu és Deus bondoso e compassivo, tardio em irar-se e grande em misericórdia, e que mudas de ideia quanto ao mal que anunciaste" (Jn 4.2).

Jonas cita Êxodo 34 para demonstrar sua contrariedade com Deus: "o Senhor Deus compassivo e bondoso, tardio em irar-se e grande em misericórdia e fidelidade; que guarda a misericórdia em mil gerações, que perdoa a maldade, a transgressão e o pecado" (Êx 34.6-7). Como Satanás no deserto, Jonas quer usar a Palavra de Deus para condenar a decisão do próprio Deus. Jonas conhecia a Lei e sabia que aquele povo poderia alcançar misericórdia. Jonas havia orado: "Ao Senhor pertence a salvação", mas agora ele mostra sua raiva pela soberania de Deus a respeito da salvação.

A exemplo do credor incompassivo de Mateus 18.21-35, Jonas queria o perdão, mas não que ele fosse estendido a seus inimigos. Eles eram pecadores "demais". No senso comum, roubo talvez não seja um pecado tão sério quanto assassinato. É como se Jonas tivesse dito a Deus: "Deus, eu sou pecador, mas não como esses aí!". Não somos assim o tempo todo? Deus, que é justo, santo e perfeito, nos vê apontar e acusar uns aos outros. Preferimos um presídio metralhado a um evangelizado. Não somos como eles porque estamos mais próximos de Deus. É assim que olhamos para viciados, para irmãos que se arrependeram da criminalidade, para quem luta contra a homossexualidade.

Sempre escolhemos um grupo de pecadores para tachá-los como piores que nós. Dessa forma não precisamos ser mais santos, afinal o pecado dos outros é pior. Nós nos acostumamos com nossos pecados e não temos compaixão alguma do outro. A exemplo de Jonas, nos vemos como aqueles que precisam de graça, enquanto o outro precisa de condenação e exclusão. Meu pecado precisa de paciência, mas o do outro deve ser tratado com dureza.

Raramente estamos preparados para alcançar os outros. Jonas, aparentemente aceito por Deus, rejeita os ninivitas por também terem sido aceitos. Somos como Jonas por coisas muito menores. Enquanto o profeta lidava com assassinato, estupro e violência, nós lidamos com visões políticas diferentes, com posição social. Não conseguimos agradecer a Deus porque o evangelho alcançou um radical de uma ou de outra posição partidária, ou um morador de rua, ou alguém de aparência diferente da nossa.

Essa postura revela uma atitude típica de Jonas, não de Jesus.

## A IRA DO RACISTA REVELA HIPOCRISIA

Na história das missões mundiais, atitudes como a de Jonas não são incomuns. Muita obra missionária, tanto católica como protestante, surgia não apenas com uma visão religiosa de alcançar povos perdidos, mas também com uma visão de dominação cultural e étnica. A filosofia missionária era de não se misturar com a cultura. Os missionários viviam em bases de muros altos, onde mantinham pequenas porções de seu país de origem. Exteriormente, Jonas está obedecendo a Deus, mas interiormente, no coração, sua atitude é de desobediência. Embora pregue fielmente a mensagem dada por Deus, sua esperança é que ela não surta o efeito que Deus deseja. A ação de Jonas — levar a mensagem de Deus — estava correta, mas seu coração continuava equivocado.

Não podemos mostrar um ministério correto e ao mesmo tempo odiar o trabalho que diligentemente desempenhamos. Podemos ser como Jonas. Podemos servir em uma igreja que desprezamos, cuidar de um ministério que odiamos ou pastorear pessoas com quem não queremos nos relacionar. Jonas escondia seu real sentimento atrás de uma teologia correta. Ele pregava a mensagem de condenação com o desejo íntimo de destruição daquela cidade. Ele não pregava com expectativa da verdadeira conversão dos perdidos. Externamente, ele cumpriu seu ministério, mas internamente seu coração estava afastado do que Deus esperava dele.

É preciso atentar com cuidado para o fato de que o crescimento de uma igreja pode vir pelo ministério fiel de um pastor ímpio. Jonas é um homem cujo coração está completamente distante da ideia de salvação daqueles homens. No entanto, Deus o usa como instrumento para a consumação de seu propósito. Deus também pode usar um presbítero adúltero para salvar um casamento. Pode usar canções de um músico viciado em drogas para consolar uma alma aflita. Deus é tão soberano que pode usar gente pecadora para fazer-nos o bem. É tão poderoso que pode usar pessoas afastadas dele para cumprir sua obra.

Um amigo me fez uma confissão que raramente ouvimos: "Até hoje, Deus era um assunto para meus textos. Uma ferramenta de marketing. Eu falava de Deus publicamente porque ele era um recurso para estabelecer minhas ideias. Mas nas últimas semanas tenho finalmente conhecido Deus de verdade". É o tipo de coisa que não buscamos entender com o simples olhar para o coração. A comunhão dos santos pode se tornar apenas um evento social, sem que o coração tenha encontrado Deus de fato.

O foco da igreja nunca pode estar naquele que opera o sucesso do ministério, porque muitos ministros bem-sucedidos ouvirão "não os conheci" quando encontrarem Deus face a face. Quase todos os pastores que conheci e que eram indignos do ministério justificavam a própria imoralidade pelos resultados espirituais na vida dos outros — nunca na deles. Jonas nos mostra que podemos fazer o certo mesmo enquanto o coração ainda ama o errado. Nosso coração precisa estar focado no amor a Deus e na salvação dos perdidos.

Jonas nos escancara um tipo de profunda hipocrisia que é muito comum quando o ministério se torna uma forma de exposição, um meio de vida, uma fonte de renda, uma forma de ser visto. Sua ira é etnocêntrica. Uma ira muito diferente da de Deus.

## CONCLUSÃO

A ira de Deus não é racista. Deus não faz acepção de pessoas ou povos. Sua graça alcança tanto o judeu como o gentio. Ele não considera a imagem humana para entregar sua misericórdia.

Deus não está irado com os gentios, porque eles são gentios. Ele não está irado com Nínive porque eles não pertencem a uma raça superior. Deus está irado por causa do pecado daquele povo, mas sua ira é justa, enquanto a do homem deixa de promover a justiça divina (Tg 1.20). Miqueias diz que "o Senhor não retém a sua ira para sempre, porque tem prazer na misericórdia. Ele voltará a ter compaixão de nós" (Mq 7.18-19). Joel fala: "Convertam-se ao Senhor, seu Deus, porque ele é bondoso e compassivo, tardio em irar-se e grande em misericórdia, e muda de ideia quanto ao mal que havia anunciado" (Jl 2.13).

Deus, que é grande em misericórdia, derramou sua ira em Cristo Jesus, para que pudéssemos encontrar o olhar de graça. Jonas poderia se perguntar: "O pecado desses homens ficará impune?". A resposta de Deus seria "não". Toda a violência de Nínive, a ira de Jonas e o pecado de Israel foram lançados sobre aquele que era justo, e o único que poderia se irar pelo pecado do outro: Jesus Cristo.

Se Deus pode perdoar os ninivitas, com pecados tão aterradores, ele pode trazer perdão sobre nossa vida. Quando nos olharmos no espelho e não nos sentirmos perdoados, ou quando nossa maldade for grande demais para que Deus nos aceite, lembremos que ele perdoou pessoas terríveis no Antigo Testamento. O pecado pode nos convencer de tal modo do Deus irado e justo que somos incapazes de acreditar no Deus de amor, que sente prazer em nos perdoar e em derramar graça abundantemente. Quando nos achegamos a Jesus, somos libertos da ira porque ela foi derramada em Cristo, por isso podemos ser recebidos no reino de amor.

Enquanto Jonas quer reter a salvação para si, Cristo a oferece a todos os povos. Deus está disposto a nos receber quando nos aproximamos dele. Quando olhamos para esse Deus e para a obra perfeita em Cristo Jesus, temos esperança. Se ele salva nações tão cruéis e afastadas dele, certamente há graça suficiente para alcançar cada um nós em nossos pecados e lutas do coração.

# 15

## O DEUS DAS TERCEIRAS CHANCES

JONAS 4.3-5

Gosto de rap cristão. Não é o tipo de música que conseguimos cantar em um culto dominical, pois seu estilo não é nada congregacional. Mas costumo ouvir quando estou no carro ou em casa, e sempre que ouço a canção "Fantasmas", do rapper cearense Emithir, em que ele confessa suas próprias batalhas, eu me lembro de Jonas:

> Mas ou eu escondo, ou eu rujo
> Eu já vivi histórias que escandalizam marujos
> Eu sei que eu sempre volto quando eu fujo
> Mas não é porque existe o banho que você vai fazer questão de ficar sujo
> E é nesse contexto que eu surjo
> Tentando olhar pro espelho e não sentir repúdio
> E nem que eu olhe ao meu redor eu encontro refúgio.[1]

Jonas viveu histórias que escandalizaram marujos — literalmente, naquele barco. Antes, ele havia se escondido, mas agora ele ruge diante de Deus. Não é mais pomba, como diz o significado de seu nome, mas um leão gritando contra Deus, em ira. Ele não tem mais refúgio ao seu redor. Ele sabe que existe o banho, um lavar purificador de Deus, mas parece que faz questão de ficar sujo.

### O PIOR SUICIDA DA HISTÓRIA

"Agora, Senhor, peço que me tires a vida, porque para mim é melhor morrer do que viver" (Jn 4.3). Essas foram as palavras que Jonas dirigiu a Deus quando viu o resultado de sua pregação: ímpios se arrependendo no que foi o maior avivamento da história. Ele não foi um pregador rejeitado.

Enquanto qualquer profeta se sentiria realizado ao ver sua obra concretizada, não foi o que aconteceu com Jonas. Ele entende como ofensa a salvação dos inimigos de Israel. Aqueles terroristas fariam parte da mesma aliança prometida ao povo eleito. Ele sente tanta raiva — também de Deus — que ora mais uma vez. Mas essa oração não é como a do capítulo 2, cheia de citações de salmos. É a oração do pior suicida da história. Ele deseja morrer porque não consegue lidar com a extensão e a profundidade do amor de Deus. Ele preferia morrer a adorar um Deus tão bondoso.

Às vezes, temos uma inclinação por deuses maus. Falamos de um Deus que é amor, mas parece que gostamos de um Deus que está procurando qualquer errinho nosso para nos pegar desprevenidos. Às vezes, preferimos não crer em um Deus que estende sua misericórdia a pessoas que cometem repetidamente os pecados que já superamos. Afinal, se já superamos, os outros já deveriam tê-lo feito também. Entretanto, os outros devem ter paciência conosco com relação aos pecados que não superamos. Adoramos a ideia de um Deus de ira e força, exceto quando precisamos de um Deus de misericórdia e graça.

Embora injustificado, Jonas está em profundo sofrimento, a ponto de preferir a morte. Mas ele não está lidando com um surto, nem passando por profundos problemas psicológicos, como costuma ocorrer com pessoas cujo estado de depressão precisa de acolhimento. Deus conhecia em profundidade e clareza o coração de Jonas, e sabia que ele não precisava de afago, mas de repreensão, de arrependimento. Às vezes, nossos sentimentos — muitos dos quais podem ser autodestrutivos — provêm do pecado e do distanciamento de Deus. Ele repete a oração de Elias sem ser Elias. Ele ecoa o profundo e doloroso lamento de Jó, mas não é Jó. Moisés se colocou diante de Deus pedindo para que Deus não destruísse o povo, mas Jonas pede para ser destruído sem passar por nada próximo do que passou o povo no deserto.

É sempre importante o acompanhamento psicológico. Contudo, em um processo longo de discipulado e aconselhamento, podemos ser hábeis para discernir se a dor resulta da fuga da graça transformadora de Deus.

E, se for esse de fato o caso, precisamos repreender o pecado, até aqueles que se escondem na falta de saúde mental. Quem enfrenta a depressão também apresenta pecados, e eles afetam o estado depressivo porque interferem em como vemos a vida. Por isso são necessários tanto o gabinete pastoral como o consultório psicológico. Podemos precisar de um abraço, de terapia, de fé, de medicamentos e, às vezes, de um Deus que nos confronte em nossa fuga.

## O TRIUNFO DA TERAPÊUTICA

"E o Senhor disse: — Você acha que é razoável essa sua raiva?" (Jn 4.4). A primeira abordagem de Deus com Jonas é negar a validade dos sentimentos do profeta. O tratamento de Deus é questionar se a ira de Jonas era razoável.

Nem sempre o que sentimos condiz com a verdade que enfrentamos. A neurociência diz que, antes mesmo de agirmos, o cérebro já começou a trabalhar para responder àquela ação. Ou seja, entende-se que temos respostas instintivas. O ser humano pode ter impulsos, mas esses impulsos não podem ter o ser humano. É o que Deus diz a Caim: "O desejo dele [do pecado] será contra você, mas é necessário que você o domine" (Gn 4.7).

Temos um modo de sentir as coisas, mas isso não é necessariamente a verdade sobre elas. Nem sempre a ira que nos sobrevém por alguma circunstância ou por ação de terceiros é justificável. Nesse caso, a resposta instintiva deve ser vencida pela santidade da vida cristã. Não podemos nos deixar definir pelo que sentimos. Ser cristão é ver as coisas pelas lentes de Deus. Paulo não se deixava definir pelo que sentia instintivamente. Ele se definia pela graça. Nem mais, nem menos.

É comum nos acharmos mais do que de fato somos. Achar-nos melhores que os demais. Não sentir o repúdio que deveríamos do nosso próprio pecado. Jeremias diz que "enganoso é o coração, mais do que todas as coisas, e desesperadamente corrupto" (Jr 17.9). Jonas olha para os ímpios e sente repúdio. E esse repúdio não foi o mesmo sentido por Deus. Enquanto Jonas repudiou os estrangeiros, Deus os amou, e entregou-lhes graça em vez de destruição, como o profeta desejava. A partir do momento em que o sentimento de Jonas não corresponde ao de Deus, Jonas responde com ira. Uma ira tão cósmica que ele preferiu a não existência.

Essa é a crise da era da terapêutica. Nossa mente psicologizada busca diferentes recursos para que nos sintamos bem conosco. Em *O triunfo da terapêutica*, Phillip Rieff advoga que buscamos o tempo inteiro sermos agradados. Nossa mente psicologizada busca recursos diversos para que nos sintamos bem com nós mesmos.[2] É a crise de uma sociedade psicopatológica, que acredita não haver o pecado. Mas ele existe. E não nos preocupamos em saber se nosso comportamento é fruto dele.

Portanto, se vamos ao psicólogo apenas para que ele valide nossos sentimentos, ou ao gabinete pastoral esperando que o pastor nos diga que somos a vítima na circunstância apresentada, precisamos rever nossa decisão. É o que Deus faz com Jonas ao dizer-lhe: "Você está com raiva, e você não deveria estar". É interessante porque, em um primeiro momento, Deus parece validar a ideia de que há alguma ira justa em Jonas, mas certamente não a que se refere à salvação dos gentios. Não raro, nossa ira contra os outros é muito mais um problema com a graça de Deus que um problema real com outros.

A ira é um sentimento perigoso, que pode levar à própria morte ou à morte de outro. Por isso é importante nos perguntarmos se nossa ira é razoável, se louvamos Deus com esse sentimento. Os sentimentos em geral são péssimos conselheiros. Lembremo-nos de que não somos definidos pelo que sentimos. E isso é uma ótima notícia para quem luta há tempos contra sentimentos estranhos. Pessoas que olham para dentro de si e deparam com coisas que as colocam numa situação emocional e psicológica insustentável.

Não nos deixemos convencer pelo pecado, pelo diabo e pelo mundo de que nossos sentimentos expressam a verdade de quem somos. Deus nos define em sua Palavra, mas preferimos acreditar no que sentimos que somos. Precisamos de sentimentos aperfeiçoados e temperados com a verdade da Palavra. A mensagem de Deus para Jonas é dura, mas libertadora. É na Palavra que encontramos força até quando as emoções não querem corresponder. A fé pode mudar emoções, e assim vencer maus sentimentos. Precisamos nos ver como Deus nos vê. Isso não quer dizer que psicólogos e medicamentos são ruins. Quer dizer que precisamos da convicção de que Deus está operando em nós e nos outros para nos libertar de sentimentos equivocados. Jonas mostra um caráter fraco, mas nossa esperança está em um Deus que também perdoa os fracos.

Deus derramou sua graça para Nínive e para Jonas.

### QUANDO CAÍMOS DE NOVO

"Então Jonas saiu da cidade e sentou-se num lugar a leste da mesma. Ali construiu um abrigo, sentou-se na sombra, para ver o que aconteceria com a cidade" (Jn 4.5). Jonas se rebela uma segunda vez. Ele não se rebela por ter tido a família assassinada pelos ninivitas ou por ter sido torturado ou espancado, Jonas se rebela porque aquele povo fora perdoado. Ele, mais uma vez, ignora completamente a voz de Deus.

Se a história tivesse acabado na conversão de Nínive, teríamos todo o arco do herói, mas *plot twist* é que Jonas cai novamente. Voltamos para o mesmo lugar do capítulo 1. Deus fala com Jonas, e ele foge. Vai em busca de conforto, e não em busca de tratar sua ira contra Deus. Ele faz seu próprio abrigo. O mesmo Jonas que dormia no fundo do barco fugindo de Deus agora faz uma cabana para, à sombra, esperar a destruição daquela cidade.

Isso fala muito de quem somos. Não vamos à igreja para obter conforto pelo que sentimos. Não é assim que pedimos conselhos a pastores e presbíteros? Queremos que validem o que já estamos fazendo. Queremos que confirmem o que já planejamos para nós mesmos. Não é assim que procuramos um terapeuta? Muitas vezes só queremos afago, e deixamos de ouvir o que de fato precisamos: mudar.

Jonas cai novamente, e precisa de uma terceira chance. A Bíblia fala muito de segundas chances. Deus deixa as noventa e nove ovelhas para buscar aquela perdida. Mas o que acontece se a ovelha abandona pela quinta vez as noventa e nove? Não foi essa a pergunta de Pedro a Jesus? "Senhor, até quantas vezes meu irmão pecará contra mim, que eu lhe perdoe? Até sete vezes?". E Jesus responde: "Não digo a você que perdoe até sete vezes, mas até setenta vezes sete" (Mt 18.21-22). É um jeito de dizer infinitamente, porque essa é a graça de que precisamos. E essa é a graça que Jonas e Nínive precisavam. Essa é a graça de que nós precisamos. Uma graça reincidente, insistente. E tudo que Deus nos pede é fé e arrependimento.

A graça que Deus nos concede vem acompanhada de transformação. Ele trabalha em nós constantemente, daí o caráter infinito da graça.

Timothy Keller escreveu certa vez: "O evangelho é isso: somos mais pecadores e imperfeitos em nós mesmos do que ousamos acreditar, mas ao mesmo tempo somos mais amados e aceitos em Jesus Cristo do que jamais ousamos esperar".[3] Nossas reincidências no pecado têm um preço. E o preço é a obra de Cristo, seu sacrifício por nós. Deus não passa a mão em nossa cabeça quando reincidimos nos erros, ele nos dá outra oportunidade porque Jesus já pagou por eles.

Deus nunca será surpreendido por um pecado nosso, por isso podemos nos aproximar dele com confiança, em arrependimento e fé, sabendo que ele é grande, glorioso e gracioso. Mas não é porque Jesus intercede por nós, que podemos reincidir indiscriminadamente. Devemos sempre buscar a santidade, mas, se cairmos, Deus nos oferecerá sua graça reincidente e insistente.

### CONCLUSÃO

O esforço de Jonas para ver a destruição de Nínive é notável. Ele primeiro se esforça em fugir de Deus indo a Társis. Agora, ele se mantém por perto na expectativa de ver a destruição da cidade. E, para isso, constrói um abrigo intrigante, uma *sukkah*, uma barraca do tipo que era usada na festa das tendas, quando todo o Israel se reunia diante da face do Senhor em Jerusalém (Dt 16.16). Uma vez que a nação de Israel havia sido peregrina e estrangeira, habitando em tendas no deserto, Deus ordena que durante essa festa Israel recebesse os estrangeiros em suas terras como uma antecipação escatológica do que Deus faria com os povos de todas as nações.

A atitude de Jonas mostra um tipo de provocação escatológica. Ele constrói uma *sukkah* não para celebrar o recebimento de gentios e estrangeiros, mas para observar sua destruição, dado seu sentimento de rejeição por eles. Jesus, ao contrário, deixa claro que voltaria para o Pai e nos prepararia muitas moradas (Jo 14.2). Jonas faz uma cabana que deveria representar nossa salvação, oferecida por um Deus que ajunta até as nações ímpias e inimigas para trazê-las, pela graça, a sua casa. O salmista diz que "o SENHOR é bom para todos, e as suas misericórdias permeiam todas as suas obras" (Sl 145.9).[4]

Há um Deus que age com compaixão para acolher, receber e alcançar pessoas das mais diversas etnias, incluindo nós. E esse deve ser o direcionamento em nossa casa, em nossa igreja. Como crentes, devemos estar acostumados a acolher pessoas complicadas que se arrependem e pessoas que possuem uma fé imperfeita. Todos precisamos, de novo e de novo, de graça e misericórdia à medida que demonstramos arrependimento. A igreja nunca pode ser um lugar que exclui os que pecam, mas os que não se arrependem de seus pecados.

Se, diante disso pensamos em pecar à vontade, mostramos que nosso coração não está arrependido. O coração de um santo é aquele que vê a graça ansioso para que Deus a manifeste não só em sua vida, mas na vida dos outros, independentemente de quem sejam. Enquanto Satanás quer nos convencer de que já gastamos nossa cota de graça, temos um Deus que, por sua graça insistente, nos dá segundas, terceiras, quartas chances, e assim por diante.

Deus nos transforma para nos trazer para perto dele, onde há perdão infinito. Sempre há um lugar maior na tenda de Deus. Venha para ele.

# 16

## BAIXO MARULHO AO ALTO RUJO

JONAS 4.6-9

Quem é você?

Talvez essa seja uma das perguntas mais importantes que alguém possa responder sobre si. Embora o mundo ofereça muitas formas de autoconhecimento, elas acabam nos destruindo. Somos ensinados que o autoconhecimento vem pelo acúmulo de experiências marcantes, que nossa identidade se forma ao longo da vida e muda conforme as circunstâncias. No fim das contas, sofremos as mais variadas crises na tentativa de entender quem somos de fato, e quem é Deus.

Em um livro chamado *Solilóquios*, Agostinho de Hipona escreve como se estivesse dialogando com um personagem chamado Razão. O segundo capítulo traz o seguinte diálogo:

AGOSTINHO: Fiz minha oração a Deus.
RAZÃO: Então, o que desejas saber? [...]
AGOSTINHO: Desejo conhecer a Deus e a alma.
RAZÃO: Nada mais?
AGOSTINHO: Absolutamente nada.[1]

Conhecer a Deus e a nós mesmos é a grande luta do ser humano. Agostinho diz que só nos conhecemos à medida que conhecemos Deus. Isso seria ratificado, séculos mais tarde, por João Calvino: "O homem jamais chega a um conhecimento puro de si mesmo sem que, antes, contemple a face de Deus, e, dessa visão, desça para a inspeção de si mesmo".² Só podemos nos conhecer a partir do momento em que conhecemos a Deus.

Pessoas sem Deus não entendem o mundo, e sobretudo não entendem a alma. Não compreendem seu lugar no mundo, seus propósitos, nem como viver, porque o temor do Senhor é o princípio da sabedoria. Só sabemos como viver a partir do momento em que nos conhecemos, e só nos conhecemos quando conhecemos o Senhor.

Fernando Pessoa, talvez o maior poeta português, escreveu um poema sem título muito bonito: "Nesta vida, em que sou meu sono, / Não sou meu dono, / [...] Mar sou; baixo marulho ao alto rujo, / Mas minha cor vem do meu alto céu, / E só me encontro quando de mim fujo".³ O poeta diz que não é dono de si. Ele é seu sono, ele é o mar, mas não é o próprio dono. Só se encontra quando foge de si. É um baixo marulho, uma pequena agitação das ondas, mas ainda assim ruge alto. Então arremata: "E só me encontro quando de mim fujo". Enquanto o mundo diz que você tem que se encontrar, Fernando Pessoa diz que você só se encontra quando se perde.

É justamente isso que encontramos na história de Jonas. Ele não se encontra ao fugir de Deus, apenas ao fugir de si. Ao fugir de Deus para se encontrar, ele só se perde. Deus persegue Jonas e o tira do sono. Deus não respeita a liberdade de Jonas nem o trata como um ser autônomo completamente capaz de tomar suas decisões. É o que Jesus diz: "negue-se a si mesmo". Só nos encontramos de verdade ao fugir de nós mesmos e correr para Deus.

Jonas era o seu sono no fundo daquele navio, e o mar jogado na tempestade. Perto do fim do livro, temos o confronto final entre Deus e Jonas, e é só aqui que o profeta realmente encara o próprio pecado. É aqui que esse baixo marulho, essa onda pequena, ruge alto contra Deus de modo mais claro e revoltado. É aqui que vemos Deus tratar Jonas de modo especial, mostrando-lhe quem ele era. É o confronto final. Jonas está diante de quem poderia lhe revelar todos os mais profundos mistérios, tanto do universo quanto de seu coração. Mas Jonas ignora Deus. Então o Senhor decide mais uma vez lidar com Jonas, não por meio de palavras, mas da experiência. Deus já enviara uma tempestade, um grande peixe, e agora envia uma planta e um verme. Em Jonas 4.6-9, lemos:

Então o SENHOR Deus fez crescer uma planta por cima de Jonas, para que fizesse sombra sobre a sua cabeça, a fim de o livrar do seu desconforto. E Jonas ficou muito contente por causa da planta. Mas no dia seguinte, ao amanhecer, Deus enviou um verme, que atacou a planta, e ela secou. Quando o sol nasceu, Deus fez soprar um vento leste muito quente. O sol bateu na cabeça de Jonas, de maneira que ele quase desmaiou. Então pediu para morrer, dizendo:

— Para mim é melhor morrer do que viver!

Então Deus perguntou a Jonas:

— Você acha que é razoável essa sua raiva por causa da planta?

Jonas respondeu:

— É tão razoável que até quero morrer!

Estamos chegando ao ponto culminante dessa obra. Contra sua vontade, Jonas pregou a palavra de Deus a um povo cuja conversão lhe era abominável, e sente raiva de Deus. Então, ele se dirige para o leste da cidade na expectativa de que a conversão não fosse verdadeira e de que Deus cumprisse a profecia de destruição de Nínive. Deus fez crescer uma planta por cima de Jonas, para lhe dar sombra. Mais uma ação sobrenatural de Deus na natureza — a tempestade, o grande peixe e, agora, a planta. Isso diminui o desconforto de Jonas, pois aparentemente sua cabana não estava sendo o bastante para lhe dar conforto físico enquanto esperava a consumação da profecia.

Jonas fica feliz. Esse é o único momento no livro que registra um sentimento de felicidade do profeta. Parece tratar-se de uma bênção de Deus sobre Jonas, como se Deus o estivesse aprovando. Mas essa bênção não só é temporária como tinha também o único objetivo de gerar um contraste, como aqueles que, para nossa transformação, Deus também cria em nossa vida.

No dia seguinte, um verme destrói a planta. Assim, ao nascer do sol, a falta de sombra aliada ao forte vento quente faz a cabeça de Jonas queimar e ele quase desmaia, o que reacende sua raiva. É Deus mais uma vez ensinando a Jonas por meio das circunstâncias, dada sua insistência em não ouvir a voz de Deus.

Aprendemos no livro de Jonas que Deus fala conosco de muitas formas. Ele fala ao coração por meio de sua Palavra e por meio das circunstâncias. Desafios, doenças, dores, conflitos financeiros e interpessoais. Tudo pode ser usado por Deus para fazer-se ouvir por nós, como o fez com Jonas. O sofrimento pode ser um meio usado por Deus para que o ouçamos.

### DEUS TRATA SEUS FILHOS POR MEIO DAS CIRCUNSTÂNCIAS

É maravilhoso saber que Deus não nos deixa livres quando erramos. Talvez a maior maldição na vida do descrente seja que ele peca "em paz". Essa é a linguagem de Romanos 1. Os homens abandonaram Deus para viver conscientemente seu pecado, e Deus permite, abandonando-os aos próprios desejos. Poucas coisas são mais cruéis que deixar alguém fazer o que quer. É uma condenação muito séria.

O que nos mantém como filhos é saber que filhos não desobedecem aos pais. Bons pais disciplinam os filhos, e não o contrário. Por isso Deus disciplina seus filhos, exercendo seu soberano controle sobre nós, como fez com Jonas. Paulo diz que somos mais que vencedores por meio de espada, dor, perseguição, profundidade, nudez, perigos, porque Deus nos faz mais parecidos com Jesus. Deus usa a vivência como forma transformadora de aplicar a Palavra ao nosso coração.

Ninguém é transformado por Deus simplesmente por ouvir um sermão. Somos transformados quando, munidos do que ouvimos e aprendemos de sua Palavra, enfrentamos as batalhas com Deus. É assim que Deus nos ensina e nos move. O livro de Jonas mostra como Deus trata o profeta por meio da missão que ele lhe confiara. Deus deseja tirar Jonas do conforto de seu pecado e o faz por meio da missão para a qual o comissiona. Deus muitas vezes nos coloca em circunstâncias difíceis para revelar-nos o que há de errado em nós. Jonas nunca perceberia a gravidade de seu nacionalismo se continuasse em Israel profetizando a vitória de seu povo. Ele só pôde ser tratado de seu pecado quando confrontado com ele.

As relações humanas são difíceis porque nos colocam em circunstâncias novas, justamente para tratar o que precisa ser corrigido em nós. Às vezes, só conseguimos perceber quão egoístas somos quando nos casamos. Martinho Lutero escreveu que o casamento é para o caráter uma escola melhor que qualquer seminário. Deus pode nos colocar em relacionamentos difíceis, não para que fujamos deles, mas para nos tratar. Se déssemos atenção aos conflitos conjugais e tratássemos os pecados que os geram, os matrimônios seriam muito mais felizes e saudáveis.

Robert Murray M'Cheyne confessou: "As sementes de todos os pecados estão em meu coração, e talvez ainda de forma mais perigosa do que as vejo".[4] Nosso coração abriga muitos males. Dentro de nós há muitas possibilidades de maldade. Há muitos pecados que não vemos ou não conhecemos, e sem perceber prejudicamos pessoas. Deuteronômio 8.2 diz: "Lembrem-se de todo o caminho pelo qual o Senhor, seu Deus, os guiou no deserto durante estes quarenta anos, para humilhar vocês, para pôr vocês à prova, *para saber o que estava no coração de vocês*, se guardariam ou não os seus mandamentos" (grifos meus).

Deus colocou o povo de Israel em circunstâncias difíceis para revelar o que havia no coração daquele povo. Da mesma forma, ele nos coloca em situações difíceis para revelar o que há em nosso coração. Então, se você é daqueles que usam as circunstâncias difíceis para justificar seu comportamento pecaminoso, não entendeu que elas nada mais são que ferramentas de Deus para que você conheça seu pecado e, em vez de ceder a ele, o trate. Se você usa a dificuldade como desculpa, está fugindo da escola de Deus.

Jonas entendeu o que havia de errado nele quando Deus lhe permitiu que se visse em meio a circunstâncias inesperadas. A hipocrisia do pecado nos leva ao fingimento, não ao arrependimento. Em vez de nos santificarmos, nos escondemos. O pecado está lá, só aprendemos a disfarçar melhor. Fingimos tanto que passamos a acreditar na própria atuação. O que Deus diz é que devemos nos conhecer. Mas só nos conhecemos quando olhamos para ele. Por isso ele se revela, lançando luz sobre nós para que possamos ver. É como o profeta Isaías que, ao ver Deus, percebe os próprios pecados (Is 6.5).

Roma enfrentava momentos difíceis pela invasão dos visigodos quando Agostinho disse: "Tudo aquilo que o homem tiver sofrido neste mundo, se ele se corrigir, é para seu remédio; se não se corrigir, será para sua dupla condenação. Pois assim sofrerá neste mundo o castigo temporal e, no outro, o castigo eterno".[5] O sofrimento é doloroso mas, quando nos sobrevém e é inescapável, torna-se uma ferramenta de Deus para o que ele está produzindo de bom em nós.

Então, como lidar com as circunstâncias complicadas pelas quais Deus nos permite passar? Com sentimento de ira, como Jonas? Sempre temos ótimas desculpas para nosso pecado, para nossas atitudes duvidosas. Em alguma medida, somos como Jonas. Olhamos as circunstâncias e usamos o mundo como desculpa para o mal que desejamos. Como nós, Jonas era um descontente, e seu descontentamento o leva a desprezar a graça de Deus. Jonas fica feliz quando Deus coloca uma sombra sobre sua cabeça, mas quando a sombra se desvanece o que sobra é ingratidão. Quando as circunstâncias não nos são favoráveis, o descontentamento e a ingratidão não nos permitem ouvir a voz de Deus a nos ensinar dia após dia. Quando as coisas não estão do jeito que gostaríamos e a ira é nossa resposta, somos como Jonas.

O casamento pode ser uma situação para exercitar o amor incondicional. Os filhos podem ser uma forma de exercitar a paciência. Os fracassos, um meio de exercitar a perseverança. As doenças, um meio de exercitar a abnegação. O luto, um meio de exercitar a fé. Em vez de reclamar, como Jonas explodindo em ira, devemos ouvir o que Deus quer nos ensinar por meio dessas situações difíceis. As circunstâncias de dor podem ser a maior bênção que Deus pode nos conceder para nos mostrar coisas que precisam ser tratadas a fim de encontrarmos um relacionamento mais íntimo com ele e uma vida de serviço, os quais não pensaríamos poder encontrar.

A voz de Deus vem a Jonas por meio de uma situação que visa transformá-lo. E não é diferente conosco.

## O TRATAMENTO DE DEUS NOS FAZ MINISTROS MELHORES

Vimos que Jonas representa o pecado do povo de Israel por desprezar as nações. Mas ele também nos representa, como ministros do evangelho e como igreja — como aqueles que levam a palavra de Deus aos perdidos, como presbíteros, pastores etc.

Deus deseja tratar todos os seus filhos, mas em Jonas vemos um Senhor que quer tratar seus pregadores, para que possamos ser úteis no levar a Palavra de Deus por meio do evangelismo. E, como Jonas, também seremos tratados por Deus através de circunstâncias difíceis. Jesus, como nosso exemplo de pastor, foi um homem de dores. Ao longo da história da igreja, vemos o relato da vida de homens e mulheres que lutaram contra as mais variadas doenças, pobreza, depressão, casamentos difíceis. Esses servos estavam sendo preparados por Deus. As dores e as dificuldades da vida podem ser um instrumento de Deus para que possamos ouvi-lo melhor.

O pastor Mapple, de *Moby Dick*, diz: "Companheiros de bordo, Deus colocou apenas uma de suas mãos sobre vocês; sobre mim pesam as duas mãos d'Ele".[6] O que Deus espera de seus ministros é que preguem o evangelho, mesmo que lhes custe enfrentar as terríveis ondas do mar — seja das circunstâncias, seja da própria alma. Uma igreja mais missionária talvez seja uma igreja mais sofredora. Ter uma igreja mais participativa e voluntária pode significar ter de enfrentar circunstâncias muito difíceis, porque é através delas que Deus nos prepara e nos aperta com as duas mãos para nos aproximarmos das pessoas.

Na Polônia, na Croácia e na República Tcheca ainda existem igrejas do século 18 cujo púlpito é em formato de peixe gigante, em uma clara alusão ao livro de Jonas. De dentro da boca da escultura do grande peixe, o pregador traz a mensagem. Como alguém saído do ventre do peixe, do coração da morte, como homem engolido por Deus, arrependido e resgatado, esse pregador fala a seus iguais. O pregador é uma pessoa que também luta com obscuridades, e ocupar esse púlpito o lembra de onde Deus o tirou.

As mãos de Deus apertam a vida de todos os cristãos, mas em vez de reagir com desespero devemos buscar em Deus uma esperança futura, real e eterna. Transformados, somos capazes de colaborar ainda mais com o que o Senhor vem fazendo no mundo. A pregação do evangelho é uma obra realizada por pessoas que foram tragadas, engolidas e cuspidas por Deus. Muitas vezes achamos que a obra de evangelismo se dá através de homens irrepreensíveis, mas a verdade é que por mais que os pastores tenham uma índole exemplar perante a comunidade, são pessoas como as demais. Lutam as mesmas batalhas. Lutam para não fugir da vontade de Deus para eles. Lutam contra a própria obscuridade. Por isso, quando o pregador sobe ao púlpito, precisa se lembrar de onde Deus o tirou. Do ventre do peixe, do coração da terra. Ele deve lembrar que está falando sob a autoridade de outro.

Isso deve gerar humildade em todo aquele que ensina, porque para pregar a Palavra é preciso se arrepender de pecados e enfrentar piedosamente as lutas. Mesmo que nos sintamos indignos dessa posição, o fato é que Deus usa os Jonas desta terra. Aquele que foi instrumento para a conversão de Nínive foi o mesmo homem vomitado por um peixe, e que, antes e depois do avivamento, ainda fugia de Deus. Deus espera nossa disposição e nosso coração humilde, mas em seu poder e em sua autoridade ele nos usa, conforme seu desejo e em seu tempo, para benefício de seu povo. O caminho do serviço, de alcançar os perdidos e de pregar o evangelho não está reservado para alguns poucos especiais. É um caminho para todos nós que passamos fielmente pela escola da provação.

É importante ter em mente, contudo, que o crescimento de uma igreja ou um avivamento não ocorre pelo poder do pregador, mas pelo poder de Deus, que usa até mesmo os que fogem dele. O pastor menonita Sanford Yoder escreveu que "para ter sido um pregador eficaz no tempo de Jonas, na igreja primitiva, na Idade Média ou nos tempos modernos, alguém como Jonas deveria morrer para as concupiscências, as atrações, seduções, lucro e recompensas que o homem tem a oferecer e contentar-se com as compensações que Deus tem para dar".[7]

Jonas foi tragado para benefício próprio, e seu coração estava sendo tratado por Deus para que ele pudesse ser cada vez mais útil para a pregação do evangelho.

### DEUS INSISTE NO TRATAMENTO

O diálogo se repete mais uma vez: "Então pediu para morrer, dizendo: — Para mim é melhor morrer do que viver! Então Deus perguntou a Jonas: — Você acha que é razoável essa sua raiva por causa da planta? Jonas respondeu: — É tão razoável que até quero morrer!" (Jn 4.8-9).

A graça é repetitiva. Apesar da ação de Deus, Jonas permanece firme no pecado, e mais uma vez quer fugir de Deus, mas agora no coração. Ele ainda não havia entendido que é impossível qualquer tipo de fuga de Deus — fosse com os pés ou com a alma. Mesmo assim, Deus continua perseguindo o coração de Jonas. Ser perseguido por Deus quando somos seus filhos é uma bênção. Nós fugimos, e ele nos traz de volta. Às vezes, somos insistentes em nossas fugas. Largamos a igreja e procuramos algo que substitua Deus. Fugimos para o sexo, para a bebida, para a política, e destruímos a nós mesmos. Então, acreditamos que chegamos a um ponto sem retorno e que Deus já não pode fazer mais nada. Entretanto, Deus vai atrás de nós e nos conserta, onde quer que estejamos. Deus é poderoso e soberano. Ele nos traz de volta, e nos transforma. Como disse Fernando Pessoa: "Nesta vida, em que sou meu sono, / Não sou meu dono". Não somos donos de nós mesmos. Não temos controle sobre nada. É Deus quem manda a sombra, o sol quente, as tempestades, a misericórdia. Ele é soberano seja sobre seu povo, seja sobre Nínive.

Ele manda um barco. Ele manda uma tempestade. Ele manda um peixe gigante. Ele manda conversão da cidade. Ele manda uma planta enorme. Ele manda um verme. Ele manda um vento quente. Jonas está nas mãos de Deus o tempo inteiro. Talvez você não se dê conta, mas Deus está guiando sua vida, assim como guiou a de Jonas. As coisas que acontecem não são uma relação fria de causa e efeito. Se você é filho ou filha, ele não esquece. Embora eu seja pastor, às vezes tenho vontade de deixar de lado os que insistem em seus pecados. Mas temos um Deus que não nos deixa de lado, que não esquece. Ele vai atrás repetidas vezes porque somos filhos. Seu amor sobrenatural está sempre conosco.

Charles Spurgeon disse que "a vida de Jonas não pode ser escrita sem Deus; tire Deus da história do profeta e não há história para escrever". Deus estava com Jonas e está conosco não como personagem da história, mas como o autor dela. Não como alguém que aparece de vez em quando para resolver os problemas. Ele traça a linha da nossa existência. "Além de Deus, não há vida, nem pensamento, nem ato, nem carreira de qualquer homem, por mais humilde ou por mais alto que seja", continua Spurgeon. "Deixe Deus de fora, e você não pode escrever a história da carreira de ninguém."[8]

Será que você tem olhado para sua história como um ateu? Como se tudo fosse fruto de atos humanos, sem ação divina? Talvez você não consiga ver Deus em sua vida porque o esteja procurando como um personagem que surge para mudar milagrosamente o rumo das coisas. Não é porque o autor de um livro não aparece como personagem, que não esteja em toda a história. Toda nossa vida é escrita pela mão de Deus. Ele é o autor de nossa existência. Se somos seus filhos, nossa vida é guiada por sua graça insistente, que vem até nós para resgatar-nos. Não simplesmente para obter sucesso material, conforto e uma sombra sobre a cabeça, mas para que encontremos o próprio Senhor tratando nosso coração. Deus é o autor de toda a nossa história e não nos deixará até formar em nós o que ele tanto deseja: a imagem perfeita do Filho Unigênito.

Então, quando passarmos por circunstâncias difíceis ou por sofrimentos — por questões de saúde, trabalho, família —, lembremos que há um Autor da história da nossa vida que decidiu causar uma tensão para que em momentos de bonança saibamos quem é o Deus da nossa vida. Esse

Deus gracioso entende nossos pecados. Jonas era um nacionalista. Ficou feliz com uma sombra sobre a cabeça, e irado quando o vento o atrapalhou. Quão diferente de Paulo era Jonas. "Sei o que é passar necessidade e sei também o que é ter em abundância; aprendi o segredo de toda e qualquer circunstância, tanto de estar alimentado como de ter fome, tanto de ter em abundância como de passar necessidade. Tudo posso naquele que me fortalece" (Fp 4.12-13).

Parece uma frase muito bonita para colocar na camiseta, numa faixa ou numa tatuagem. "Tudo posso" parece significar que conseguiremos tudo que quisermos. Entretanto, Paulo está dizendo que tudo ele pode viver, seja a fome ou a prosperidade; a doença ou a cura. Ele consegue passar por tudo porque é Deus quem o fortalece. Jonas, em contrapartida, é interiormente frágil. Se as coisas vão bem, ele se alegra, mas se vão mal ele se ira contra Deus. E é esse coração que Deus trata. Será que estamos abertos para que Deus trate nosso coração? Se não, é bom termos em mente que Deus o tratará de um modo ou de outro, pois somos seus filhos

## CONCLUSÃO

Encerramos o último movimento físico do livro de Jonas. Muitas viagens, muita geografia, muita andança. O último ponto geográfico de Jonas é a leste da cidade para se sentar e assistir aos acontecimentos. O interessante é que Jonas foi o único profeta do Antigo Testamento a quem Jesus se comparou. Não com Elias, com Moisés, com Jeremias. Ele diz que sua morte e ressurreição era o "sinal de Jonas", e descreve a si mesmo como aquele que é "maior que Jonas". Como Jonas, Jesus foi levado para fora da cidade, mas com um espírito muito diferente do de Jonas. Enquanto este vai para fora da cidade a fim de esperar a destruição da cidade, Jesus foi levado para fora da cidade, carregando a sua cruz, a fim de salvar a cidade (Jo 19.17). Enquanto Jonas se ira com Deus porque o vento lhe queimou a cabeça, Jesus se entrega ao Pai, ainda que isso significasse sua morte. O livro de Hebreus nos diz que "também Jesus, para santificar o povo, pelo seu próprio sangue, sofreu fora da cidade" (Hb 13.12). Cristo foi para o calvário, fora da cidade, para santificar seu povo. Jonas vai para fora da cidade para torcer pela destruição do povo.

Ainda bem que nossa salvação não depende de Jonas, mas unicamente de Cristo Jesus. Ele poderia ter sido enviado pelo Pai para nos condenar. É o que merecemos. Ele poderia ter vindo como líder militar, com uma espada saindo da boca para decapitar cada um dos inimigos de Deus, incluindo cada um de nós. Entretanto, porque o Pai nos amou de forma tão misericordiosa, Jesus é enviado para salvar, não para condenar.

Diante disso, o que fazemos? O autor de Hebreus continua: "saiamos, pois, a ele, fora do acampamento, levando a mesma desonra que ele suportou" (Hb 13.13). Não fomos chamados para, como Jonas, permanecer sentados, como expectadores da condenação do mundo. Fomos chamados para, como Cristo, morrer pelo bem daqueles que precisam de salvação. Devemos atender diligentemente à missão para a qual fomos designados. Devemos deixar o acampamento, levando a mensagem de salvação, suportando as mesmas desonras que Jesus. Isso significa que também nos entregamos como sacrifício. Queimamos junto com ele fora do acampamento em arrependimento e fé.

# 17

## A IMPROVÁVEL MISERICÓRDIA DE DEUS

JONAS 4.10-11

Em *O sermão sobre a queda de Roma*, o escritor francês Jérôme Ferrari usa cinco sermões de Agostinho de Hipona como base para uma meditação acerca de nossos próprios reinos. O livro se inicia com a história de Marcel. Filho não planejado e fruto da velhice de seus pais, Marcel nasce muito doente. Ele foi batizado logo após o nascimento, tão certos estavam os pais de que ele morreria rapidamente, mas não morreu. Durante a vida, ele adoeceu várias vezes. Sempre que adoecia, os pais acreditavam que daquela vez ele não sobreviveria: "A cada febre benigna, cada náusea, cada acesso de tosse, eles o velavam como a um moribundo, acolhendo cada cura como um milagre que não haveria de se repetir, pois nada se esgota mais rápido que a improvável misericórdia de Deus".[1]

Há um entendimento que pode nos levar a pensar que nada se esgota mais rápido que a improvável misericórdia de Deus: entendê-la como presente apenas quando tudo vai bem na vida. Nessa perspectiva, quando a planta que fornecia sombra a Jonas secou, ele tinha motivos para achar a misericórdia de Deus não apenas muito improvável mas também rapidamente esgotável. Achamos que Deus só está sendo misericordioso quando o câncer entra em remissão, quando as contas estão pagas, quando os clientes aparecem, quando o casamento vai bem. Se entendermos que estar sob a misericórdia de Deus é sinônimo de uma vida confortável, sem grandes problemas, a consideraremos improvável e rapidamente esgotável.

Existe, porém, outra forma de enxergar a misericórdia divina. O livro de Jonas nos mostra quão abundante e inesgotável é a misericórdia do Senhor — não porque fez as coisas darem certo na vida de alguém, mas porque ofereceu insistente e constantemente graça e misericórdia na vida de um profeta reincidentemente pecador e numa cidade altamente violenta.

O livro de Jonas encerra com as seguintes palavras de Deus ao profeta:

E o SENHOR disse:
— Você tem compaixão da planta que não lhe custou nenhum trabalho. Você não a fez crescer. Numa noite ela nasceu e na noite seguinte desapareceu. E você não acha que eu deveria ter muito mais compaixão da grande cidade de Nínive, em que há mais de cento e vinte mil pessoas, que não sabem distinguir entre a mão direita e a mão esquerda, e também muitos animais?

Jonas 4.10-11

O problema de Jonas era falta de compaixão com os perdidos. A grande mensagem do final do livro é que o coração de Jonas era muito diferente do coração de Deus. Enquanto o coração de Deus olhava para os perdidos com compaixão e misericórdia, o de Jonas os olhava com dureza. Jonas, fujão e irado como era, só encontra alegria uma única vez em todo o livro, quando uma árvore cresce e lhe faz sombra. Jonas é um homem de sentimentos egoístas. Não possuía um coração quebrantado. Sente pena de si, e da planta — apenas porque lhe era útil —, mas não dos ninivitas, o que faz dele um símbolo do povo de Israel. Portanto, ao tratar Jonas, Deus está tratando seu povo. O coração de Jonas, como o nosso, está muito distante do coração de Deus, e é isso o que ele deseja tratar em nós, como tratou em Israel.

Enquanto a compaixão e a misericórdia de Deus pelos ninivitas baseavam-se em seu amor sacrificial e inesgotável, nossa misericórdia é de fato improvável e rapidamente esgotável.

### DEUS QUER ALCANÇAR OS QUE NÃO SÃO SEUS FILHOS

O livro de Jonas nos mostra um Deus que exerce sua misericórdia com povos distantes, e essa mesma misericórdia, aliada a seu amor e sua graça, é encontrada no evangelho. O fato é que nem sempre mostramos esse

Deus do evangelho, mas um Deus que parece esperar nosso erro para nos alcançar e punir. No entanto, Jesus deixa claro que não veio ao mundo para condenar, mas para salvar, porque a verdade é que já estávamos condenados. O evangelho lança luz sobre essa condenação.

O objetivo de Deus ao enviar seu Filho foi manifestar, através de sua obra perfeita, o evangelho da compaixão. Trata-se de um termo com grande carga emocional nas Escrituras. Quando Deus diz que Jonas deve ter compaixão daquele povo, está revelando seu sentimento de dor pelo perdido. Quando falamos dos sentimentos de Deus, entramos numa zona de muita incerteza. Deus usa a linguagem humana para se revelar a nós pelas Escrituras. Como é que Deus sente as coisas? Nós sentimos em relação àquilo que recebemos. Ao relacionar-se com sua criação, podemos perceber uma sombra de quem ele realmente é.

O que sabemos com certeza é que o coração de Deus fica pesaroso ao ver-nos pecar. Várias passagens mostram a compaixão e a tristeza de Deus diante do pecado: "Meu coração se comove dentro de mim; toda a minha compaixão se manifesta. Não executarei o furor da minha ira" (Os 11.8-9). Lucas 19.41-44 relata que Jesus chorou quando viu a cidade, e lamentou por ela não ter entendido que ele era o Cristo. Deus tem um coração compassivo para conosco e para com os perdidos. B. B. Warfield dizia que a emoção que mais caracteriza nosso Cristo é a compaixão,[2] ainda que em alguns momentos se mostre irado, como demonstração de sua autoridade. Seu olhar revela principalmente graça e misericórdia.

A questão está em como nosso coração reage diante daqueles que precisam do evangelho. O que sentimos quando vemos as pessoas longe de Deus? Queremos que morram e vão logo para o inferno? Queremos ficar longe do adúltero, do imoral, do corrupto? O coração de Jonas buscava a punição. Ele queria a justa retribuição pelo pecado deles. Em contrapartida, o coração de Deus buscava misericórdia, buscava afastar a própria ira. Ao contrário de Jonas, Deus deixa claro que não se alegrava com a morte do ímpio.

Não raro, nos alegramos ao saber que um assassino foi morto. Ficamos indignados com a rápida soltura dos que fazem o mal. A justiça humana é falha. Nosso coração está cheio de justiça própria. Raramente olhamos ímpios e pecadores com o sentimento e o desejo de que encontrem Jesus. Em vez disso, desejamos que encontrem a face da ira de Deus. O problema é que esquecemos que, se esse fosse o sentimento de Deus para conosco, quem de nós teria sobrevivido? Quem de nós poderia ser aceito por Deus? Amamos o juízo porque o imaginamos só para os outros. Mas e se Deus nos julgasse com a régua que julgamos?

Esquecemo-nos de que nós somos os miseráveis. Nós somos os ninivitas que receberam graça. Nossa postura não deve ser a de olhar altivamente para os outros ou como merecedores dessa compaixão. Nossa postura deve ser a de apresentar humildemente o caminho da graça. O caminho que um dia nos foi oferecido. Somos os mendigos que encontraram pão, e agora devemos propagar onde encontrá-lo. Somos os presidiários que encontraram a liberdade. Somos os vilões que encontraram o caminho de arrependimento. Não somos os santos impolutos, mas os miseráveis que encontraram misericórdia. E, quando olhamos o outro com compaixão, algo dentro de nós muda.

Em 2017, visitei um abrigo de idosos enquanto fazia uma pesquisa.[3] A fundadora do abrigo, uma das pessoas com quem falei, me disse que não havia conhecido o pai biológico e, quando decidiu procurá-lo, descobriu tratar-se de um morador de rua. Então ela, que pensava ter sido abandonada pelo pai, não conseguindo deixá-lo naquela situação, levou-o para casa. Essa atitude causou nela uma profunda transformação. Antes disso, os moradores de rua idosos faziam parte da paisagem, depois passaram a ser o pai de alguém, e assim levou outro idoso para casa, e outro, e outro. Quando havia doze idosos em sua casa, seu marido a deixou. Então, junto com as irmãs, resolveu abrir um abrigo de idosos.

Quando lançamos um olhar de compaixão para o outro, como o Senhor nos lança, somos transformados, e a misericórdia triunfa sobre o juízo. É isso que Tiago diz em sua carta: "Porque o juízo é sem misericórdia sobre quem não usou de misericórdia. A misericórdia triunfa sobre o juízo" (Tg 2.13).

Quando exercemos misericórdia, triunfamos sobre o juízo. O juízo não é desejável. O juízo que nos é devido foi tomado por Jesus na cruz. Portanto, nossa atitude deve ser a de entregar a mensagem maravilhosa da redenção. Deus não está nos céus esperando a oportunidade de nos punir, mas para nos dar oportunidade de trazer cada vez mais pessoas para o caminho da redenção. Deus está ansioso por exercer misericórdia, e ele o faz através da pregação e atuação da igreja.

Infelizmente, muitas vezes não conseguimos praticar esse tipo de compaixão. Até zombamos de quem se diz "pai de pet", mas vivemos como se fôssemos "pai de carro", "mãe de plantas", "pai de extrato bancário", "mãe de apartamento". Temos nossos bens e confortos. Temos nossas plantas que nos fazem sombra. Apegamo-nos a essas coisas e nelas colocamos nossa alegria e felicidade. Quando se vão, vem a raiva, a desesperança, a violência. Jonas preferiu voltar-se para si a olhar os outros. Ele preferiu olhar para o próprio conforto a olhar os demais com misericórdia. Optamos por considerar nossa vida melhor que a dos demais. Jonas sente raiva de Deus por ter perdido a sombra da planta, e nós sentimos raiva de Deus porque arranhamos o carro, porque a saúde não está cem por cento ou porque a conta bancária não está boa.

Temos um Cristo que não cogitou ser igual a Deus, mesmo sendo Deus, mas em vez disso veio como ser humano, e por nós se entregou, em humilhação. Sendo rico, se fez pobre. O mundo precisa de Deus. O evangelho deve ser levado, a graça de Cristo deve chegar aos que estão longe. Mas nosso coração é egoísta como o de Jonas. Queremos ficar em Gate-Hefer, queremos fugir para Társis, queremos nos sentar à sombra. O coração de Deus, no entanto, está em alcançar aqueles que precisam de misericórdia.

Enquanto sempre queremos algo pelo que fazemos, a compaixão de Deus não requer nada em troca. Deus não viu nada nos ninivitas para salvá-los. Como Jonas, ficamos mais incomodados com as coisas materiais que com aqueles em necessidade. Nosso coração é frívolo e carnal. Buscamos alegria nas coisas, e não na obra missionária. Isso se evidencia em nosso esforço em acumular recursos e em quão pouco nos dedicamos a ofertar na obra missionária. Esquecemo-nos de que a alegria no coração e a festa nos céus ocorrem quando pecadores se arrependem.

É fácil acreditar em um Deus que usa de misericórdia com pessoas fracas. Conseguimos imaginar um Deus que oferece misericórdia a pessoas oprimidas. O livro de Jonas, no entanto, nos mostra um Deus que tem misericórdia de opressores. Ele teve misericórdia dos perpetradores de violência, não eram as vítimas. "Deus não morreu pelo ser humano por causa de algum valor que tenha percebido nele", escreveu C. S. Lewis. "Morrer por pessoas de valor não teria sido divino, mas meramente heroico; contudo Deus morreu por pecadores. Ele nos amou não porque éramos dignos de amor, mas porque ele é amor."[4] Jesus não foi um mártir heroico que morreu por uma causa nobre. Ele foi o Deus salvador que morreu por gente horrível.

É muito fácil dizer que daríamos a vida pelo cônjuge ou pelos filhos. Difícil é fazer isso por um ladrão. Um amigo pastor me contou ter sido assaltado na rua. Um ano depois, alguém aparece em sua casa pedindo esmola. Ele reconheceu o assaltante, mas em vez de chamar a polícia, ele o convidou para entrar e pregou o evangelho. Talvez tenha sido um pouco irresponsável, mas ele certamente mostrou um coração compassivo. Você colocaria sua vida em risco por um bandido para poder pregar o evangelho? Você iria à boca de fumo para pregar? Iria ao presídio? A graça poderosa do evangelho é para todos. Há um Deus que não só olha para os piores seres humanos, como por eles se entrega em misericórdia.

Se você perguntar o que caracteriza um crente, as respostas serão variadas. "Ser crente é não consumir bebida alcoólica." Conheço muitos descrentes que não bebem. "Ser crente é ser fiel a uma só mulher." Conheço vários descrentes que são fiéis a uma só mulher. "Ser crente é frequentar o culto aos domingos e cantar louvores." Conheço vários descrentes que vêm ao culto e cantam. O que o crente tem que mais ninguém tem? O Espírito Santo. Apenas a ação sobrenatural do Espírito Santo nos permite olhar para os inimigos e adversários com um olhar de misericórdia. A menos que o Espírito Santo nos toque o coração, jamais daremos a vida por um bandido.

Não é o que diz o Sermão do Monte? Vocês oram por seus amigos? Parabéns, até os gentios fazem isso. Vocês devem orar por quem os persegue. Vocês têm que fazer o bem àqueles que lhes fazem o mal. Paulo escreve em Romanos 12 que não devemos nos alegrar quando o mal alcança o inimigo, em vez disso devemos ajudá-lo. Querem roubar-nos a túnica, deixemos também a capa. Essa é a mensagem do evangelho. Totalmente contracultural. Não o fazemos por considerar o criminoso uma vítima da sociedade, mas porque sabemos que também somos maus e que, distantes da graça de Deus, nosso pecado pode se manifestar das piores formas. Aquele que faz o mal só está separado de nós porque o poder do evangelho entrou graciosamente em nosso coração, e nos retém.

Mais que a criminalidade seja resolvida pela justiça humana, devemos desejar que a graça divina se faça presente e transforme corações. Graça e misericórdia são estendidas quando pastoreamos mesmo aqueles que pecam contra nós. Sigamos o exemplo de Jesus: "Pai, perdoa-lhes, porque eles não sabem o que fazem". O coração de misericórdia de Jesus entende que aqueles homens não entendiam o que estavam fazendo. Deus age do mesmo modo com os ninivitas. O texto diz que eles não sabiam a diferença entre a mão direita e a esquerda, ou seja, entre o certo e o errado. Deus esperava uma oportunidade de agir com misericórdia.

Agir com misericórdia nem sempre é fácil, mas Estêvão o fez. É isso que Deus esperava que Jonas fizesse, e é o que devemos fazer também. Em uma madrugada, recebi uma mensagem no celular de uma senhora da igreja, cujo marido havia visto algumas mensagens no celular dela que não o deixaram contente. Enquanto dirigia para a casa deles o marido me ligou: "Pastor, se o senhor estiver vindo, não precisa mais. Estou chateado. Minha mulher pecou contra mim, mas ela também pecou contra Deus. Sou o pastor desta casa e vou pastorear minha mulher. Vou perdoá-la e trazê-la para perto de Deus. O problema dela não é comigo. O problema dela é ter pecado contra o Senhor. Podemos conversar durante a semana, mas agora vou pastorear minha mulher". O que é isso senão um coração como o de Deus? Um coração que entende que, mesmo sendo a vítima do pecado de alguém, sua postura deveria ser, e nesse caso foi, de misericórdia a fim de trazer o outro para perto do Senhor.

Tive amigos que se desviaram, mas de um deles nunca me esquecerei. Preguei, discipulei, evangelizei, mas tudo foi em vão. Senti raiva dele. À noite, quando a Isa e eu fomos orar, pedi que orássemos por ele. A Isa começou a orar e a primeira coisa que disse foi: "Senhor, ele era mais inteligente que eu, orava mais que eu, lia a Bíblia mais que eu e se desviou. O que será de mim, Senhor?". Nunca esquecerei essa oração da minha esposa. Muitas vezes, quando olhamos para aqueles que nos ofendem, nossa postura é de altivez e superioridade, quando deveria ser de misericórdia, graça e perdão. Nos relacionamentos familiares, no casamento, precisamos dessa graça e desse perdão. Nosso coração precisa ser movido pela compaixão, como o de Deus.

Aqueles que olham a igreja como um grande levante contra a sociedade deveriam encontrar em nós corações amorosos. João diz que através do amor sacrificial demonstraríamos que somos salvos. Embora o mundo nos odeie, nossa resposta deveria ser de amor. Os ninivitas odiavam Israel, e a resposta de Israel aos ninivitas deveria ter sido de graça e misericórdia.

## DEUS QUER TRAZER RECONCILIAÇÃO ENTRE OS POVOS

A grande mensagem de Jonas é que o povo eleito deveria olhar para o povo perdido sob o poder da reconciliação presente na salvação do Senhor. Em Efésios 2.11-19, Paulo escreve:

> Portanto, lembrem-se de que no passado vocês eram gentios na carne, chamados incircuncisão por aqueles que se intitulam circuncisão, que é feita na carne por mãos humanas. Naquele tempo vocês estavam sem Cristo, separados da comunidade de Israel e estranhos às alianças da promessa, não tendo esperança e sem Deus no mundo.
> 
> Mas agora, em Cristo Jesus, vocês, que antes estavam longe, foram aproximados pelo sangue de Cristo. Porque ele é a nossa paz. De dois povos ele fez um só e, na sua carne, derrubou a parede de separação que estava no meio, a inimizade. Cristo aboliu a lei dos mandamentos na forma de ordenanças, para que dos dois criasse em si mesmo uma nova humanidade, fazendo a paz, e reconciliasse ambos em um só corpo com Deus, por meio da cruz, destruindo a inimizade por meio dela. E, quando veio, Cristo evangelizou paz a vocês que estavam longe e paz também aos que estavam perto; porque, por meio dele, ambos temos acesso ao Pai em um só Espírito.
> 
> Assim, vocês não são mais estrangeiros e peregrinos, mas concidadãos dos santos e membros da família de Deus.

Na saga de J. R. R. Tolkien, *O Senhor dos Anéis*, Gimli, o anão, odeia os elfos, como é comum a todos os anãos.[5] Mas, quando Gimli chega às terras de Lórien e encontra Galadriel, a rainha dos elfos, ela o encoraja em sua batalha usando a língua secreta dos anãos — um idioma que apenas sua raça conhecia. Gimli então olhou para os olhos de Galadriel, e "lhe pareceu que olhava de súbito para dentro do coração de um inimigo e via ali amor e compreensão".[6] Foi depois disso que ele começou a tratar os elfos de maneira diferente. É daí que nasce a amizade entre Gimli e Legolas.

O mundo levantou muitos inimigos contra a igreja, acusada por eles de retrógrada, machista, fascista e toda sorte de injúria. O mundo deveria encontrar em nós um coração amoroso e compreensivo, gracioso e misericordioso. Deveríamos escutar ativamente, sem passar a mão na cabeça, mas também sem pisá-la. Deveríamos saber entender suas dores, suas questões, a fim de alcançá-lo. Não deveríamos ter contra ele uma guerra cultural, pois se a alimentarmos já teremos perdido a guerra espiritual. A resposta não é guerra, mas amor, um esforço de graça através do poder do evangelho. O Senhor é Deus manso e humilde de coração.

Não devemos desperdiçar nenhuma oportunidade de receber e de conceder o perdão do evangelho.

### CONCLUSÃO

Jonas se arrependeu no fim das contas? Ele aprendeu a lição de Deus? Acredito que sim, por um motivo simples: esse livro existe, e há aqui muitas informações que apenas Jonas poderia ter fornecido. É um tipo de confissão de pecados. Por isso, entendo esse livro como uma grande carta de arrependimento do povo de Israel diante do que Jonas viveu.

A tela de Rembrandt sobre a crucificação de Cristo traz o retrato do pintor como um dos crucificadores. É o que Jonas faz em seu livro: ele é caracterizado não como o herói, mas como um dos vilões — o herói, aqui, é Deus. Não há descrição do pecado dos ninivitas, mas os pecados de Jonas são amplamente descritos. É a postura de quem encontrou graça.

Como você olha para a história da sua vida? Você se enxerga como o grande herói? A verdade é que somos os vilões da história. Somos os que se levantaram contra Deus e destruíram a ordem do universo. A nossa punição seria a coisa mais justa a ocorrer. Mas não é assim. Deus nos olha com graça e misericórdia, tanto os perdidos como seu povo em pecado. O caminho daquele que encontra Deus é o caminho daquele que se enxerga não como vítima, mas como um dos crucificadores a serem alcançados por Deus.

O final de Jonas é abrupto. Não temos como saber o que Jonas fez. Entendo que isso é um recurso literário muito interessante para que o leitor se coloque na história. É uma forma de deixar no ar a pergunta: "Como você responderia?", ou melhor, "Como você responderá?". Qual será sua postura diante daquilo que Deus está construindo? Seu coração será como o de Jonas? Ou você abrirá seu interior para ser tratado por Deus a fim de adquirir um coração como o dele? Um coração que olha para esse mundo perdido e se entrega para pregar a mensagem do evangelho.

# ATO VI:

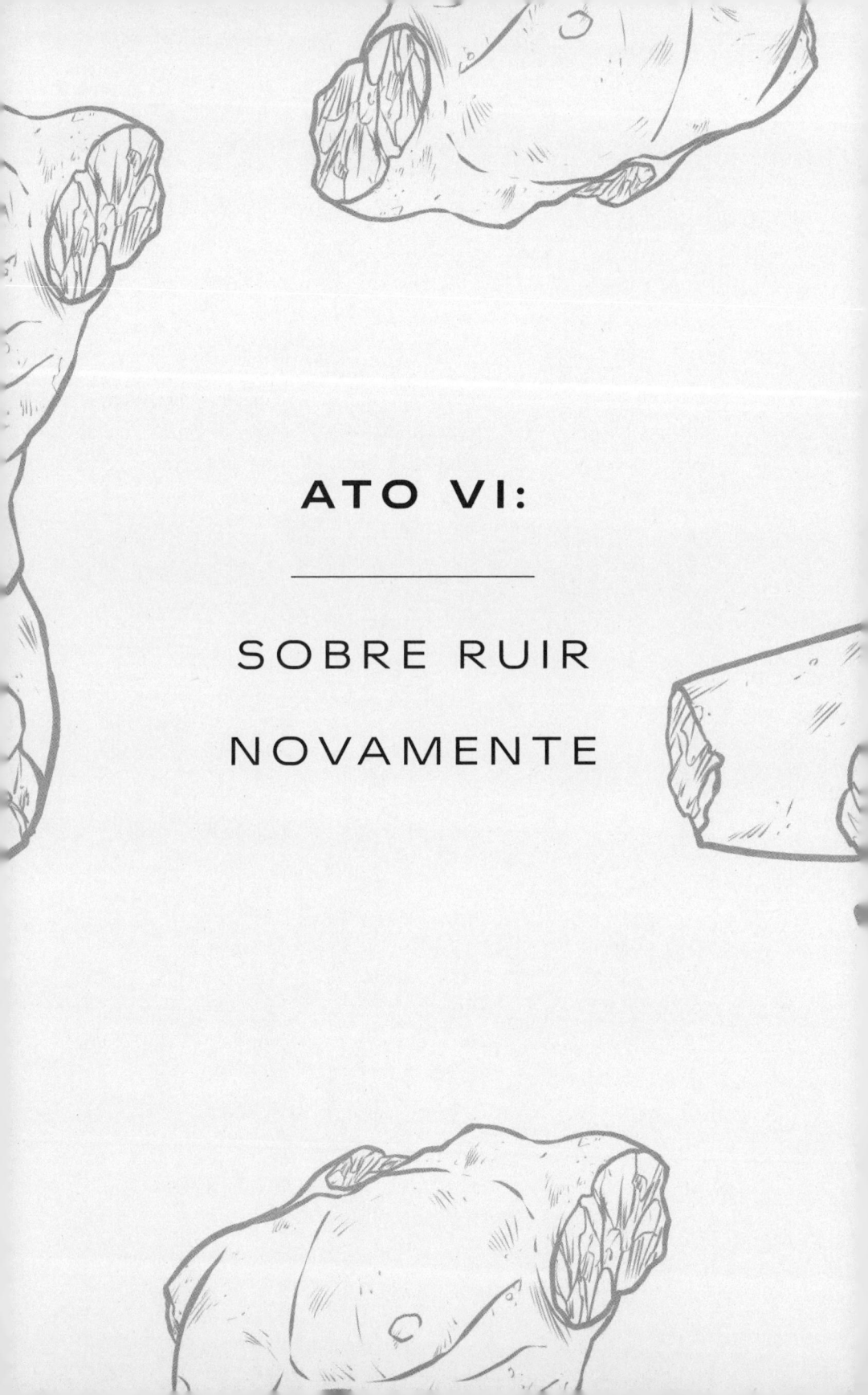

## SOBRE RUIR NOVAMENTE

# 18

## A MORTE DE SÓCRATES

**NAUM 1.1**

Em seu julgamento em Atenas, Sócrates enfrentou duas acusações: descrença nos deuses do Estado e corrupção da juventude. Naquela época, tanto quem acusava quanto quem defendia propunham uma pena, e o júri votava em uma das duas sentenças. A acusação pediu a morte de Sócrates, e geralmente quando isso ocorria a defesa propunha o exílio, como pena alternativa. Ainda que ruim, era melhor que a morte. Mas Sócrates, orgulhoso, estava muito convicto de que não só aquele julgamento era injusto, mas que ele também deveria receber, em vez do exílio, uma recompensa e o apoio financeiro do Estado para continuar seu trabalho de questionamento e busca da verdade, além de outras honrarias. Sócrates chegou a oferecer-se a pagar uma multa no valor irrisório de cem dracmas. O veredicto, por maioria apertada, foi a sentença de morte por ingestão de cicuta. Sócrates morreu por puro orgulho.

Diariamente, somos derrotados pelo orgulho. Em vez de assumir a culpa e as falhas, para tentar apaziguar um conflito conjugal, queremos impor o valor que acreditamos merecer. Com isso, criamos mais ruptura no casamento. Se estamos em conflito na igreja, fazemos questão de impor nossa autoridade, em vez de reconhecer que estamos errados. Quantas vezes não "morremos" por orgulho? Se estamos acostumados a estar por cima, é difícil ceder.

Nínive foi alcançada por Deus após a oportunidade de arrependimento concedida por meio da pregação de Jonas. Os ninivitas se arrependem e encontram misericórdia. Em vez de tentar se impor como uma cidade maior e mais forte que as outras, Nínive aceita ser julgada por um profeta de uma cidade menor e pertencente a um povo mais fraco. Eles abrem mão da violência e se aproximam do Senhor. Infelizmente, a fé de uma geração não se estendeu para a seguinte, e muito rapidamente aquela cidade abandona o arrependimento e volta aos caminhos de violência. Nínive é orgulhosa demais para permanecer em arrependimento. Bastava se arrepender. Bastava ser humilde. Bastava baixar a cabeça para Deus. Mas não. Eles preferem o orgulho, e a cidade orgulhosa seria morta sumariamente.

### UMA NOVA SENTENÇA

O livro de Naum dá continuidade ao que vimos no livro do profeta Jonas. Ele surge na geração seguinte, e também condena Nínive, mas agora não mais para curá-la, e sim para sua destruição efetiva. Pelo orgulho, Nínive beberia cicuta. Ela não seria exilada, mas completamente destruída pelo Deus vivo. A fé dos pais, daqueles que ouviram a pregação de Jonas, não se tornou a fé dos filhos.

Essa era uma das fraquezas da Antiga Aliança, sobre a qual Paulo comenta em Romanos 9—11. Pactos e manifestações eram feitos em cidades cujas autoridades civis impunham a conversão ao povo. No entanto, o que ocorria por força da Lei nem sempre se manifestava no coração das pessoas.

Sabemos pelo Antigo Testamento o que aconteceu após a pregação de Jonas. A geração seguinte tentou invadir Israel, cerca de trinta anos depois do arrependimento da cidade, sob o comando de Pul, o novo rei (2Rs 15.19-20). O rei seguinte, Tiglate-Pileser III (744–727 a.C.), capturou e deportou parte da população de Israel (2Rs 15.29). Salmaneser V (726–722 a.C.) saqueou Samaria (2Rs 18.10). Sargão II (722–705 a.C.) terminou o trabalho em 722 a.C., levando ao cativeiro as "dez tribos perdidas de Israel". Ele escravizou 27.290 israelitas de acordo com seu registro. Senaqueribe (705–681 a.C.), que transferiu a capital da Assíria para Nínive, sitiou o povo de Jerusalém e tentou invadir Israel (Is 36). Tornou-se comum na literatura judaica extrabíblica a certeza de que a condenação de Jonas sobre Nínive recairia sobre ela agora.

O livro de Tobias, escrito no século 2 a.C., lembra o breve anúncio de Jonas sobre a destruição de Nínive. No leito de morte, o idoso Tobias, que morava em Nínive, aconselha seu filho e netos a deixarem a cidade: "vai para a Média, pois creio na profecia que Deus pronunciou por Naum sobre Nínive [...]. Portanto, meu filho, sai de Nínive, não fiques aqui" (Tb 14.4,9, Bíblia de Jerusalém). Naum vem para deixar claro que sobre essa cidade, que voltara às antigas práticas de pecado, pairava uma sentença que a derrubaria.

E assim foi. O peso da sentença cai física e espiritualmente sobre ela. A cidade foi subjugada pelos babilônios em 612 a.C., alguns anos depois da profecia de Naum. Nínive foi destruída tão profundamente que, por não encontrar suas ruínas, arqueólogos achavam que a cidade nunca havia existido. Só muito posteriormente as ruínas da cidade, avassalada, foram encontradas. O peso da condenação de Deus, por meio dos babilônios, se deu de forma visceral.

Mas o pior peso da sentença vem pela destruição espiritual. Uma geração de ninivitas escapou da condenação de seus pecados, porque esses pecados foram lançados em Jesus Cristo. A geração seguinte sofreria uma sentença muito pior, não pela destruição da cidade, mas pela falta de arrependimento. Em seu julgamento, os ninivitas dessa geração, por puro orgulho, encontraram condenação e destruição espiritual.

### UM NOVO PROFETA

Naum recebeu a mensagem de Deus por meio de uma visão, enquanto Jonas a ouviu de Deus. A metodologia de Deus para se revelar não é tão importante quanto o fato de que ele o faz por meio de seus profetas. O interessante é que o livro de Naum é composto inteiramente dessa única profecia. O profeta registra a violência do Deus vivo contra aquele povo e o motivo de sua destruição. Ao contrário da mensagem levada por Jonas, a mensagem dura de Naum não é de compaixão ou de consolo para Nínive: "Todos os que a virem fugirão de você e dirão: 'Nínive está destruída!' Quem terá compaixão dela? De onde buscarei quem a console?" (3.7).

Ao destruir Nínive, Judá é consolada. Conforme comenta James Bruckner:

> Naum é principalmente um livro de esperança e conforto para aqueles que estão sendo ou foram vitimados ou oprimidos. É um livro para sobreviventes,

para aqueles que querem encontrar esperança além de sua opressão. Naum também é uma palavra de advertência aos crentes que se encontram associados a opressores. Quando o fim chegar e a lenta ira de Javé for desencadeada, é fundamental saber em quem você deposita sua confiança.[1]

Naum vem para nos consolar através da destruição dos ímpios e opressores que se levantam para esmagar o fraco. Muitas vezes acreditamos que a destruição dos ímpios é uma parte triste da Bíblia. Gostamos das partes em que o amor, a misericórdia e o perdão são os protagonistas. No entanto, a Bíblia deixa claro que, quando formos completamente transformados, entenderemos a grandeza e a justiça da condenação de Deus. Louvaremos o nome do Senhor pela destruição da cidade opressora. Deus vencerá a cidade do pecado, mesmo quando todos estiverem contra a igreja. Os ímpios poderosos serão destruídos. E nós seremos consolados.

Depois da condenação da Grande Babilônia, em Apocalipse 18, o texto do capítulo 19.1-3 diz:

> Depois destas coisas, ouvi no céu o que parecia ser a voz forte de uma grande multidão, dizendo:
>
> "Aleluia!
> A salvação, a glória e o poder são do nosso Deus,
>    porque verdadeiros e justos são os seus juízos,
> pois julgou a grande prostituta que corrompia a terra com a sua prostituição
> e das mãos dela vingou o sangue dos seus servos."
>
> E disseram pela segunda vez:
>
> "Aleluia! E a sua fumaça sobe para todo o sempre".

Um dia aplaudiremos o Senhor pela violenta condenação dos opressores e dos inimigos do bem. Haverá um momento, em que por toda a eternidade, subirá a chama que queima os opressores. Nós, transformados, não olharemos com tristeza, mas com gritos de aleluia, porque compreenderemos a justiça perfeita do Deus vivo. O juízo do Senhor pode se mostrar de modo violento, mas sua existência é maravilhosa, pois seria terrível imaginar que, por toda a eternidade, tanta violência humana passasse impune. É terrível imaginar que aqueles que escolheram o vilipêndio, a opressão, a injustiça, a destruição dos mais fracos possam passar impunes por causa de seu poder econômico e político. Deus tudo vê, e há uma justiça divina que se manifesta contra Nínive, para consolo de Judá.

A nós nos cabe orar e torcer pela misericórdia, para que os ímpios encontrem perdão. Não temos nenhum poder para proteger os irmãos assassinados apenas por serem crentes. Não temos nenhum poder para ajudar os fracos oprimidos por homens poderosos cheios de conluios políticos e financeiros. A certeza que temos é que ainda que o crime e a maldade compensem em um mundo como o nosso, a cidade de maldade não passará impune diante do Deus vivo. Ainda que a justiça humana seja facilmente distorcida por homens poderosos para cometerem seus crimes, há um Deus que virá com justiça contra seus inimigos.

## UMA NOVA CIDADE

Elcos, onde ficava a casa de Naum, já foi identificada em diferentes lugares. Ou seja, ninguém sabe exatamente sua localização. Isso diz algo sobre ela: não era um lugar expressivo. Tratava-se de uma cidade pequena contra um reino poderoso. Um profeta daquela cidade inexpressiva, que poderia ser cercada e destruída rapidamente pelos ninivitas, está profetizando contra a grande Nínive. Foi dessa cidade que veio a mensagem de destruição para a poderosa Nínive. Enquanto na guerra humana tudo é sobre poder mundano, na guerra divina, tudo é sobre o poder de Deus.

Sabemos que a igreja não precisa do poder do mundo para triunfar pelas eras. Constantemente, vivemos como o povo de Judá: com uma cidade de pecado e de violência poderosíssima tentando nos cercar. Havia muitas promessas sobre o povo de Deus. Havia a promessa de um descendente que seria o próprio Deus. Se Judá fosse destruída, a promessa para as nações também o seria, porque era da linhagem de Judá que viria o Messias prometido. Seria a destruição da esperança messiânica.

Entretanto, por mais que os poderosos vaticinem nossa morte, estamos convictos de que as portas do Hades nunca prevalecerão contra a igreja, porque o Senhor permanece conosco. Não precisamos entrar na mesma guerra de Nínive, porque temos a visão de Deus. Não precisamos de nada além dele.

## CONCLUSÃO

Temos uma nova condenação, proferida por um novo profeta oriundo de uma cidade irrelevante. Deus estava humilhando Nínive, não com um exército poderoso, mas por meio de um profeta proveniente de uma pequena cidade.

Não temos argumentos que justifiquem qualquer tipo de orgulho diante de Deus. Se não baixarmos a cabeça para Deus, nossa morte será muito pior que a do filósofo ateniense. Morreremos eternamente, sob o justo juízo de Deus, e seremos contados não com aqueles do povo de Judá que serão consolados, mas com os assírios que foram condenados. Isso quer dizer que precisamos urgentemente aprender a não ser Nínive. Se queremos ser contados com aqueles que vivem, precisamos nos humilhar diante do Senhor, que tem em suas mãos a vida e a morte.

# 19

## DEUS ESTÁ PACIENTEMENTE AFIANDO SUA ESPADA

**NAUM 1.1**

Há dois tipos de ira pecaminosa que acometem os seres humanos. O primeiro, a ira explosiva, se manifesta instantaneamente, num rompante de raiva, como quando levamos uma fechada no trânsito ou alguém nos fere. Embora se trate de um tipo de reação comum, é não só perigosa como pecaminosa. É capaz de destruir casamentos, vidas, além de fazer de nós pessoas intoleráveis. É aquela ira que vem, fazendo-nos agir de modo inconveniente, e passa rapidamente. Mas é um pecado sério.

O segundo tipo de ira é ainda pior. Trata-se da ira latente, cultivada, que permanece à espera. Ao contrário da explosiva, não é fruto de um descontrole momentâneo. É a ira de quem deixou crescer o rancor, para usá-lo como arma. É a ira do assassinato a sangue frio, das vinganças planejadas, e, por isso, muito mais difícil de lidar que a primeira. Enquanto a ira explosiva cobra o tratamento do coração e o domínio das atitudes, a ira latente, cultivada, deve ser tratada com muito mais urgência, porque é o tipo de ira cujos resultados são muito mais agressivos e violentos.

Quando nos referimos à ira de Deus, nunca estamos falando do primeiro tipo de ira. Deus nunca explode por descontrole. A ira de Deus é apresentada como aquela que espera e se acumula. Talvez pensemos: "Mas isso não é pecado?". No caso de Deus, não. E a razão é simples. A ira humana se dá pelo egoísmo e pelo pecado. Não temos permissão de Deus para manifestar raiva contra o semelhante. Em contrapartida, a ira de Deus é uma agência de justiça plena e de poder soberano.

O texto menciona quatro características sobre a ira de Deus que a difere da ira humana, e que seria derramada sobre Nínive.

### A IRA DE DEUS É VINGADORA, MAS FRUTO DO AMOR

Naum 1.2 diz que "o SENHOR é Deus zeloso e vingador, o SENHOR é vingador e cheio de ira". É prerrogativa do Senhor derramar ira contra os inimigos, não nossa. Deus tem o direito de se vingar, nós não. Deus tem o direito de tirar a vida, nós não. Deus exerce controle soberano sobre as nações, nós não. Deus sempre age com total e absoluta justiça, nós não.

A ira de Deus se manifesta porque ele é Deus, e, porque ele é Deus, sua manifestação é santa. Nossa ira, em contrapartida, nem sempre é assim. A ira de Deus possui características próprias que nos fazem temê-lo de modo especial. Nós, geralmente, enfocamos aquilo de que gostamos. O livro de Jonas diz respeito a misericórdia e graça, e mostra Deus alcançando uma nação vingativa. O livro de Naum, por sua vez, mostra um Deus que, diante dos que não se arrependem, cumpre sua ira e seu furor.

Ser vingador é um atributo próprio daquele que está acima da humanidade. Nós não nos vingamos. Não podemos buscar justiça com as próprias mãos. Deus, estando acima de nós e sendo o único justo juiz do universo, é quem se vinga por nós. Deus nos comissiona ao perdão. A vingança pertence a Deus. Em Romanos 12.19-21, Paulo diz:

> Meus amados, não façam justiça com as próprias mãos, mas deem lugar à ira de Deus, pois está escrito:
>
> "A mim pertence a vingança;
> eu é que retribuirei,
> diz o Senhor."
>
> Façam o contrário:
>
> "Se o seu inimigo tiver fome, dê-lhe de comer;
> se tiver sede, dê-lhe de beber;

porque, fazendo isto,
 você amontoará brasas vivas sobre a cabeça dele."

Não se deixe vencer pelo mal, mas vença o mal com o bem.

Quando nos vingamos, estamos tentando tomar o lugar que pertence ao Senhor. Ele é o vingador justo que dará a justa paga aos infiéis. A nós, cabe fazer o bem a quem nos fez o mal. A nós, cabe dar a outra face a quem tenta nos humilhar. A nós, cabe o amor incondicional. Sabemos que podemos agir assim porque há uma justiça que se manifestará por meio das mãos do Senhor. Confiamos na justiça que vem dele. Confiamos na justa paga que vem dele.

O livro de Naum menciona constantemente que os ninivitas estavam recebendo pelas mãos de Deus o mal que disseminavam. Nínive sofreria invasão militar (2.1-10), cerco (3.14), matança (3.3), destruição pelo fogo (1.10; 2.13; 3.13,15), humilhação (3.5-7), cativeiro (3.10), exílio (2.7; 3.10-11) e devastação total (2.10). É o que Nínive fazia com outros povos, e Deus os deixaria viver o mal que perpetravam aos demais. Deus se vinga por seu povo, e traz justiça. O mesmo Deus que nos perdoa quando nos arrependemos e dele nos aproximamos, o mesmo Deus cuja graça é livre e liberada em amor e misericórdia é o Deus que, àqueles que andam no caminho da violência, devolve violência.

A ira de Deus vem de seu zelo, mesma palavra usada para ciúme. Quando o relacionamento entre Deus e seu povo foi estabelecido, deveria ser exclusivo. Deus não aceitará a traição. Deus ama seu povo de modo zeloso, e não permitirá que seus inimigos saiam impunes. A ira de Deus contra os inimigos é fruto do amor dele pelo seu povo. E, porque ama seu povo tão graciosamente, Deus virá para destruir os inimigos que insistem em agir contra o povo dele. Deus odeia porque ama. Deus manifesta ira contra aqueles que escolhem viver na violência porque ele ama aqueles que estão sofrendo a violência. Deus ama o seu povo e, por isso, odeia aqueles que escolhem ser inimigos de seu povo.

É maravilhoso saber que Deus oferece um caminho de graça e arrependimento até àqueles que estão debaixo de sua ira. Os ninivitas escolheram fugir desse amor, por isso encontraram a face vingativa da ira divina. C. S. Lewis disse: "Transforme a ira de Deus em mera desaprovação esclarecida e você também transforma seu amor em mero humanitarismo".[1] A ira de Deus é um ódio justo e vingativo contra aqueles que trilham o caminho do mal, mas o amor desse mesmo Deus é entregue graciosamente a essas pessoas quando acham, em Cristo, o caminho para escapar da ira divina, e assim poder integrar a família de Deus. A ira de Deus é vingadora, mas é fruto de seu amor.

### A IRA DE DEUS É TARDIA, MAS CERTA

Na sequência, em Naum 1.2-3, o texto diz que "o Senhor toma vingança contra os seus adversários e reserva indignação para os seus inimigos. O Senhor é tardio em irar-se, mas grande em poder e jamais inocenta o culpado". Diferentemente da humana, a ira de Deus é tolerante e demorada.

Nossa ira geralmente provém da fraqueza e, quando a ira se transforma em amargura demorada, nos tornamos escravos desse sentimento. Em contrapartida, a ira de Deus é paciente e justa, baseada em seu caráter santo e imutável. Ela nem sempre chega de imediato porque Deus é misericordioso. Deus demora em manifestar sua ira por paciência e amor. Todos nós já fomos filhos da ira em algum momento. Todos nós já fomos inimigos de Deus em algum momento. Ainda assim, Deus reteve sua ira para que pudéssemos encontrar sua face de misericórdia. A ira de Deus é paciente, mas é certa e inescapável se não encontrarmos, em Cristo, o caminho do arrependimento.

Quando Humphrey van Weyden é resgatado de um naufrágio no livro *Lobo do mar*, ele descreve o capitão do navio, o embrutecido Wolf Larsen, dizendo que tudo nele "era decisivo e parecia brotar de uma força excessiva e esmagadora". No entanto, essa força ainda não estava totalmente manifesta, prenunciando algo pior:

> Na verdade, por mais que essa força permeasse todas as suas ações, ela parecia somente o anúncio de uma força ainda maior que se mantinha à espreita, dormente, sendo agitada de leve apenas em raras ocasiões, mas que podia se mostrar a qualquer momento, terrível e imponente como a fúria de um leão ou a ira de uma tempestade.[2]

A ira de Deus agora manifesta também é o anúncio de uma força ainda maior que está à espreita. Paulo menciona alguns judeus que o impediam, bem como seus cooperadores e outros apóstolos, de falar do evangelho aos gentios, a ponto de "encherem sempre a medida de seus pecados. A ira, porém, caiu sobre eles, definitivamente" (1Ts 2.16). A ira acumulou-se por causa do peso dos pecados daqueles homens, e caiu definitivamente sobre eles. E a ira divina também vem se acumulando sobre aqueles que estão longe do Senhor. Ele não assiste ao mal com indiferença, como alguns descrentes costumam dizer. Porque ele é bom e poderoso, sua vingança e justiça virão no momento por ele designado. Ninguém passará impune.

O que é visto como demora por nós é misericórdia para Deus, pois ele espera o arrependimento dos ímpios. Em 2Pedro 3.9, o apóstolo diz que Jesus ainda não voltou porque, por sua misericórdia, está dando oportunidade a mais homens e mulheres para que encontrem salvação. Então, não deixe que o pecado se acumule. Se você tem guardado pecados anos a fio, é hora de voltar-se para Deus e arrepender-se. Lembre-se de que Deus está pacientemente afiando sua espada e guardando sua ira para aqueles que escolhem desonrá-lo e não encontram nele o caminho de arrependimento e de fé. Essa é a metáfora que o salmista usa: "Deus é justo juiz, Deus que sente indignação todos os dias. Se alguém não se converter, Deus afiará a sua espada; já armou e deixou pronto o seu arco; para ele já preparou armas mortais, fez as suas setas inflamadas" (Sl 7.11-13).

O arco de Deus já está tracionado. Você já tentou atirar com um arco profissional? Você puxa aquela corda e é bastante pesado, mas, quando solta, a flecha pode atravessar um ser humano. O texto diz que o Deus vivo está com o seu arco armado. A imagem do salmista é a de um arco que já está tracionado na mão de Deus, apontado e com a flecha inflamada, mirando aqueles contra os quais que ele se indigna todo dia.

Essa é a imagem de Deus nos céus quando não estamos debaixo do arrependimento. Esse é o Deus que está nos céus quando não olhamos para ele pedindo misericórdia. Deus está sentado em seu trono, pacientemente afiando sua espada. Em breve, ele vem para derrotar seus inimigos. Não queira ser um deles.

Se Deus é por nós, quem será contra nós? Mas e se Deus não for por nós? E se Deus estiver contra nós? E se ele olhar para nós com ira? Ainda dá tempo de escapar da ira, graças à paciência de Deus. Em Êxodo 34.6-7, lemos que Deus passou diante de Moisés e proclamou: "O Senhor! O Senhor Deus compassivo e bondoso, tardio em irar-se e grande em misericórdia e fidelidade; que guarda a misericórdia em mil gerações, que perdoa a maldade, a transgressão e o pecado, ainda que não inocente o culpado".

A misericórdia de Deus é paciente. A ira de Deus é tardia, mas isso não quer dizer que devamos interpretá-la como indiferença dele ao nosso pecado. Se a ira não fosse derramada em Cristo Jesus, por termos encontrado nele arrependimento, seria derramada sobre nós. Aproveitemos a graça como uma forma de, aproximando-nos em arrependimento, buscar salvação em Deus.

### A IRA DE DEUS É MANIFESTA NA NATUREZA, MAS VIRÁ AINDA MAIS PODEROSA

A leitura de Naum segue do seguinte modo:

> O SENHOR tem o seu caminho na tormenta e na tempestade,
>     e as nuvens são a poeira dos seus pés.
> Repreende o mar, e ele seca;
>     faz com que todos os rios fiquem secos.
> Basã e o Carmelo desfalecem,
>     e as flores do Líbano murcham.
> Os montes tremem diante dele,
>     e as colinas se derretem.
> A terra se levanta diante dele,
>     sim, o mundo e todos os seus moradores.
> Quem pode suportar a sua indignação?
>     E quem subsistirá diante do furor da sua ira?
> A sua cólera se derrama como fogo,
>     e as rochas são por ele demolidas.
>
> Naum 1.3b-6

As forças da natureza são apresentadas aqui como analogias à ira de Deus. Se a tormenta e a tempestade foram criadas por ele, como se manifestará sua ira? O povo que ouviu essa mensagem conhecia bem esses fenômenos. Eles sabiam que na força da natureza havia uma fagulha do poder de Deus. É a isso que o salmista e o profeta Isaías se referem:

> Deus meu, faze-os como folhas impelidas por um redemoinho,
>     como a palha que o vento leva.
> Como o fogo devora um bosque

e as chamas incendeiam os montes,
assim persegue-os com a tua tempestade
e amedronta-os com o teu vendaval.

Salmos 83.13-15

Do Senhor dos Exércitos vem o castigo com trovões,
com terremotos, grande estrondo, tufão de vento,
tempestade e labaredas de um fogo devorador.

Isaías 29.6

A ira de Deus será maior que uma tempestade. Lembremo-nos de Sodoma e Gomorra. As pedras de fogo caindo do céu eram só uma fagulha da ira divina. Quão assustador será encontrar a terrível face de ira do Deus vivo porque não escolhemos o caminho do arrependimento! Somos ínfimos diante daquele que criou as galáxias com o poder de sua voz, e que por ela determina a posição e a velocidade de cada elétron.

Naum menciona três ambientes geográficos: Basã, na Transjordânia; Carmelo, no norte de Israel; e a cordilheira Líbano, na fronteira norte de Israel. São representações das melhores regiões de floresta e pastagem de toda a Terra Prometida. No entanto, Basã e Carmelo desfalecem, e as flores do Líbano murcham. As riquezas do mundo e todas as suas belezas morrem diante do seu furor. Os montes tremem diante dele, e as colinas derretem. O que há de maior e mais poderoso em toda a natureza é como a cera de uma vela diante do sol.

Quando Deus aparece no Sinai, em Êxodo, o monte fumega. Diante da presença dele, o povo pedia a Moisés que falasse porque tinha medo de morrer. Várias vezes já participei de cultos em que jovens cantavam que "Deus está aqui", e todos riam, brincavam e confraternizavam. A verdade é que, quando Deus aparece, a menos que estejamos protegidos pelo sangue de Cristo, veremos a força fumegante da ira daquele que pacientemente está afiando sua espada contra seus inimigos.

Esse Deus se havia revelado a Nínive, por meio de Jonas, oferecendo uma oportunidade de arrependimento. Agora, infelizmente, a nova geração havia abandonado a conversão de seus antepassados, retornando à prática da violência.

## A IRA DE DEUS SERÁ DERRAMADA, MAS OS POVOS AINDA ASSIM QUEREM RESISTIR

"A terra se levanta diante dele, sim, o mundo e todos os seus moradores" (Na 1.5). Quão teimosos e atrevidos somos diante do Senhor todo-poderoso! Esse é o orgulho humano. Deus é mais poderoso, maior e mais forte. Ainda assim, os homens se levantam, orgulhosos, contra esse Deus.

Depois de vários capítulos do livro de Jonas que falam sobre graça e misericórdia, o conteúdo de Naum pode parecer pesado, levando até mesmo alguns a rejeitarem esse Deus. Mas é esse justamente o orgulho de quem se levanta contra o Deus vivo. A pergunta é: "Quem pode suportar a sua indignação? E quem subsistirá diante do furor da sua ira?" (Na 1.6). Quem poderá resistir quando Deus vier com sua espada para vencer seus inimigos?

Há uma canção folclórica tradicional americana chamada "God's Gonna Cut You Down" [Deus vai acabar com você], que diz:

> Você pode correr por um longo tempo
> Mais cedo ou mais tarde Deus vai acabar com você
> Diga àquele mentiroso linguarudo
> Diga àquele cavaleiro da meia-noite
> Diga ao vagabundo, ao jogador, ao trapaceiro
> Diga-lhes que Deus vai acabar com eles [...]
> Você pode atirar a pedra, e esconder a mão
> Trabalhar na escuridão contra seu colega
> Mas tão certo como Deus fez o preto e o branco
> O que é feito na escuridão será trazido à luz.

O que é feito na escuridão, às escondidas, nos escritórios, nos quartos de hotel e tramado no coração pode não ser visto pelas pessoas, mas, mais cedo ou mais tarde, Deus acabará com você. A ira de Deus cairá sobre você caso você não encontre, em Cristo, arrependimento. "A sua cólera se derrama como fogo, e as rochas são por ele demolidas" (Na 1.6b). O verbo "derramar" refere-se literalmente a líquido derramado (Êx 9.33; 2Sm 21.10) ou derretido (Ez 22.20). Você já assistiu a filmes de guerra em que piche flamejante é derramado sobre os soldados que tentam escalar as paredes de um castelo? A ira de Deus será derramada como se derrama fogo sobre a carne. A ira de Deus será derramada contra aqueles que tentam enfrentá-lo, como se ele pudesse ser desafiado. É terrível saber que essa ira talvez seja derramada sobre alguns que abandonaram ou venham a abandonar a fé. Se essas pessoas não encontrarem arrependimento em Cristo, se não forem fiéis a esse Deus vivo, a ira estará preparada para recair sobre elas.

Meu desejo é que, sabendo disso, possamos abandonar a estrada do pecado. Quando o mundo parecer atrativo, quando o caminho do mal e da violência pecaminosa parecer a única decisão, quando ser crente parecer difícil demais, lembremo-nos de que muito mais difícil é encontrar Deus sem a proteção salvadora de Cristo Jesus.

### CONCLUSÃO

A graça de Deus é saber que podemos escapar da ira por meio da obra perfeita que Cristo fez por nós. A ira de Deus sempre será derramada: sobre nós, se persistirmos no pecado, ou sobre Cristo, se nos arrependermos, pois Cristo tomou sobre si a ira de Deus para nossa salvação. Por isso Jesus foi enviado a nós.

> Mas Deus prova o seu próprio amor para conosco pelo fato de Cristo ter morrido por nós quando ainda éramos pecadores. Logo, muito mais agora, sendo justificados pelo seu sangue, seremos por ele salvos da ira.
>
> Romanos 5.8-9

> Mas ele foi traspassado por causa das nossas transgressões
>     e esmagado por causa das nossas iniquidades;
> o castigo que nos traz a paz estava sobre ele,
>     e pelas suas feridas fomos sarados.
> Todos nós andávamos desgarrados como ovelhas;
>     cada um se desviava pelo seu próprio caminho,
>     mas o SENHOR fez cair sobre ele a iniquidade de todos nós. [...]
> Todavia, ao SENHOR agradou esmagá-lo, fazendo-o sofrer [...],
>     pois derramou a sua alma na morte
>     e foi contado com os transgressores.
> Contudo, levou sobre si o pecado de muitos
>     e pelos transgressores intercedeu.
>
> Isaías 53.5-6,10,12

Só Deus pode salvar-nos dele mesmo quando nos aproximamos pedindo sua misericórdia e graça. Essa é a maravilha da graça de Deus. Em nenhum tribunal humano somos salvos da condenação se nos arrependemos. Porém, diante de Deus, que é o Juiz e o Legislador que oferece o sacrifício em substituição à ira que deveria cair sobre nós, ele bebe de sua própria ira, em Cristo Jesus, para que possamos ser recebidos, não como inimigos, mas como filhos.

Isso me lembra a analogia de C. S. Lewis em *As Crônicas de Nárnia*. Aslam é meigo quando abraçado, mas quando ruge o reino para. É um leão que não pode ser domado.

# 20

## ANGÚSTIA SEM REFÚGIO

NAUM 1.7-10

Eu viajava com minha família quando li uma notícia que acabou com meu dia, e certamente com o dia de muitas outras pessoas. Um homem havia entrado em uma creche, em Blumenau, Santa Catarina, e matado quatro crianças sem nenhum motivo aparente além da própria maldade. Não consigo imaginar uma tristeza maior na vida de um pai ou de uma mãe que enfrenta uma tragédia dessa natureza. Enquanto eu brincava com minha filha, alguém havia derramado sua maldade em outras crianças. Comecei a questionar meu papel no mundo. Embora não fosse o pai de nenhuma daquelas crianças, orei sinceramente a Deus perguntando como viver em um mundo onde esse tipo de coisa acontece.

São em momentos assim que muitas vezes nos questionamos: Como permanecer crentes em um mundo como este? Sou pastor de uma igreja, mas minha fé foi abalada por aquela tragédia. Eu disse: "Deus, não sei se suportaria como pai. Não sei se agiria como crente diante disso". Comecei a imaginar de quantas formas eu me vingaria de um assassino como esse. Enquanto estava em minhas elucubrações pecaminosas, assisti a um vídeo em que repórteres falavam com o pai de uma das crianças assassinada. Aquele homem que acabara de perder o próprio filho em um ato completamente sem sentido testemunhou não poder se permitir, como cristão, e diante dos valores que Cristo lhe ensinara, nutrir sentimentos de vingança contra o assassino. E concluiu: "Eu perdoo essa pessoa".

Esse é o tipo de coisa que não é possível emular com um cristianismo simplesmente comportamental. Não é o tipo de coisa que surge em nós porque lemos um livro ou uma história interessante, porque o cristianismo é um valor cultural legal ou porque nossos pais nos obrigaram a ir à igreja. Quando nos vemos diante do extremo da vida e das câmeras, o que fazemos como cristãos de fato é cometer o ato mais absurdo do ponto de vista do mundo: perdoar o assassino de um filho. Esse é o tipo de coisa que só é possível quando Deus é verdadeiramente nosso refúgio no dia da angústia.

Esse é o tipo de refúgio que desejo para minha vida, e espero que você encontre em sua vida. Um tipo de refúgio que nos permite, nos dias mais extremos e nos momentos de dor mais profunda, encontrar em Deus força e segurança. O salmista nos garante que "Deus é o nosso refúgio e fortaleza, socorro bem presente nas tribulações" (Sl 46.1); "Confie nele em todo tempo, ó povo; derrame diante dele o seu coração. Deus é o nosso refúgio" (Sl 62.8).

O mundo oferece muitos refúgios: entregar-nos às paixões quando as coisas vão mal, procurar outra religião ou entregar-nos à descrença, à bebida, às drogas ou ao sexo livre. Procuramos qualquer coisa que acalme nossa dor. A verdade é que, por mais que Deus nos tenha concedido instrumentos para ajudar a curar nosso coração em dias difíceis — boas amizades, descanso, medicamentos —, o maior refúgio do crente é o próprio Senhor Jesus Cristo. É nele que, no dia da calamidade, encontramos fortaleza para a angústia.

### PARA OS CRENTES, FORTALEZA NA ANGÚSTIA

"O Senhor é bom, é fortaleza no dia da angústia e conhece os que nele se refugiam" (Na 1.7). Embora o povo de Israel vivesse assombrado pela Assíria, um profeta apregoa que "o Senhor é bom". É fácil dizer que Deus é bom quando tudo vai bem, mas o povo de Israel afirmava que Deus era bom mesmo assombrado pela poderosa e violenta nação inimiga.

O fato de Deus ser bom não significa que escaparemos da angústia. Haverá dias de angústia, de calamidade, de perda, de adultério, de depressão, de doença na vida de muitos de nós. Mais cedo ou mais tarde, o dia da angústia nos alcança. Mas há um Deus que nos fornece consolo e refúgio quando colocamos a esperança nele. Deus é bom mesmo com tanto mal no mundo, porque ele não é alheio a isso. Ele trará justiça a todo mal, vingando, por sua bondade, os inocentes vitimados. A ira e a bondade de Deus não se opõem.

Por ser nosso refúgio, Deus conhece e vê aqueles que nele se refugiam, e lhes dá esperança. Às vezes, talvez pensemos que ao encontrar Deus o questionaremos a respeito de muitas coisas, mas a verdade é que apenas o fato de vê-lo já responderá tudo, porque a comunhão com ele é suficiente. O autor de Hebreus diz que "nós, que já corremos para o refúgio, tenhamos forte alento, para tomar posse da esperança que nos foi proposta" (Hb 6.18). Quando nos refugiamos no Senhor, ele nos fornece uma esperança que vai além das circunstâncias. Esperar é sentir o que não vemos e nos preparar para o que não temos. A fé se dá quando o seguimos mesmo que não tenhamos as coisas dispostas para isso. Fé não está atrelada à crença na existência de Deus. Fé diz respeito a crer que Deus é bom e continua a cuidar de nós mesmo quando as circunstâncias são nefastas.

Mas isso faz sentido para aqueles que, como nós, creem em Cristo como salvador. Para nós, ele é o socorro bem presente na hora da angústia. Mas e para quem não crê? E para quem tem apenas uma casca de espiritualidade? Para esses não há refúgio, a menos que se arrependam e creiam. Quando temos Cristo, temos paz. Mas, quando não temos Cristo, o texto diz que vemos três coisas em Deus: primeiro, o causador da angústia; segundo, aquele que traz a angústia definitiva e final; terceiro, aquele que destrói os falsos refúgios para a angústia.

### PARA OS DESCRENTES, ELE É O CAUSADOR DA ANGÚSTIA

Assim diz Naum 1.8: "Mas, com inundação transbordante, acabará de uma vez com o lugar dessa cidade; com trevas, o Senhor perseguirá os seus inimigos". O mesmo Deus que é refúgio para os que nele confiam torna-se uma inundação transbordante sobre seus inimigos.

Nínive teve sua chance de arrependimento, mas por negar esse convite Deus veio como um dilúvio contra eles. Os inimigos foram perseguidos por Deus. É como ser perseguido por um leão. Somos capazes de correr mais rápido que um leão, ou fugir dele? Conseguimos nadar mais rápido que um tubarão? A sensação de ser perseguido por alguém é terrível. Se vivermos no refúgio do pecado, seremos perseguidos pela inundação de Deus. Se ele não é nosso refúgio, a angústia que vem dele sobrevirá em nós como uma avalanche. Não há como correr mais rápido que ele. Ou corremos para Deus em arrependimento, ou ele nos alcançará. Ele é a avalanche. Ele é o tsunami vindo a trezentos quilômetros por hora em nossa direção.

E a angústia vinda do Senhor não se compara às que sentimos ao longo da vida. Trata-se da condenação eterna, longe dele. Ninguém consegue escapar dele com inteligência e desculpas. Não há como chegar diante dele no último dia e argumentar que não tivemos oportunidade suficiente para arrepender-nos e nele encontrar refúgio. Ele nos pegará e, quando o fizer, não encontraremos uma face de misericórdia.

### PARA OS DESCRENTES, ELE TRAZ A ANGÚSTIA DEFINITIVA

"O que é que vocês estão planejando contra o SENHOR? Ele mesmo os consumirá completamente; a angústia não se levantará duas vezes!" (Na 1.9). Os ninivitas achavam que derrotariam Judá em uma guerra fácil e tranquila. Judá talvez não tivesse um exército mais forte e uma cidade mais fortificada, mas tinha o Senhor Deus junto dele.

Os homens tramam contra Deus e seu povo, mas Deus nunca é pego de surpresa. Deus conhece, vê e protege seu povo. As tramas de guerra montadas contra Judá eram na verdade contra Deus. Quando somos perseguidos, humilhados e maltratados pela sociedade, o alvo não é nossa ideologia política ou nossa ética social como instituição igreja. O alvo é Deus, porque nosso Senhor se identifica profundamente com seu povo. Há exemplos no Antigo e no Novo Testamento. Quando Jesus aparece a Paulo, enquanto este ainda perseguia a igreja, ele não pergunta: "Saulo, por que você persegue a igreja?". Não! Ele pergunta: "Saulo, por que você *me* persegue?" (At 9.4, grifo meu). No fim, a perseguição contra a igreja não ocorria por causa do ódio contra o povo de Deus, e sim do ódio contra Deus. Mas a destruição dos que perseguem a Deus, ao perseguirem seu povo, será completa. Não haverá segunda oportunidade.

A paciência de Deus havia se esgotado. Deus havia oferecido arrependimento e perdão, mas a segunda geração volta ao caminho do pecado. Então Deus traria sobre eles a angústia definitiva. Nesse dia da angústia, Deus não seria refúgio. Se passamos por várias angústias, é porque ainda não recebemos a angústia derradeira da condenação. Isso é maravilhoso.

É verdade que na vida todos nós já enfrentamos muitas batalhas, e mais estão por vir. Mas existe o sofrimento definitivo e final, que provém da mão de Deus e do qual não há escapatória. Essa última angústia nos tira toda a esperança de encontrar refúgio. Foi o que ocorreu com Nínive. Deus lançou seu furor a fim de destruir definitivamente aquela cidade. E assim será na volta de Cristo.

### PARA OS DESCRENTES, ELE DESTRÓI OS FALSOS REFÚGIOS PARA A ANGÚSTIA

O Deus-refúgio destruirá o falso refúgio do pecado. Os muros de Nínive eram um refúgio poderoso. Alguém que morasse em seu interior estaria muito bem protegido de catástrofes naturais, invasões de exércitos e perigos externos. Mas o Senhor acabou de uma vez por todas com a cidade do pecado.

Por não ter corrido para Deus, o descrente faz ou busca falsos refúgios para si. Mas como Deus vê esses refúgios? Naum 1.10 diz: "Porque, ainda que eles se entrelacem como os espinhos e se saturem de vinho como bêbados, serão inteiramente consumidos como palha seca". Esse versículo é interpretado de muitas formas. Entendo que Naum esteja falando de duas coisas que as pessoas procuravam para seu afago em dias de catástrofe: orgias e bebedeiras. Os assírios se entrelaçavam como se fossem uma rede de espinhos. Vejo nisso uma representação de união pecaminosa. Os assírios viam no sexo livre uma fonte de refúgio. Os relatos acerca de suas práticas sexuais mostravam ações extremamente imorais. Além disso, eles também se embebedavam compulsivamente.

É dessa forma que muitas pessoas que não têm Deus procuram consolar a consciência e mitigar suas dores. É assim que buscam refúgio e tentam encontrar paz. Quando o casamento termina, vão para festas, baladas, noitadas. Agem como se nossa existência se baseasse única e exclusivamente em acalmar os prazeres. A exemplo do que ocorreu com Nínive, nada disso lhes concederá um refúgio seguro, de fato. É por isso que o texto diz que os ninivitas seriam consumidos como palha seca. Os recursos deste mundo serão destruídos pelo próprio Deus vivo.

Nínive era uma poderosa força de consumo. Despojou a terra, comeu os frutos, consumiu cidades inteiras. Há quem chame Nínive de "o leão que devorou o antigo Oriente Próximo". Os capítulos 2 e 3 de Naum descrevem suas práticas de consumo. Agora, a própria Nínive será consumida. Agora, os poderosos se tornariam fracos diante de todo poder verdadeiro.

**CONCLUSÃO**

Paulo escreve "Considerem a bondade e a severidade do Senhor" (Rm 11.22). Considerem que Deus é refúgio para a angústia, e angústia violenta contra aqueles que não encontram nele refúgio. O profeta Joel diz que "o sol e a lua se enegrecerão, e as estrelas retirarão o seu resplendor. E o SENHOR bramará de Sião, e de Jerusalém fará ouvir a sua voz; e os céus e a terra tremerão" (Jl 3.15-16).

No dia da vitória, o Senhor voltará. Será um dia de angústia para aqueles que não tenham encontrado nele seu refúgio. Eles verão um céu negro e estrelas sem esplendor. O mundo encontrará seu fim. O firmamento será derrubado. O chão se abrirá. A ira do Cordeiro se manifestará. Mas o versículo de Joel termina dizendo: "mas o SENHOR será o refúgio do seu povo, e a fortaleza dos filhos de Israel".

Quando lemos Apocalipse podemos ser tomados pelo medo. As imagens da profecia sobre o fim são violentas e terríveis. Um cenário de destruição em que o céu cai, a terra é tomada pelo fogo e por coisas assombrosas. A certeza que temos é que, tanto hoje como no dia da ira do Cordeiro, haverá refúgio para o povo de Deus. A grande questão é: O que Deus será para nós no dia da angústia definitiva? Ele será nosso refúgio ou nosso destruidor? A resposta depende de nossa atitude diante dele. Ou nos aproximamos dele — aceitando sua mão de misericórdia, encontrando nele arrependimento por nossos pecados e fazendo dele nossa esperança — ou continuamos na cidade do pecado — buscando refúgios no mundo e encontrando nele a justa paga de uma vida de impiedade.

Que possamos ser achados no lado que encontra refúgio.

# 21

## CRISTOFOBIA, MAS SÓ POR ENQUANTO

NAUM 1.11-15

Se quisermos ser maltratados por um descrente secularizado no Brasil de hoje, basta mencionar a palavra "cristofobia". No contexto do cenário político e social brasileiro, fala-se muito de fobias, e a fobia de cristãos é uma delas. Infelizmente, temos no Brasil alguns grupos religiosos que, embora se identifiquem erroneamente como evangélicos, agem com violência com religiões diferentes. Foi o que ocorreu no famigerado caso do pastor que chutou uma imagem católica, por exemplo. Esse e outros casos ocorridos com religiões não evangélicas são entendidos como perseguição religiosa.

Em contrapartida, o vilipêndio contra pastores ou a tentativa de praticar algum tipo de violência ou de impedimento contra outros grupos cristãos não pode ser descrito como algum tipo de perseguição religiosa. A sociedade riria de quem dissesse tal coisa — afinal, dizem, há uma bancada evangélica no congresso brasileiro. O fato é que não só nos perseguem, como negam que nos perseguem. Não só nos humilham, mas tiram de nós o direito de denunciar que somos humilhados.

Qualquer cristão que se dedique ao meio acadêmico em ambiente universitário sabe que não é possível dizer tudo em que acredita, ou mesmo mencionar como o evangelho interpreta certas questões. Ele conhece as consequências. Alguns crentes nem sequer possuem redes sociais dada a pressão social para concordar com uma visão de mundo secularizada. Quantos cristãos já não foram ameaçados em universidades ou em redes sociais?

De modo geral, ninguém nos perseguirá como crentes até que comecemos a agir como cristãos de fato. Quando falamos, por exemplo, sobre a ética sexual cristã ou a interpretação cristã de gênero, somos tratados como *personae non gratae*. O interessante é que, embora o Brasil seja conhecido por ser um país de ampla liberdade religiosa, quase todo cristão tem uma história de perseguição para contar. Que dizer dos que vivem em países com pouca, ou nenhuma, liberdade cristã. A perseguição contra cristãos existe em parte porque o ódio contra Deus se manifesta na esfera dos poderosos, aqueles que a Bíblia chama de conselheiros do pecado.

### CONSELHEIROS DO PECADO

Naum 1.11 diz: "De você, Nínive, saiu um que planeja o mal contra o Senhor, alguém que aconselha a maldade". A maldade de Nínive provinha de um mau conselheiro, que poderia ser uma referência ao próprio rei da Assíria ou a algum de seus conselheiros. O que sabemos é que a alta corte assíria dava maus conselhos. Uma provável alusão a Senaqueribe (705–681 a.C.), que agiu contra Jerusalém em 701 a.C., durante o reinado de Ezequias em Judá (2Rs 18.13—19.37).

Os poderosos às vezes agem como conselheiros do mal. Falam contra o povo de Deus e tentam influenciar os demais a fazê-lo. Quantas reuniões de departamentos universitários ou de alta cúpula profissional não passam de conluios contra o povo de Deus? O coração ímpio é inimigo de Deus e tenta justificar as mais variadas perseguições aos que nele creem.

O termo hebraico usado para descrever "alguém que aconselha a maldade" carrega a conotação de "sem valor, inútil". Nesse caso, porém, a ideia de inutilidade não se encerra apenas na falta de valor. O salmista nos diz:

Os ídolos das nações são prata e ouro,
    obra de mãos humanas.
Têm boca e não falam;
    têm olhos e não veem;
têm ouvidos e não ouvem;
    têm nariz e não cheiram;
têm mãos e não apalpam;

têm pés e não andam;
som nenhum lhes sai da garganta.
Tornem-se semelhantes a eles os que os fazem
e todos os que neles confiam.

Salmos 115.4-8

O profeta Isaías, referindo-se aos conselheiros entre seu povo, diz:

Eu sou o que primeiro disse a Sião: "Eis! Ei-los aí!"
E a Jerusalém dou um mensageiro de boas-novas.
Quando eu olho, não há ninguém;
entre eles não há nenhum conselheiro a quem eu pergunte, e me responda.
Eis que todos são nada; as suas obras são coisa nenhuma;
as suas imagens de fundição são vento e vácuo.

Isaías 41.27-29

A falta de entendimento das nações idólatras está diretamente associada à adoração de deuses falsos.

Nada sabem, nem entendem,
porque os olhos deles estão grudados, para que não vejam,
e o coração deles já não pode entender.
Nenhum deles cai em si,
já não há conhecimento nem compreensão para dizer:
"Metade da madeira queimei
e sobre as brasas assei pão e carne para comer.
E será que daquilo que restou eu faria uma abominação?
Deveria eu me ajoelhar diante de um pedaço de madeira?"
Tal homem se apascenta de cinza;
o seu coração enganado o iludiu,
de maneira que não pode livrar a sua alma, nem dizer:
"Não é uma mentira isso que tenho em minha mão?"

Isaías 44.18-20

É com base nisso que Paulo chama Satanás de Belial. Ele é inútil porque influencia o ser humano à falsa adoração, afastando-o da verdadeira adoração, que pertence a Deus e está associada à sabedoria. Ou seja,

Naum rotula esses conselheiros de inúteis, sem valor, por sua imoralidade e falsa adoração.

Às vezes, desprezamos a influência espiritual sobre aqueles que estão acima de nós. O líder de Nínive, rei da Assíria, era maligno e diabólico, e tramava o mal contra o próprio Deus ao perpetrar maldades contra Israel. Esse versículo nos deveria levar a refletir sobre a importância de conselheiros que instem as cortes deste mundo à bondade. Parte do processo que Deus usou para livrar a igreja da perseguição ao longo da história foi inserir cristãos em ambientes de poder. A igreja vence perseguições violentas quando Deus transforma pessoas em posições de poder.

O fato é que, seja na esfera política e de poder, na acadêmica, midiática seja na empresarial, há muitos conselheiros da maldade. Pessoas que usam o poder para perseguir parte da população, em vez de servi-la. E eles sempre existirão. Deus, por sua vez, tem uma mensagem tanto para os poderosos que nos perseguem quanto para nós, os perseguidos no mundo. A questão é como cada um reagirá a essa mensagem.

## OS PERSEGUIDORES SÃO MUITOS, MAS SERÃO TORNADOS EM NADA

"Assim diz o Senhor: 'Por mais seguros que estejam e por mais numerosos que eles sejam, ainda assim serão exterminados e passarão'" (Na 1.12). Uma interpretação possível para o termo "numerosos" é aliados. Os poderosos se aliam entre si, tornando-nos uma minoria. No entanto, mesmo seguros e numerosos, os ímpios serão exterminados e passarão. Literalmente, eles serão "cortados fora" *(gāzaz)*. O termo costuma ser usado para a tosquia e abate de ovelhas, que não oferecem resistência. O texto está dizendo que os poderosos do mundo, como ovelhas, serão facilmente abatidos por Deus.

Por sermos minoria e por temor à aliança dos poderosos, muitas vezes, deixamos de proclamar o evangelho. Os poderosos em geral dominam ambientes culturais, empresariais, educacionais, governamentais. E, por normalmente ocuparem posições de controle, nos sentimos intimidados. Mas a grande promessa escatológica é que eles passarão, como palha. Deus os destruirá como se nada fossem. Nós, em contrapartida, mesmo em fraqueza, permaneceremos.

A maravilha de olhar para o Antigo Testamento é constatar que Israel vencia muitas guerras mesmo em minoria, porque quem batalhava por eles era Deus. Podemos ficar nervosos e desejosos de mais cristãos em vários ambientes de influência social. Crer que há um Deus poderoso, que nos faz vencer as guerras contra o mundo sem muitas vezes nos dar o poder humano para vencê-lo, deveria nos confortar. A igreja não resistiu e triunfou por conquistar o poder para guerrear contra o mundo em pé de igualdade. Sempre fomos — e seremos — os mais fracos. No entanto, somos mantidos pelo poder de Deus, que nos protege dos que possuem o poder humano e nos mantém firmes nele por sua graça e bondade.

### AS PERSEGUIÇÕES VÊM DA MÃO DE DEUS, MAS A LIBERTAÇÃO TAMBÉM

"Meu povo, embora eu o tenha afligido, não o afligirei mais. Quebrarei o jugo deles que pesa sobre você e romperei os laços que o prendem" (Na 1.12-13). Deus está dizendo que toda morte, violência, tortura e crueldade provindas da mão dos assírios eram fruto de seu juízo sobre Israel. A perseguição não escapava da mão do Senhor. Deus estava usando aquele povo violento para punir e ensinar Israel por causa de seus pecados.

Trata-se de uma questão difícil. Então, Deus é responsável pelo mal que atinge uma pessoa inocente? A verdade é que, mesmo nos momentos mais terríveis da vida, podemos encontrar paz por saber que Deus está por trás deles. A questão a considerar é: Seria mais confortador se o mal que nos alcança escapasse das mãos de Deus? Que Satanás conseguisse driblar a atenção do Senhor? Ou seria mais reconfortante saber que misteriosa e bondosamente Deus está por trás da aflição? Ainda que não entendamos por que ele nos guia por meio da dor e do sofrimento, podemos ter segurança de que ele o faz por ser bondoso, misericordioso e justo.

Ser "afligido" é ser humilhado e oprimido. Por causa de seu pecado de idolatria, Judá foi submetido à aflição de Deus, por meio dos assírios. Isso não quer dizer, contudo, que esses ímpios não seriam punidos pela maldade praticada contra Israel. Esse é o grande mistério da soberania de Deus. Deus estava misteriosamente por trás da maldade que alcançou Israel como uma forma de punir e trazer seu povo de volta para o caminho da santidade.

Isso me lembra o profeta Oseias:

Desde os dias de Gibeá, você pecou, ó Israel,
    e nesse pecado você permaneceu.
Será que a batalha contra os filhos da perversidade
    não há de alcançá-los em Gibeá?
Eu os castigarei na medida do meu desejo.
Os povos se ajuntarão contra eles,
    quando eu os punir por causa de sua dupla transgressão.

Oseias 10.9-10

Deus usava exércitos ímpios para punir Israel. Não se trata de um conceito metafórico para falar das batalhas da vida. Soldados eram mortos e todas as demais consequências da perda de uma guerra ocorriam. Isso provinha da mão de Deus.

Por mais que vivamos em um mundo de dificuldades, elas não escapam da mão do Senhor. Ele não dormiu ou esqueceu de nós. A linguagem não é nem que Deus *permitiu*, mas que Deus *fez*. Ele usa os que nos perseguem para nos colocar de joelhos, humilhar, abençoar nossa fé e nos trazer para mais próximo de Cristo. No entanto, os que nos perseguem encontrarão a face de Deus e serão punidos.

É maravilhoso saber que, enquanto o mundo intenta o mal contra nós, Deus usa até mesmo isso para nosso bem. Lembre-se de José, que foi vendido como escravo pelos irmãos e isso permitiu a salvação de sua família e de muitas outras pessoas. Deus usou para o bem o mal perpetrado contra José. Deus pode usar uma igreja perseguida, mas ainda assim fiel, para alcançar e salvar aqueles que a perseguem. Podemos amar e servir um mundo que nos odeia porque Deus não se esqueceu de nós, nem daqueles que nos perseguem. Podemos orar pela conversão deles sabendo que, se não abrirem o coração para o Senhor, ele derramará sua ira sobre eles.

Assim diz o seu Senhor, o Senhor, seu Deus,
    que defenderá a causa do seu povo:
"Eis que eu tiro da sua mão o cálice de atordoamento,
    o cálice da minha ira.
Você nunca mais beberá dele.
Eu o porei nas mãos dos que a atormentaram,

dos que lhe disseram:
"Abaixe-se, para que passemos por cima de você!'
E você pôs as suas costas como chão
e como rua para os que passavam".

Isaías 51.22-23

Deus é quem fere e cura. Ele é quem tira a provisão financeira e a restitui. Ele faz que sejamos rejeitados pelo mundo, e é ele quem faz que continuemos a servir, amar e cuidar do que está ao nosso redor.

Podemos encontrar paz em saber que Deus permanece soberano sobre nós mesmo em dias difíceis.

### OS DEUSES DOS PERSEGUIDORES PARECEM PODEROSOS, MAS SERÃO TRANSFORMADOS EM NADA

"Porém contra você, Assíria, o SENHOR deu ordem para que não haja posteridade que leve o seu nome; do templo dos seus deuses exterminarei as imagens de escultura e de fundição. Farei a sua sepultura, porque você é desprezível" (Na 1.14). Em primeiro lugar, o texto diz que Deus ordenou que não houvesse posteridade para levar aquele nome. No mundo antigo, isso tinha muito valor. A memória do nome de alguém era muito importante para a realeza do Oriente Próximo. As inscrições do edifício que Assurbanipal, o último grande rei da Assíria, esculpiu como seu próprio memorial registram sua oração para que o filho, seu sucessor, honre e preserve seu nome.[1] Era uma cultura que adorava os antepassados.

Quando gerações de uma dinastia mantinham um nome, seu patriarca era louvado. No entanto, o decreto de Deus declara que ninguém sobreviveria. A glória humana que eles tanto prezavam, buscavam e desejavam — e que para eles era um deus — seria completamente erradicada. O deus do autolouvor nos leva a interpretar o outro como um risco, daí o acúmulo de desentendimentos nas relações humanas. Quando nos tornamos uma ameaça à glória dos poderosos, eles tentam tolher nossa participação no mundo com perseguições violentas. Mas os deuses deste mundo serão destruídos. Os homens que se consideravam dignos de adoração cairão.

Em segundo lugar, o texto menciona os ídolos dos ímpios que, com todas as suas esculturas e templos, também seriam jogados na sepultura, por serem desprezíveis. Deus está acima dos mares, como a história de Jonas provou, e, portanto, acima dos deuses assírios, que, a exemplo de muitos povos pagãos daquela época, acreditavam que a chuva era bênção dos deuses, e a pesca, providência da divindade do mar.

Hoje, ainda que os poderosos não adorem peixes ou divindades pagãs, estão sujeitos a seus próprios ídolos: dinheiro, fama, sucesso, poder, status acadêmico. Nesse processo levantam-se contra o Deus vivo e contra nós. Infelizmente, por não conseguir controlar tudo o que o mundo comanda, muitos olham para os poderosos e louvam as coisas do mundo crendo ser um poder muito maior que o de Deus. No entanto, a Palavra afirma que o Senhor é muito mais poderoso e jogará na sepultura, como inúteis, todos os poderes do mundo presente, porque o poder do mundo vindouro já se manifesta neste.

## MESMO NA PERSEGUIÇÃO, PODEMOS SER TOTAL E GENUINAMENTE CRISTÃOS, SEM MEDO

Não precisamos ter medo pois já está se consumando o que Deus está construindo escatologicamente. Não precisamos esconder nossa fé. O profeta diz: "Eis sobre os montes os pés do que anuncia boas-novas, do que anuncia a paz! Celebre as suas festas, ó Judá, cumpra os seus votos, porque o ímpio não mais passará por você; ele foi inteiramente exterminado" (Na 1.15).

Celebrar festas e cumprir votos eram a forma pública de os judeus demonstrarem sua fidelidade a Javé, mas o povo de Judá temia celebrar suas festas e cumprir seus votos porque os ímpios poderiam pegá-los desprevenidos. Eles precisavam estar atentos, com armas em punho, porque o exército inimigo poderia chegar a qualquer momento. A verdade é que vivemos assim em alguns ambientes. Temos medo, estamos sempre de sobreaviso. Dizemo-nos crentes, mas nunca compartilhamos a própria fé, a salvação que há em Cristo Jesus, nem a visão que temos da sociedade naqueles pontos em que sofreríamos perseguição — ou até mesmo seríamos incriminados.

A resposta de Deus é que podemos celebrar nossas festas, porque não estamos nos vales de guerra — para sermos cercados —, mas sobre os montes — na habitação de Deus. Nossos pés são os dos que anunciam boas-novas e paz, uma paz que vem pela guerra, mas essa guerra não é nossa. É de Deus. Quando somos perseguidos, nossa postura não deve ser de vingança. Quando somos humilhados e tolhidos, não devemos buscar a justa paga. É Deus quem guerreia por nós.

Paulo interpreta esse texto de forma missionária: "E como pregarão, se não forem enviados? Como está escrito: 'Quão formosos são os pés dos que anunciam coisas boas!'" (Rm 10.15). Paulo está nos encorajando a compartilhar a boa notícia de Deus para nós, mesmo diante de um mundo que nos persegue. Devemos ter em mente as palavras de Paulo: "tenham os pés calçados com a preparação do evangelho da paz" (Ef 6.15). Um dia estaremos diante do nosso Deus, e isso nos dá paz e esperança. Um dia, eles estarão diante do nosso Deus, e isso deveria atormentá-los porque prestarão contas de cada maldade perpetrada contra o povo de Deus.

## CONCLUSÃO

Deus não nos chama para permanecermos paralisados pela perseguição e pelo ódio do mundo, que pode se manifestar na igreja, no ambiente acadêmico, profissional, entre familiares que rejeitam agressivamente o evangelho ou em países onde a vida do missionário corre risco. Temos pessoas dispostas a pregar o evangelho de Cristo Jesus em locais em que os cristãos são odiados. Isso é confiança em um Deus soberano e poderoso. Talvez Deus esteja nos chamando para deixarmos nossa zona de conforto e o lugar de paz para encontrarmos, em lugares perigosos, o que ele quer fazer por meio de nós. Como missionários, colocamos a vida a perder cientes de que temos uma vida já ganha. Por confiar em Cristo Jesus, nos lançamos para ganhar este mundo para o nosso Senhor.

É sobre isso a última frase de Naum 1.15: "[o ímpio] foi inteiramente exterminado". No livro de Apocalipse, já está descrita a conclusão da história. Já sabemos da vitória do povo de Deus e da destruição daqueles que nos perseguem. Os reinos já estão ruindo e esperamos a consumação das coisas. Portanto, devemos resistir. Deus está levando tudo em conta, não só quanto à proteção daqueles a quem ele ama, mas também quanto à justiça contra aqueles que não se manifestarem por ele.

# 22

## RESTAURA NOSSA GLÓRIA

NAUM 2.1-2

Tenho alguns hobbies que, confesso, não são muito populares. Um deles é colecionar frases desmotivacionais. Explico.

Eu me converti em uma igreja da teologia da prosperidade, onde todo mundo me dizia que tudo daria certo. Abandonei essas mentiras, mas continuei a me sentir perseguido por um tipo de teologia da prosperidade secular que inunda as redes sociais. Os coaches e os empreendedores de palco pregam um tipo laico de teologia da prosperidade, segundo a qual posso ser rico, próspero, saudável e feliz — basta comprar o curso deles. Como um ato de protesto pessoal, comecei a reunir páginas de desmotivação, que zombam desse tipo de coisa com frases jocosas, meio cínicas, sobre a vida:

- Não desista agora. Tudo tem o momento certo para dar errado.
- É só uma fase ruim, logo vai piorar.
- O caminho é longo, mas a derrota é certa.
- Lute como nunca. Perca como sempre.
- Acorda, o fracasso te espera.

E a minha favorita, retirada de um programa esportivo:

- Se você quiser; se você se esforçar; se você treinar; se você entrar de cabeça; se você se concentrar: nada garante que você vai conseguir.

A Bíblia não defende nem a teologia da prosperidade nem muito menos uma posição totalmente desmotivacional da vida. Apesar do meu humor mórbido, as Escrituras nos oferecem um caminho de restauração e glória que acabamos desprezando por medo de ser confundidos com a teologia da prosperidade. Há muito texto "desmotivacional" na Bíblia — ela não é um manual de autoajuda —, mas também muitas passagens escritas para nos motivar e nos deixar cientes de que, em Cristo, podemos esperar que, no fim das contas, tudo dê certo.

O segundo capítulo de Naum é uma dessas mensagens de triunfo em que Deus, por meio do profeta, promete restauração e glória ao povo de Judá. Essa demonstração de glória seria manifestada na história do povo. Não se trata de algo a ser cumprido apenas escatologicamente, nos céus ou na consumação da história da redenção, mas se manifestaria de forma imediata na vida do povo de Judá. E isso ocorreria concomitantemente à destruição dos ninivitas.

### PREPARE-SE, O DESTRUIDOR ESTÁ VINDO

Naum 2 apresenta basicamente duas mensagens. A primeira, logo no primeiro versículo, diz: "O destruidor avança contra você, Nínive! Guarde a fortaleza, vigie o caminho, prepare-se para lutar, reúna todas as suas forças!" (Na 2.1). Trata-se de uma mensagem assustadora. O "destruidor" é uma figura comum usada para designar um rei vitorioso. Portanto, a promessa de um destruidor contra Nínive revelava que ele seria vitorioso. Aqui, esse destruidor seria a coalizão militar de medos e babilônios, que décadas à frente destruiria Nínive.

Esse destruidor não viria de forma autônoma, isto é, pelas próprias forças. Deus uniria medos e babilônios contra Nínive, para destruí-la. Deus também usava povos ímpios para seus propósitos. Isso nos ajuda a entender parte do que acontece nas guerras do Antigo Testamento. De um lado, vemos Israel sendo enviado por Deus para destruir povos inimigos, e vice-versa. E de outro, povos pagãos sendo levantados contra outros povos pagãos.

Esses três cenários são idênticos. Deus usa nações em guerra para manifestar seu juízo, seus propósitos de punição contra esses povos. Seja o juízo imediato por causa dos pecados daquele povo, seja como parte do seu juízo escatológico, contra os que rejeitam Deus. E é o que Deus faz contra Nínive. Dois povos se uniriam como o destruidor dos assírios. Não o reino do norte e o reino do sul unidos, mas os medos e babilônios. Deus protegeria Israel dos povos mais fortes não fortificando-o, mas fazendo outros povos tomarem parte nessa guerra. Israel permanece protegido, sem precisar defender-se, enquanto a violência dos babilônios e dos medos recai sobre os violentos assírios.

Não é isso que encontramos na vida com Deus? Procuramos meios para nos livrar das dificuldades, crendo que Deus nos dará mais capacidade para resolvê-las, mas a verdade é que temos um Deus que nos defende, e muitas vezes sem nos dar meios para tal. Ele mesmo coloca ímpios contra ímpios ou cria estruturas para além de nós. O que Deus deseja de nós é que vivamos em arrependimento e fé, fiéis a ele.

A igreja tem sobrevivido na história não por equiparação de forças, mas porque é cuidada por aquele que prometeu edificá-la. Jesus deixa claro que as portas do Hades não prevalecerão contra ela (Mt 16.18). Ou seja, a igreja nunca morrerá. Mesmo em perseguição, Deus sempre providenciou escape para ela. Mesmo após Constantino, quando as crenças foram alteradas, e o poder secular corrompeu os cristãos, a fidelidade e a luta por integralidade dos cristãos fiéis levantados por Deus mantiveram a igreja viva. Portanto, quando acharmos que a vida nos engolirá por completo, lembremos que existe um Deus que continua a proteger seu povo, como fez ao destruir Nínive.

Deus destruiria aquele povo ao dispersá-lo. Naum diz que o povo de Nínive "está espalhado pelos montes, e não há quem possa ajuntá-lo" (Na 3.18). Os que não fossem mortos pela espada seriam dispersos e não teriam forças para levantar-se e proteger-se de inimigos. Deus enfraqueceria aquele grande exército. As palavras de Naum 2.1 soam como uma provocação de Deus. Nenhuma habilidade de guerra seria o bastante para resistir ao ataque do soberano criador do universo.

### PREPARE-SE, A GLÓRIA ESTÁ VINDO

A mensagem de destruição iminente aos ímpios é, ao mesmo tempo, de esperança para os crentes. Não se trata de uma simples mensagem para amedrontar o mundo, mas para levar esperança àqueles que amam o

Senhor. Por que Deus destruiria aquele povo? Por que precisavam preparar-se para uma guerra? "Porque o Senhor restaurará a glória de Jacó, como a glória de Israel; porque saqueadores os saquearam e destruíram os seus ramos" (Na 2.2).

Israel havia sido completamente saqueado pela Assíria e Babilônia (Is 24.1,3). Guerras ocorriam sempre que o povo caía na idolatria e no pecado. Mas a glória de Israel seria devolvida e restaurada, conforme afirma o texto. É muito difícil acreditar em restauração da glória em meio à guerra e à devastação da terra. É difícil acreditar quando os portões foram derrubados por exércitos inimigos. Mas, contrariando as expectativas naturais, o profeta diz que Deus restauraria a glória de Jacó, a glória de Israel, para ser luz para as nações. A riqueza e a prosperidade de Israel voltariam a manifestar-se.

Entendo "ramos" como uma referência à extensão, ao tamanho do reino de Israel. A destruição dos ramos, pelas guerras e saques, significa que Israel não pôde expandir-se, uma vez que estavam rodeados por povos inimigos. A promessa da devolução da glória feita por Naum é a mesma que Oseias faz quando diz que "os seus ramos se estenderão" (Os 14.6). Portanto, se os ramos foram cortados por causa da invasão dos povos inimigos, eles seriam estendidos através da restauração do povo de Israel. É claro que, depois da queda do reino do norte, uma restauração completa da nação é desejada. Ezequiel profetiza que Israel não permaneceria dividido como reino do norte e reino do sul, mas voltariam a ser um povo único (Ez 37.15-23).

Trata-se de uma promessa maravilhosa, com seus complexos detalhes teológicos sobre como, ou mesmo se, Deus restaurará Israel como nação. Em Romanos 11.13-23, Paulo mostra que Deus ainda lida com o povo de Israel. Os judeus são ramos naturais de uma oliveira, que é Cristo, enquanto nós somos ramos de outra árvore enxertados nessa oliveira. A restauração dos ramos de Israel inclui o enxerto de outros ramos. Atos 15.14-18, por sua vez, explica que

> Deus visitou os gentios, a fim de constituir entre eles um povo para o seu nome. Com isso concordam as palavras dos profetas, como está escrito:

"Depois disso, voltarei e reedificarei o tabernáculo caído de Davi;
   reedificarei as suas ruínas e o restaurarei.
Para que o restante da humanidade busque o Senhor,
   juntamente com todos os gentios
   sobre os quais tem sido invocado o meu nome,
diz o Senhor,
   que faz estas coisas conhecidas desde os tempos antigos".

Esse texto pode ser entendido como a entrada dos gentios nessa mesma fé. As promessas do Antigo Testamento de que Deus estava restaurando o povo de Israel passa por Deus receber os gentios nessa comunidade de salvação. A promessa de Naum, que parece referir-se a questões meramente militares e não muito a nós, na verdade tem muito a ver conosco. É o que manifesta nossa salvação. É por isso que podemos ser contados entre o povo de Deus. A igreja também é povo de Deus, que manifesta sua graça a nós como parte do que ele está construindo na história.

## CONCLUSÃO

Temos um Deus que promete dar novos ramos e restaurar a glória de um povo muitas vezes devastado pela guerra. O que devemos nos perguntar é: No dia do saque e da destruição, ainda acreditaremos em um Deus que restaura glória? Deus puniria os assírios pelo que fizeram a Judá, mas, antes, puniria Judá por meio dos assírios. A destruição na vida dos judeus veio por parte dos inimigos, sim, mas também da parte de Deus. O mesmo Deus que restauraria, mais tarde, a glória de seu povo e estenderia seus ramos.

A promessa de Deus para seu povo não se encerrou no Antigo Testamento. Deus continua a amá-lo e a cuidar dele, independentemente do tipo de dificuldade que enfrente. O Brasil não é uma nação em conflito militar, nem teme a invasão de exércitos inimigos, mas enfrentamos situações extremas, de grande sofrimento, seja por questões financeiras, familiares, profissionais ou de saúde. A boa notícia é que Deus cuida de nós tanto quanto daqueles que vivem em regiões de conflito armado.

Nossa vida também pode ser devastada pelo pecado. Hábitos escravizantes e ofensivos ao Senhor são capazes de dominar-nos e destruir-nos por completo. A vida talvez esteja devastada pela apostasia. Sentimo-nos à beira de um precipício pronto a engolir nossa fé. Independentemente de tudo isso, Deus continua a amar-nos. Ele sempre está presente, mesmo nos piores dias e nos piores momentos.

Recentemente, um colega de ministério que enfrentava algumas dificuldades me fez duas perguntas. Primeiro, qual era, na minha opinião, a pior coisa que poderia ocorrer na vida de um pastor. Confesso que não precisei pensar muito. Creio que a pior coisa é estar presente no pior. É quando uma esposa liga ao descobrir a amante do esposo. Quando a tentativa de suicídio falha e a pessoa está dilacerada. Quando a jovem sofre abuso sexual. Quando a mãe ou o pai morre repentinamente. Ser pastor é estar no dia da terra devastada. Ser pastor de uma igreja é estar presente quando os exércitos assírios invadem a vida dos membros da congregação.

Segundo, qual era a melhor coisa de ser pastor. Também não tive dificuldade com essa questão. É estar presente no dia que Deus restaura a glória. É poder ver que a pessoa traída não apenas perdoa, mas transforma em uma relação saudável e próspera o casamento que tinha tudo para acabar. É estar presente quando o deprimido encontra em Cristo uma fonte de alegria perpétua e pungente. Quando os piores traumas são superados. Quando apesar da doença e do luto há esperança e vida. A melhor coisa de ser pastor é viver o bastante para ver Deus restaurar a glória em vidas que estavam completamente devastadas pelo pecado, pelo sofrimento e pela dor.

Algo que me motiva muito é ver o que Deus faz na vida da minha igreja. Nada vale mais que ver o que Deus está construindo na vida de tanta gente em minha própria comunidade. Pessoas antes escravizadas por hábitos terríveis podem dar testemunho de vitória. Pessoas que encontram em Cristo salvação. Pessoas cujo lar, antes destruído, foi restaurado por Deus.

Você quer ter mais esperança? Quer evitar o papo da teologia da prosperidade e encontrar sua força e motivação na vida com Deus? Participe mais da vida daqueles que estão ao seu redor. Procure saber mais da história do Deus que tira pessoas das situações mais difíceis e que concede um coração firme, mesmo no momento de calamidade. Nossa igreja tem muitas histórias de devastação, mas também muitas de glória e de superação. Procure ser mais edificado pela Palavra de Deus. Conhecer a história do que Deus fez por meio do povo de Israel é uma forma de manter-se firme e seguro, porque o que ele fez com Judá é o que faz conosco, na igreja.

Você também deveria olhar mais para sua salvação. Ela por si só é uma história de devastação que foi tomada e restaurada pela glória do Deus vivo. Esse Deus é o que guia o passo da história. Ele nos tirou dos pecados mais terríveis. Olhe para seu próprio coração. Talvez haja muita terra devastada em sua vida. Os saqueadores talvez tenham levado tudo e cortado os ramos. Essa é a hora de crer em um Deus poderoso e soberano capaz de restaurar a glória de Jacó. Ele nos dá uma força sobrenatural para enfrentar o que quer que seja. Ele nos dá poder para que, diante da tristeza e da angústia do pecado, possamos encontrar redenção na obra magnífica que ele tem operado e para operar em nós.

O que Deus fez com Judá, Jesus faz conosco todos os dias por meio de sua obra perfeita na cruz. É para ela que corremos. É para ela que olhamos. É dela que extraímos força para encontrar glória nos dias de devastação.

# 23

## QUANDO
## LISBOA TREMEU

---

**NAUM 2.3-10**

Em 1º de novembro de 1755, Lisboa foi destruída pela terra, pelo fogo e pela água. Um terremoto de 8,5 graus na escala Richter destruiu quase toda a cidade, especialmente a zona da Baixa, atingindo também grande parte do litoral do Algarve e Setúbal. Depois do terremoto, diversos incêndios afetaram Lisboa, e então um tsunami de trinta metros de altura destruiu a região do Algarve. Essa foi uma história marcante para a população de Portugal, um grande desastre que vitimou dezenas de milhares de pessoas naquela terra.

O historiador português João Lúcio de Azevedo escreveu a respeito dessa catástrofe:

> Nos altares oscilam as imagens; as paredes bailam; dessoldam-se traves e colunas; ruem as paredes com o som calvo da caliça que esboroa, e de corpos humanos esmagados; no chão onde os mortos repousam aluem os covais, para tragar os vivos [...]. O horror todo do inferno em ais e tormentos. Fuga desordenada com atropelos fatais, e o tropeçar contínuo em pedras e cadáveres [...]. Por toda a parte ruínas.[1]

Portugal ainda hoje é uma terra repleta de ruínas. No Brasil, não somos acostumados com grandes catástrofes naturais engolfando cidades. Porém, em muitos países há histórias de tsunamis, como na Tailândia, ou de furacões, como nos Estados Unidos.

A destruição de Portugal veio como punição de Deus? Não somos autorizados por Deus a fazer esse tipo de juízo sobre os outros. Não sabemos por que Deus destruiu Lisboa no século 18. No entanto, sabemos que ele traz destruição. E, muitas vezes, ele pode trazer destruição por causa do pecado. Nínive seria destruída pela água, pela espada, saqueada e levada ao cativeiro. A cidade poderosa, o grande império que dominou o mundo antigo por dois mil anos, ruiria pelo poder do Deus vivo.

### O PODER DE NÍNIVE CONTRA O POVO DE DEUS

Em Naum 2.3-4, lemos: "Os escudos dos seus heróis são vermelhos; os homens valentes vestem escarlate. Os carros de guerra brilham como fogo no dia da sua preparação, e as lanças são agitadas. Os carros de guerra passam furiosamente pelas ruas e se cruzam velozes pelas praças; parecem tochas, correm como relâmpago".

O poder de Nínive era bastante conhecido. Os assírios constrangiam e amedrontavam os povos com sua força bélica incomparável. O texto mostra o poder de Nínive até mesmo pela cor da vestimenta de seu exército. O vermelho impedia que o sangue dos soldados fosse notado quando atacados pelo adversário. Uma forma de iludir os inimigos e fazê-los crer que os assírios eram indestrutíveis, intocáveis.

Entretanto, esse exército tropeçaria.

### A DESTRUIÇÃO DE NÍNIVE

O texto nos diz que "os nobres são chamados, mas tropeçam no seu caminho; apressam-se para chegar à muralha e preparam a defesa" (Na 2.5). Nínive cairá como o império romano, como os grandes inimigos de Deus caíram e cairão, como este mundo tomado pelo pecado um dia cairá. Os poderosos tropeçariam na tentativa de se defender e sua queda se daria em cinco estágios.

O primeiro estágio da queda de Nínive seria a destruição do palácio pelas águas. O texto diz que "as comportas dos rios se abrem, e o palácio é destruído" (Na 2.6). Nínive estava situada na confluência de três rios: o Tigre, que corria perto de suas muralhas, e dois de seus afluentes, o Khosr e o Tebiltu. Os três rios faziam de Nínive uma cidade próspera dado o fácil acesso à água, algo muito valorizado naquele tempo. As chuvas que inundaram o rio Tigre fizeram ruir a parede da primeira camada de proteção da cidade, e a enxurrada que se sucedeu se encarregaria de destruir a parede da segunda camada de proteção, ao norte. A destruição ocorreu no momento exato em que exércitos inimigos se juntavam para atacar a cidade. É o tipo de coincidência que só pode ser colocada na conta de Deus. Nínive caiu porque Deus moveu as circunstâncias para tal.

O interessante é que justamente a fonte de sustento e uma parte do que gerava prosperidade e força para a cidade agora seriam instrumentos de sua destruição. Quando Deus decide destruir uma cidade, ele usa como instrumento o que antes era fonte de vida para ela. Quando Jesus voltar para destruir a fonte do pecado, aquilo com o que os homens saciam sua sede se tornará um instrumento de sua destruição. Os ímpios abusam, de forma pecaminosa, dos presentes concedidos por Deus, e serão esses mesmos presentes que os destruirão.

Deus nos concede muitos presentes e fontes para matarmos a sede. Deus nos dá alimento, um casamento feliz, uma sexualidade saudável, e somos tentados a transformar cada um desses presentes em fonte de prazer total e absoluto. Quando trocamos Deus pelas fontes de saciedade, ele nos entrega a elas. Temamos quando na vida cristã encontrarmos mais saciedade nas coisas de Deus do que em Deus. Esse é o comportamento daqueles que se afogarão nas águas do pecado.

O segundo estágio da queda de Nínive seria a deportação e o cativeiro. O texto diz: "Está decretado: a cidade-rainha está despida, levada em cativeiro" (Na 2.7). Chama atenção o fato de que aqueles que levavam seus inimigos cativos estavam, agora, sendo levados para o cativeiro. Agora, aquela que era a cidade-rainha, a que estava acima dos outros, seria feita cativa e escravizada.

Você consegue imaginar uma grande potência, hoje, sendo feita cativa por um país militarmente inferior? É o que ocorreu com Nínive. Os assírios eram poderosos, mas receberiam exatamente o que fizeram contra os outros. Parte da ironia de Deus quando ele quer destruir uma cidade é entregá-la ao mal que ela praticou. Deus entrega os homens aos próprios pecados. Eles praticaram o mal sem misericórdia, agora Deus não lhes concederia misericórdia.

Devemos temer quando nossos atos para com o próximo não são os que esperamos que Deus tenha conosco. Não é essa a oração que Cristo nos ensina? "Perdoa nossas dívidas assim como perdoamos os nossos devedores" (Mt 6.12). Não é essa a parábola do devedor iníquo que foi perdoado, mas não perdoou a dívida contra ele (Mt 18.21-35)? Temamos quando nosso comportamento com o outro não reflete o perdão e a misericórdia que esperamos receber do Senhor, pois ele ironicamente permite que nos afoguemos no mal que praticamos contra os demais.

Precisamos oferecer o amor e a graça que Deus nos concede. Enquanto o mundo se encontra cada vez mais egoísta, vingativo, cheio de justiça própria, precisamos ter uma postura de misericórdia. Enquanto o mundo tudo permite, mas nada perdoa, a igreja pouco permite, mas tudo perdoa. Como igreja, precisamos oferecer perdão para além da justiça própria do mundo. Temos que olhar o outro com graça porque esperamos um Deus que se manifeste para nós em graça. Na cidade do pecado, o mal e o cativeiro são punidos com a força do Senhor.

O texto diz ainda: "as suas servas gemem como pombas e batem no peito" (Na 2.7). Há uma ironia interessante aqui. Lembremos que depois que Jonas entregou a mensagem do Senhor houve um gemido de arrependimento por parte do rei e de todo o povo assírio. No entanto, em Naum, quem geme são as escravas, provavelmente em busca do Senhor. Elas gemem como pombas, o mesmo nome hebraico para Jonas. Portanto, há um jogo de palavras para que o leitor da época não perdesse de vista que já havia sido escutado um gemido de arrependimento anteriormente em Nínive. Houve uma busca pelo perdão. E Deus os perdoou. Agora, eles gemem diante de um Deus que não os ouviria, porque não gemiam em arrependimento genuíno. O arrependimento é tardio. Quando Jesus voltar, os ímpios baterão no peito em desgraça ao se lembrarem das oportunidades de misericórdia que lhe foram concedidas, mas rejeitadas.

Na igreja, alguns talvez batam no peito em arrependimento genuíno e encontrem a graça de Deus. Mas outros batem no peito com mero arrependimento mundano, como as escravas diante da destruição. Quando as portas da cidade caem, a água inunda a praça principal, a fraude é descoberta, a polícia chega, nesse momento o bater no peito pode ocorrer apenas por medo da destruição. Nem sempre a dor e o remorso são de fato arrependimento. O autor de Hebreus relata que Esaú bateu no peito, buscou com lágrimas, mas não encontrou arrependimento (Hb 12.16-17). Aos coríntios, Paulo diz que existe uma tristeza segundo o mundo (2Co 7.9).

Podemos entristecer-nos com o pecado, mas não encontrar arrependimento por ele. Podemos lamentar e chorar por toda desgraça que nosso pecado causou e continuar afastados de Deus. Quando nossa tristeza é só remorso pela cidade destruída, ou porque nos demos mal, talvez já tenhamos passado da oportunidade de arrependimento. Deus espera que batamos no peito agora, arrependidos, antes que nos chegue a justa paga de nossos atos. Deus nos chama agora para sermos encontrados como uma Nínive arrependida, não em destruição.

No terceiro estágio da queda de Nínive, eles pediriam misericórdia, mas não seriam ajudados. O texto diz que "Nínive, desde que existe, tem sido como um tanque de águas; mas, agora, o seu povo foge. Alguém grita: 'Parem! Parem!', mas ninguém se volta" (Na 2.8). Eles nunca tiveram misericórdia dos fracos, dos que fugiam, nunca olharam para outros povos desinteressadamente. Nesse momento, porém, precisavam de misericórdia; eram eles os que fugiam. No entanto, ninguém os ajudou ou veio em seu auxílio. Estavam sozinhos. O povo fugiu, deixando para trás o exército e os nobres para serem destruídos.

Quando Deus vem para destruir a cidade do pecado, não há quem resista ou quem possa ajudar. Para se livrarem e se esconderem da ira do Cordeiro, o texto diz que eles pediriam que as montanhas caíssem sobre sua cabeça. Mas nada apartará o pecador da ira de Deus quando ele vier em sua glória. Apenas a obra perfeita de Jesus pode livrar-nos da ira vindoura. Nenhuma desculpa será suficiente. Quando ele voltar, o tempo da misericórdia haverá passado. Ou estamos escondidos à sombra do que foi amaldiçoado por nós na cruz, ou seremos levados pela maldição eterna que recai sobre aqueles que negam o convite de Deus à vida.

No quarto estágio ocorreria a queda de Nínive e o saque de suas riquezas. "Saqueiem a prata, saqueiem o ouro, porque os tesouros não têm fim; a cidade está repleta de objetos de valor" (Na 2.9). Aqui também há uma força sarcástica do Deus vivo quando ele diz às pessoas que saqueiem e levem o ouro. Os reis ninivitas acumularam tesouros usurpados de várias nações que eles haviam violentado, saqueado e destruído. Agora esses tesouros lhes seriam roubados. Seu poder nada significava.

Muitas vezes confiamos no poder, nas riquezas, nas ideologias, no progresso, no sucesso, na liberdade. Somos uma sociedade fundada sobre a filosofia grega e a democracia. A verdade é que poder, riqueza ou qualquer glória humana será inútil quando o rio Tigre transbordar sobre nós. No fim tudo será saqueado. O ladrão rouba, a traça come e Deus destrói por seu poder e sua graça. É a graça de Deus que às vezes não nos permite realizar sonhos. Ele sabe como nosso coração se apega aos tesouros que acumulamos aqui. E, ao acumular tesouros aqui, nos tornamos parte da cidade do pecado. Nosso tesouro não é esse. Nosso coração é de outro lugar. Um dia Jesus voltará.

No quinto e último estágio viria a total desolação do povo e da cidade. "Vazio, desolação, ruína! O coração se derrete, os joelhos tremem, acabam-se as forças, e o rosto de todos empalidece" (Na 2.10). "Em cumprimento a essa profecia, Nínive foi atacada em 614 a.C. por Ciaxares, rei dos medos", comenta Carl E. Armerding. "Um setor dos subúrbios foi capturado, mas a cidade não foi tomada, pois os medos desviaram suas energias para a derrubada de Ashur. No entanto, uma aliança subsequente de Ciaxares com o babilônico Nabopolassar levou a seu ataque combinado a Nínive em 612, aparentemente acompanhado pelos citas, uma batalha registrada em detalhes nas *Crônicas Babilônicas*."[2]

Um dia, todos os reinos humanos cairão. O único que permanecerá é o reino de Deus, cujo governo se manifesta em nós, como pessoas arrependidas e reunidas como igreja de Cristo. Quando Jesus voltar, a única forma de escapar do destino de Nínive é como povo de Deus.

Houve muitos períodos na história da igreja em que ela acreditou poder viver como império, com valores e conceitos melhores. Era muito comum a tentativa de substituir os deuses gregos pelo Deus cristão, como forma de colocar o reino de Deus em prática. Mas o reino de Deus se manifesta no coração. Não no mundo político. Depois do saque dos visigodos, em agosto de 410 d.C., Roma passou a ser muito criticada. Os descrentes diziam: "No tempo de nossos deuses, Roma prosperou. No tempo dos cristãos, Roma é destruída". Era um grande argumento apologético contra a validade do cristianismo. Agostinho, então, na tentativa de consolar e ensinar como viver, prega uma série de sermões em que pergunta a sua igreja: "Tu te espantas que o mundo chegue ao fim? Mais vale que te espantes de vê-lo chegar a idade tão avançada".[3]

Quando olhamos para o mundo e suas mazelas, pensamos estar próximos de seu fim, mas a verdade é que estamos diante do fim há muito tempo, porque nós representamos o fim. Nós somos o povo do Apocalipse. Nós representamos a razão do fim. Então, como Agostinho, pergunto: Você se admira que o mundo esteja ruindo? Admira-me muito mais que ele tenha chegado até aqui. Mas esse dia virá.

É fácil sermos enganados por Satanás e permitir que a glória de Nínive brilhe diante de nossos olhos — a sensualidade das mulheres, a glória no trabalho, as benesses da riqueza, o prazer do entretenimento. Podemos nos deixar levar por tudo aquilo que Nínive tem a oferecer. Não podemos esquecer que um dia impérios humanos foram invadidos pela água, pela terra e pelo fogo.

**CONCLUSÃO**

No livro *Quando Lisboa tremeu*, o escritor Domingos Amaral romanceia aquele momento terrível que acometeu capital portuguesa. A certa altura da história, um padre chamado Malagrida berra, em meio à destruição pós-terremoto, mas antes do tsunami, que toda aquela catástrofe era castigo de Deus. Ele diz a um dos líderes da cidade:

"Deus está a punir esta cidade de gente pecadora e vil! Deus quis pôr um fim à desordem moral, à luxúria, à baixeza dos homens e mulheres de Lisboa!". O político então, tentando escapar das condenações do padre, responde: "Padre Malagrida, temos de socorrer as pessoas, não lhe parece?". O padre então deu dois passos em frente, com o terço em mãos, e afirmou: "O rei já se confessou dos pecados, mas nem todos o fizeram! E é por isso que Deus nos infligiu este terrível castigo..." — o padre queria tornar claro que boa parte da corte não se confessava há muito tempo. O ministro então retrucou: "Mais tarde teremos tempo para tudo, padre Malagrida. Tempo para nos confessarmos, tempo para rezarmos, tempo para pensarmos nos desígnios de Deus. Mas, por agora, há coisas mais urgentes...". O padre deu um sorriso cínico e perguntou: "Há coisas mais urgentes do que Deus?". E elevando a voz, olhou em volta, para uma audiência formada por cocheiros, criados, soldados e alguns nobres, e então gritou: "Se não nos arrependermos todos, a terra vai continuar a tremer! A cidade vai ficar em ruínas! Só Deus nos pode ajudar, só Deus, na sua infinita misericórdia, nos pode salvar!". O ministro ficou irritado com isto e começou a se preparar para sair, quando o padre apontou o dedo ao ministro e disse: "Não devemos desafiar Deus! A sua misericórdia é grande, mas a sua fúria é infinita!".[4]

Um dia, as cidades ruirão. Um dia, o Brasil ruirá. Um dia, o mundo inteiro será consumido pelo fogo em um estrondar. Um dia, seremos todos consumidos pelo fogo, pela terra e pela água. Cidades vitimadas por catástrofes foram reconstruídas, mas Nínive não foi. Os reinos ímpios não serão. E, sem arrependimento, nossa vida também não será. Na verdade, apenas diante do Deus vivo, em fé e arrependimento, poderemos ser encontrados no único reino que nunca será abalado: o reino de Deus.

# 24

# O LEÃO E A PROSTITUTA

NAUM 2.11—3.7

Já presenciei o fim de muitos ministérios. Pessoas, antes fiéis a Deus e ao ministério, deixaram, em algum momento da vida, o serviço a Deus e a fé. São vários os motivos que levam alguém a abandonar seu ministério: incapacidade de suportar cobranças injustas, opositores que às vezes se tornam inimigos do ministério, sedução por pequenas mentiras do mundo, do diabo e da carne. O pastor pode ser convencido de coisas falsas acerca do ministério, de si mesmo, da vida que ele deveria viver, ou mesmo da sua igreja.

Segundo o texto de Naum, Nínive se tornou poderosa de duas maneiras: como leão e como prostituta. Como leão, usava de violência despedaçadora. Era oposição, um inimigo claro e direto. Como prostituta, sua arma era a sedução irresistível. Nínive mentia, enganava e lançava mão de alianças e parcerias militares para seduzir as nações, enfeitiçando-as e conduzindo-as ao erro. Nínive destilava palavras de morte.

Mas Deus zomba da força mordaz e da falsa sedução de Nínive.

### O LEÃO

Nínive como um leão é uma ilustração usada em Naum 2.11: "Onde está, agora, o covil dos leões e o lugar onde os leõezinhos se alimentavam, onde passeavam o leão, a leoa e o filhote do leão, sem que ninguém os espantasse?". Presente em bandeiras, armaduras e edifícios, o leão era o símbolo oficial do império assírio, como demonstração de sua força. As paredes do palácio de Assurbanipal eram decoradas com relevos de caçadas de leões. Os assírios se viam como leões violentos e invencíveis. O profeta Isaías assim se refere a eles enquanto descreve o ataque contra Israel: "O rugido deles é como o do leão; rugem como filhos de leão, e, rosnando, arrebatam a presa e a levam, e não há quem a livre" (Is 5.29).

As pessoas costumam usar a imagem do leão como representação de força, crueldade e violência. Nas Escrituras, o próprio diabo também é comparado a um leão que vem sobre nós: "Sejam sóbrios e vigilantes. O inimigo de vocês, o Diabo, anda em derredor, como leão que ruge procurando alguém para devorar" (1Pe 5.8). O mal está a nossa volta, e com muito poder. O diabo é poderoso e cruel. Hoje, assim como o leão tentava devorar o povo de Israel, um leão tenta devorar a igreja espiritualmente.

Referindo-se a Nínive, Naum 2.12 diz: "O leão arrebatava o bastante para os seus filhotes, estrangulava a presa para as suas leoas, e enchia de vítimas as suas cavernas, e os seus covis, de rapina". Os ninivitas caçavam outros povos de modo cruel, como se fossem presas, e ajuntavam suas riquezas para si. "Quando a cidade de Surah (na Síria) se rendeu com a promessa de clemência, Assurnasirpal a queimou, cortou as pernas dos oficiais militares, trouxe a população para casa como escravos e mandou esfolar vivo o governador publicamente na capital".[1] Essa linguagem de violência descreve muito bem a força dos inimigos.

O povo de Israel não desprezava a força do leão, como infelizmente fazemos com nosso inimigo. Achamos que o diabo é brincadeira, ou apenas um conceito. Muitos o identificam com a maçonaria, o satanismo, as religiões africanas. Não entendemos que o inimigo está sempre às portas, como um leão rugindo ao derredor. O povo de Israel não poderia correr o risco de desprezar a força leonina dos assírios diante do risco de serem literalmente destruídos. Nós, em contrapartida, diante de uma força capaz de nos destruir naquilo que mais importa — nossa fé e vida com Deus —, tratamos o pecado como se ele não fosse de fato violento.

Existem vários leões em torno da igreja, além de Satanás. No texto, há uma metáfora de aniquilação por tortura, uma prática imitada pelos romanos séculos à frente. O próprio Cristo sofreu aniquilação por tortura. Para que pudéssemos ser salvos, a violência dos ninivitas — uma violência demoníaca — alcançou o próprio Cristo.

Em contrapartida, Jesus é também comparado a um leão, mas com a ressalva de que essa comparação vem para redimir a imagem do leão, agora como uma força que leva à vitória. Se ao longo do Antigo Testamento temos as nações inimigas como um leão cruel, no Novo Testamento o Leão da tribo de Judá vence as forças de oposição do mundo: "Então um dos anciãos me disse: — Não chore! Eis que o Leão da tribo de Judá, a Raiz de Davi, venceu para quebrar os sete selos e abrir o livro" (Ap 5.5). O Cristo que morreu por causa da violência dos leões do mundo é o que vence qualquer força de violência desse mesmo mundo. E porque Jesus venceu o mundo, temos convicção da força da nossa fé, como igreja, perante seus opositores, perante os que querem nosso mal e perante o próprio diabo.

Por mais que muitos queiram destruir a igreja — grupos políticos, ideológicos, socioculturais, acadêmicos — levantando-se contra a fé, o grande inimigo da fé é o diabo — as forças dos principados e potestades espirituais, como diz Paulo. Essa é nossa guerra. Não são assírios, etnias ou visões políticas. O diabo é como o leão assírio em toda sua maldade, e ele não está de brincadeira.

A tristeza é que muitas vezes nos tornamos os leões dos outros. Não vítimas do mal, mas agentes dele. Passamos a levar um tipo de vida — pessoal, conjugal, ministerial, profissional — que não glorifica o nome de Deus. Mas temos Cristo e, se seguimos o Leão da tribo de Judá, ele nos dará força para lutar contra nosso pecado. Cristo ruge dentro de nós e cala o instinto animalesco faminto por saciar todo desejo de pecado. Jesus ruge e cala o grito de Satanás que tenta nos amedrontar.

Precisamos encontrar e seguir o verdadeiro Leão, que é maior que qualquer outro leão que se levante e ruja.

### O INIMIGO DO LEÃO

"'Eis que eu estou contra você', diz o SENHOR dos Exércitos; 'queimarei os seus carros de guerra, a espada devorará os seus leõezinhos, arrancarei da terra a sua presa, e nunca mais se ouvirá a voz dos seus embaixadores'" (Na 2.13). Deus se apresenta como inimigo do leão. Não é o tipo de coisa que gostaríamos de ouvir da boca de Deus. Um dia, todos estaremos face a face com Deus. Todos contemplaremos seus olhos como chamas de fogo. Se Deus olhar e disser "estou contra você", não haverá um só átomo do nosso corpo que permanecerá intacto.

Nenhum exército humano pode ser mais forte que Deus, por isso ele quebraria a força de guerra da Assíria, aniquilaria todo seu poder. A Assíria nunca mais amedrontaria alguém. Esse é o mesmo leão que vencerá a força do diabo e os inimigos de Deus. Assim como Deus venceu a força criminosa e assassina dos assírios, ele vence a força dos que se levantam, hoje, contra a igreja de Cristo. Vencemos o mundo como cordeiros mudos que morrem. Nossa postura deve ser de conciliação, paz e amor. Paulo diz que a força da nossa milícia — e ele usa exatamente esse termo — é o amor, a graça e a pregação (2Co 10.4).

Erroneamente, imaginamos um diabo reinando no inferno, mas isso não é verdade. Não só o diabo não reina no inferno como os demônios não querem ir para lá. Quando Jesus expulsava demônios, eles lhe pediam que não os mandasse ao inferno. Creio que demônios sofrem no inferno. Além disso, o livro de Apocalipse nos diz que o inferno será lançado no lago de fogo. Satanás será destruído e punido pela força do Deus vivo. O diabo será o último inimigo a ser destruído juntamente com a morte.

Não devemos temer os mensageiros do diabo, nem os que se levantam contra nós, pois serão todos calados, não por causa da nossa apologética ou argumentação, mas pelo próprio Deus. Nossa função é proclamar as boas-novas, confiantes de que o leão que ruge a nosso redor — o diabo e seus aliados — enfrenta outro leão muito mais poderoso: Deus.

O texto diz ainda: "Ai da cidade sanguinária, toda cheia de mentiras e de roubo e que não solta a sua presa!" (Na 3.1). Em 2Reis 18.31-32, encontramos um alerta contra a mentira dos assírios:

> Não deem ouvidos a Ezequias. Porque assim diz o rei da Assíria: "Façam as pazes comigo e se entreguem. Então cada um comerá da sua própria videira e da sua própria figueira, e beberá a água da sua própria cisterna, até que eu venha e os leve para uma terra como a de vocês, terra de cereal e de vinho, terra de pão e de vinhas, terra de oliveiras e de mel, para que vocês vivam e não morram." Não deem ouvidos a Ezequias, porque ele está enganando vocês, ao dizer: "O Senhor nos livrará".

Deus lhes tiraria a força do mal. "Eis o estalo dos açoites, o estrondo das rodas, o galope dos cavalos e os carros que vão saltando!" (Na 3.2).

Deus impediria o mal que recairia sobre Judá. Naum 3.3 diz: "Os cavaleiros que esporeiam, as espadas brilhantes, as lanças reluzentes, uma multidão de feridos, massa de cadáveres, mortos sem fim — chegam a tropeçar sobre os mortos" (Na 3.3). Esse é o destino do opositor, daquele que se levanta contra o povo de Deus.

Como igreja, temos a promessa do Apocalipse. A certeza de um Cristo que vem. Por isso, nossa vida tem de ser de arrependimento, fé, esperança e transformação. Sempre que pecamos sem arrependimento, o chicote estala. Sempre que mentimos e enganamos impunemente, o chicote estala. Você está ouvindo? O chicote de Deus alcançará aqueles que vivem em pecado, sem arrependimento e sem Cristo como único salvador.

A única forma de escapar do chicote é viver na luz de Cristo, que foi torturado por Deus em nosso lugar.

## A PROSTITUTA

"Tudo isso por causa da grande prostituição da bela e encantadora prostituta, da mestra de feitiçarias, que seduzia as nações com a sua prostituição e os povos, com as suas feitiçarias" (Na 3.4). Nínive é caracterizada como uma bela prostituta, que atrai pelo poder da sedução, linguagem também utilizada em Apocalipse 15—16 referenciando os povos inimigos de Deus.

Os incursos de Nínive, repletos de mentira e enganação, levavam outros povos à ruína. O texto menciona uma magia sedutora, que Nínive usava principalmente de duas formas. A primeira, enganando os inimigos de guerra. Eles ofereciam rendição, mas, uma vez rendida, parte do povo conquistado era morta e a restante, escravizada. A segunda, seduzindo pessoas para seu lado na guerra.

Satanás é também sedutor, como uma meretriz. O mal não se manifesta apenas como um rugido violento, mas também como uma voz suave e sussurrante. O mal não é apenas a sensação de dentes que mordem, mas também a sensação de carinho e afago. Nínive tentava destruir seus inimigos não só pela oposição direta, mas também pela sedução mentirosa.

É isso que o pecado faz conosco. Ele nos seduz e enfeitiça. Há pessoas que parecem estar completamente enfeitiçadas pela bebida, pelo adultério, pela ganância, como se nada mais fizesse sentido em sua vida. O pecado se mostra como algo belo. O diabo não tentaria nos derrubar com algo que não fosse atrativo. Ele sabe como seduzir. O diabo é sexy. O diabo é romântico. O diabo sabe de suas carências e, portanto, sabe como elogiar e o que dizer. O diabo faz os elogios que você não costuma receber em casa de sua esposa ou de seu marido. O diabo só precisa achar o momento perfeito da corrupção, do pecado, da mentira, do engano.

O diabo não só tenta nos destruir, mas também corromper. Infelizmente, somos muito ingênuos sobre a própria fé. Temos medo da oposição violenta, mas não da corrupção sedutora. Temos medo de um patrão anticristão, que zomba da moral cristã, mas não tememos um patrão que, embora se mostre simpatizar com os cristãos, tenta convencer-nos de que não há nada de errado em portar-se pecaminosamente. A sedução do que parece certo é muito mais prejudicial do que aquilo que se mostra claramente errado.

Um mau pastor que conduz seu rebanho pelo caminho errado com um linguajar enganosamente bíblico é mais prejudicial à fé de suas ovelhas que mil ateus tentando destruir a crença delas. O mundo não quer só nos destruir, mas também seduzir. Algumas apostasias não vêm porque a pessoa teve contato com o que era explicitamente contrário, mas com o que era sutil e sedutor.

Nestes quase vintes anos de convertido, tive amigos crentes que amavam o Senhor, seguiam uma ética cristã, congregavam em igreja, amavam a esposa, mas que deixaram tudo para militar por uma moral cristã na política. Satanás é esperto demais. Somos muito inteligentes para nos defender daquilo que é claramente oposto, mas somos tolos para nos opor ao que é sedutor. O diabo não é só o leão que ruge, mas também a prostituta que seduz. A questão é que desprezamos o potencial demoníaco da sedução. Geralmente, o adultério não vem com o cara sarado da academia chamando repentinamente para o motel. Tudo começa com um gracejo, uma piada, uma conversa que vai ficando mais íntima até que a pessoa se veja enfeitiçada pelas amarras do pecado.

Deus também é inimigo da sedução da prostituta.

### O INIMIGO DA PROSTITUTA

"'Eis que eu estou contra você', diz o SENHOR dos Exércitos. 'Levantarei as abas de sua saia sobre o seu rosto, e mostrarei às nações a sua nudez, e aos reinos, as suas vergonhas'" (Na 3.5). Deus deixará explícito intenções, objetivos, coisas ocultas do coração. Ele exporá os detalhes da sedução. Deixará clara a motivação maligna e transformará o desejável, o sedutor e o enfeitiçador em algo desprezível. "Vou jogar sujeira sobre você, tratá-la com desprezo e transformá-la em espetáculo" (Na 3.6).

Deus mostrará que o mal deve ser rejeitado. Você não anseia por nunca mais sentir a força atrativa da sedução do pecado? Nunca mais ser tentado? Perceber a podridão de tudo o que desonra Deus? Em algum momento, em sua graça e misericórdia, ele revelará plena e perfeitamente a miséria deste mundo, e então, revestidos da natureza divina, seremos libertos de nós mesmos, do mal que está em nós e ao qual cedemos crendo que ele é capaz de suprir nossa carência.

Naum 3.7 traz uma clara mensagem de destruição acerca de Nínive: "Todos os que a virem fugirão de você e dirão: 'Nínive está destruída!' Quem terá compaixão dela? De onde buscarei quem a console?". A destruição foi tão devastadora que nos trezentos anos seguintes não foi possível identificar o local que Nínive ocupava. Deus destruiu profunda e absolutamente aquela cidade. Podemos ter essa esperança. Quando Deus vier para destruir a sedução do pecado, não haverá quem lamente a morte da morte ocorrida na morte de Cristo. Quando Jesus morre, a morte morre.

Chegará o dia em que a morte morrerá, Satanás será vencido definitivamente, nós seremos transformados e todo mal que há em nós acabará. Chegará o dia em que Deus vencerá para sempre.

### CONCLUSÃO

Queria deixar algumas questões para reflexão. A primeira, muito simples, é: Olhe para sua vida como um todo e diga quais são seus pontos fracos — na fé, no casamento, na honestidade, na família, no ambiente de trabalho, na faculdade? Às vezes, elaboro um exercício com alguns casais e faço uma pergunta extremamente constrangedora: Se você quisesse adulterar, por que seria? O objetivo é fazer o casal pensar sobre suas fraquezas a fim de vencê-las.

Se você quisesse desviar recursos, por que o faria, ou como o faria? Se você fosse largar o ministério, por que seria? Precisamos de autoanálise. Precisamos olhar dentro do coração e nos conhecer. Precisamos conhecer nossas falhas e fraquezas para saber onde o diabo pode nos tocar. Precisamos conhecer nossas falhas e fraquezas para levá-las diretamente a Jesus, a fim de que, por sua graça, possamos superá-las e, desse modo, o diabo não encontre guarida para seus ataques.

Nosso desejo precisa estar voltado para Cristo, para sua obra perfeita, e então ouvir do Leão da tribo de Judá: "Passa para o descanso do teu Senhor, servo bom e fiel" (Mt 25.21).

# 25

## ENQUANTO DEUS DESPEDAÇA OS FILHOS, OS SANTOS APLAUDEM A DESTRUIÇÃO

NAUM 3.8-19

Uma imagem que sempre me ajuda nos dias em que a vida parece um pouco mais difícil é lembrar que o mundo passará muito depressa. Na adolescência, eu sofria de dores crônicas e ouvia que a dor é passageira. Ela pode durar no máximo o período de uma vida. Quando a vida passar, Cristo nos secará toda lágrima, nos dará um corpo livre de doenças e nos dará força eterna.

É importante entender este conceito: podemos sentir dores físicas, emocionais e até dores da alma, mas, independentemente de sua duração, elas sempre serão temporárias para aqueles que têm Cristo como seu salvador. A vida é curta, o mundo logo passará, e a promessa é que haverá um céu de glória, um novo corpo, um novo mundo, uma nova criação. Toda dor é transitória.

O título da canção da Banda Mais Bonita da Cidade, "Já vai passar", é bastante sugestivo. Como suportamos viver em um mundo com tantas tragédias — crianças mortas, idosos maltratados, justos trapaceados, desonestos beneficiados, crime recompensado e mal impune? *Já vai passar.*

O século é jovem.
Ele mal começou.
Esse mundo é prematuro, é rápido.
Ele já está nos últimos dias.
O século é jovem.[1]

O mundo está presenciando os últimos dias, porque a vida é "por enquanto". As Escrituras a descrevem como sopro, relva, neblina e vaidade. Apegar-se a ela é como tentar apascentar o vento. Quando tentamos juntar dinheiro, reputação, prazeres, glórias e honra, é como guardar fumaça em um cofre. Este mundo é jovem. É por enquanto. Logo vai passar. Tememos, lutamos e sofremos em um mundo que nos olha como inimigos. Os homens da violência, os assírios com suas espadas flamejantes são muitos, mas a verdade é que a força do mundo é jovem, já vai passar. Os reinos deste mundo já vão passar.

Numa referência à aparição de Jesus após sua ressurreição na casa onde se encontravam os discípulos, com portas trancadas (Jo 20.19-23), Em sua ficção científica *Perelandra*, C. S. Lewis nos sugere que o fato de Cristo ter atravessado paredes não quer dizer que ele seja um fantasma, mas que essa realidade se torna gasosa diante da ressurreição que transcende nosso mundo.[2] Então, por que temer a força do mundo se ele é fumaça diante da concretude da fé e da ressurreição? Se ele é só por enquanto?

O texto deste capítulo encerra toda a história pela qual passamos nos livros de Jonas e Naum ao relatar a destruição de Nínive. Ele mostra a fraqueza do mundo, dos perseguidores e dos que tentam calar a igreja. Trata-se de um poder jovem, temporário e "por enquanto". O texto de Naum nos faz refletir sobre isso ao nos levar para o passado, presente e futuro dos poderes deste mundo.

### OLHE PARA O PASSADO, DEUS DESTRUIU GENTE MAIOR

Naum começa por comparar Nínive com outras cidades antigas, as mais fortes do Egito, que foram destruídas cerca de cinquenta anos antes de Nínive. Agora, Deus anuncia a destruição da própria Nínive, a exemplo dos que foram destruídos por ela. O texto diz: "Será que você é melhor do que Tebas, que estava situada junto ao Nilo, cercada de águas, protegida pelo mar e tendo as águas por muralha?" (Na 3.8). À semelhança de Nínive, Tebas também era protegida de invasões militares por sistemas hidráulicos e fossos preenchidos pelo rio Nilo. Foi uma das grandes e duradouras cidades do mundo antigo (2000–663 a.C.).[3] Esse império de quase 1.500 anos também foi destruído.

Tebas possuía parceiros de guerra poderosos. O texto diz que "a Etiópia e o Egito eram a sua força, força sem limites; Pute e Líbia eram seus aliados" (Na 3.9). Na época de sua derrota, Tebas controlava o Egito e Cuxe (antiga Etiópia que incluía o norte do Sudão) e era aliada de Pute (parte da atual Líbia ou Somália) e da Líbia.[4] A grande ironia é que Tebas foi conquistada pelo rei assírio Assurbanipal. Foi a cidade mais bem defendida que Nínive conquistou.

A mensagem de Naum teria levantado uma questão válida e assombrosa entre os assírios que se lembravam da conquista de Tebas. O profeta descreve as ações perpetradas pela Assíria contra ela, aumentando retoricamente suas ofensas. Os ninivitas atacaram bebês no chão, e os anciãos, os líderes políticos e homens fortes foram acorrentados e vendidos como escravos (2Rs 8.12; Is 13.16; Os 13.16). A violência dessa conquista volta-se agora contra eles, pois seriam igualmente destruídos pela Babilônia. "Todavia, ela foi levada ao exílio, foi para o cativeiro. Também os seus filhos foram despedaçados nas esquinas de todas as ruas. Sobre os seus nobres lançaram sortes, e todos os seus grandes foram presos com correntes" (Na 3.10). Deus traria sobre aquela cidade o mesmo mal que ela havia perpetrado contra seus inimigos — dos maiores até os menores.

A mensagem de Deus para Nínive é que a cidade havia visto povos maiores e mais poderosos, e Deus os havia derrotado por meio de Nínive. Agora, Deus derrotaria Nínive por meio de cidades inimigas. Ao olhar em retrospectiva para a história, encontramos algum reino que tenha resistido ao poder de Deus e durado para sempre? A verdade é que podemos achar esperança na mensagem de condenação à Nínive ao saber que, reino após reino, força após força, a glória de Deus prevaleceu. Os reinos do Antigo e do Novo Testamento se levantaram um após o outro, mas nenhum foi capaz de deter o plano de Deus ao longo da história.

De igual modo, o povo de Deus permanece firme, não com base em seu poderio militar, mas porque o Senhor soberano cuida dos seus. Será que o mundo pode nos destruir? Eu consigo imaginar a igreja olhando para o mundo — os acusadores, os violentos, os perseguidores— e rindo sem temor. Consigo imaginar a igreja perguntando: "Você, mundo, acha que tem força para nos destruir? Onde está a força dos imperadores que nos perseguiam e nos matavam? Onde está a força dos governos autoritários que tentavam nos calar? Onde está a força dos zombadores que tentam nos constranger?". Será que temos mesmo razão para temer os poderes deste mundo? Cristo prometeu que a morte nunca prevaleceria contra a igreja (Mt 16.18). Permaneceremos até o fim dos tempos, porque Cristo prometeu estar sempre conosco (Mt 28.20). Temos a promessa da plenitude da salvação, que será revelada quando ele romper os céus para levar sua igreja para desfrutar com ele uma herança eterna (1Pe 1.3-9).

Podem matar alguns de nós. Podem demitir alguns de nós. Podem nos prender, multar e cercear. A igreja sempre triunfará! Ela permanecerá! Os reinos humanos serão todos despedaçados. Todos eles são por enquanto. Mas o reino daqueles que permanecem na paz e no amor é para sempre. Não precisamos temer nem nos assustar. Basta olhar para o passado, para a história do povo de Deus. Reino após reino e exército após exército, todos caíram embora prometessem nosso fim.

Continuamos aqui. E continuaremos.

### OLHE PARA O PRESENTE, OS FALSOS PODEROSOS SÃO FRACOS E INCAPAZES

Não é só o passado da igreja que nos dá força e esperança de que permaneceremos, apesar das perseguições do mundo. O presente já nos dá essa certeza. Os poderosos acreditam ter controle sobre a cultura, a mídia, a política e tudo em que conseguem tocar. A cidade do pecado acredita que reina. Mas é possível encontrar força nela? Pessoas que, apesar de possuir grandes recursos financeiros, não têm nenhum propósito na vida. Pessoas que, apesar de falarem sobre modelo familiar e social, nada mostram de concreto. Nada é funcional, nada existe de fato.

"Também você, Nínive, será embriagada e se esconderá. Também você procurará um refúgio contra o inimigo" (Na 3.11). Eles beberiam do cálice da ira que lhes sobreviria e, embriagados, seriam incapazes de vencer a guerra. "Todas as suas fortalezas são como figueiras com figos prematuros: é só sacudir a figueira, que os figos caem na boca de quem os há de comer. Eis que os seus soldados são como mulheres. Os portões do seu país estão completamente abertos para os seus inimigos; o fogo destruiu as trancas" (Na 3.12-13).

Eles acreditavam ser fortes, mas na verdade eram fracos. Em nossa igreja, temos uma mangueira, que é o nosso xodó. Na época de manga, os frutos caem sozinhos, sem que tenhamos que empregar nenhuma força para colhê-los. Aqueles homens achavam que eram fortes, mas eram como uma árvore pequena, cujos frutos caem, sem nenhum esforço. O texto compara, ainda, os soldados às mulheres. Imagine a disparidade de força física. Os portões já estavam destrancados, porque o fogo havia consumido as trancas. Um simples empurrão os abriria. Em Naum 3.14-19, Deus chega a zombar dizendo:

> Tire água para o tempo do cerco,
>> reforce as suas fortalezas,
> entre no lodo e pise o barro,
>> pegue as formas para fazer tijolos.
> No entanto, você será consumida pelo fogo
>> e exterminada pela espada como folhas devoradas pelos gafanhotos.
> Multipliquem-se como os gafanhotos!
>> Tornem-se tão numerosos como eles!
> Os seus negociantes eram mais numerosos do que as estrelas do céu,
>> mas como gafanhotos bateram asas e voaram.
> Os seus príncipes eram como gafanhotos,
>> e os seus chefes, como gafanhotos grandes,
> que pousam nos muros em dias de frio;
>> quando o sol aparece, voam embora,
> e não se sabe para onde vão.
> Os seus pastores dormem, ó rei da Assíria;
>> os seus nobres cochilam.
> O seu povo está espalhado pelos montes,
>> e não há quem possa ajuntá-lo.
> Não há remédio para o seu mal;
>> o seu ferimento é grave.

Embora o mundo tente se defender como pode da ira de Deus ou encontrar recursos humanos para permanecer, tudo não passa de loucura, fraqueza, e é por enquanto. Confiar no poder do mundo é inútil. Conheci muita gente rica — milionária e bilionária, que confiava na riqueza — e aprendi muito cedo que podemos ter o mundo nas mãos e, afinal, não ter nada. Continuam vazios, fracos e incapazes, porque não possuem a esperança que realmente importa. Nenhum poder humano é suficiente para sustentar o mundo, porque ele é fraco, jovem e por enquanto.

Os países com maior IDH são os que apresentam as maiores taxas de suicídio. Por que temeríamos o poder do dinheiro quando ele não é suficiente para conferir força eterna? Por que temeríamos o poder de nobres e poderosos que controlam a vida social, se isso não é o bastante para manter seu reino inabalável? Por que temeríamos colegas de trabalho, patrões ou orientadores que zombam de nós? Por que temeríamos um pai, uma mãe ou parentes que desdenham da nossa fé? Por que, então, temeríamos o poder humano se ele é fraqueza diante de Deus?

Não é só o passado e não é só o presente. O futuro nos garante a brevidade e a transitoriedade do mundo. Não vale a pena temer, nem nos apegar a nada deste mundo. No futuro celebraremos a destruição dos que pensam dominar-nos. Hoje podemos sofrer e chorar diante de dores e perseguições, mas haverá um momento em que não só escaparemos da perseguição, como celebraremos o fim dos perseguidores.

### OLHE PARA O FUTURO, CELEBRAREMOS A DESTRUIÇÃO DOS QUE ACHAM QUE NOS DOMINAM

O livro de Naum termina dizendo que "todos os que ouvirem falar do que aconteceu com você baterão palmas. Pois quem não foi vítima da sua crueldade sem fim?" (Na 3.19). Nós também aplaudiremos quando virmos o que Deus fez com a cidade do pecado, afinal "quem não foi vítima da sua crueldade sem fim?". O mundo faz muitas vítimas, mas um dia ele será vítima da ação de Deus. Essa é a realidade de Apocalipse 19. O mundo é destruído, a Babilônia é condenada, e os santos aplaudem e glorificam a Deus pela destruição do mundo e do pecado.

É por esse motivo que, em uma de suas canções, Stênio Marcius canta: "Por isso, esse olhar de certeza, / Por isso, caminho sem pressa / Eu sempre renasço das cinzas / Guardei um sorriso pro fim".[5] Neste mundo, choraremos, temeremos e sofreremos, mas temos um olhar de certeza. Não estamos com pressa. Não estamos ansiosos para sair dessa situação presente, o reino virá. Há um olhar de certeza que nos capacita a renascer de qualquer cinza deste mundo, porque a igreja sempre renasce das cinzas.

Temos um sorriso guardado para o fim. A certeza é que triunfaremos sobre a cidade dos homens.

## CONCLUSÃO

O que estudamos aqui nos dá pelo menos três convicções. A primeira é que não precisamos temer a força do mundo. Nínive foi comparada com Tebas tanto na força como na destruição e queda. O mundo parece forte dentro dos padrões humanos. Mas nos padrões divinos, essa força é nada. Deus é infinitamente mais poderoso que qualquer força humana. Permaneceremos firmes, se nos mantivermos fiéis. Nínive foi comparada com Tebas. Grande coisa! Nós somos comparados com Jesus! Ele morre, mas ressuscita. A "força" do mundo pode provocar a morte física, mas certamente não tem poder algum para interferir na vida eterna que teremos com nosso Senhor, o Cristo soberano. Estaremos com o Rei dos reis numa vida maiúscula de graça, amor e alegria.

Não estamos aqui para ser mais fortes que o mundo. Podemos permanecer fracos, entregando a outra face, falando bem de quem fala mal, perdoando quem não nos perdoa. Não entramos nas mesmas guerras do mundo. Atraímos pela diferença. Podemos não ter o mesmo poder deles, mas compartilhamos entre nós, crentes, a mesma esperança, a mesma fé, o mesmo Senhor, o mesmo Espírito e o mesmo Pai. Justamente por isso é que permaneceremos. Somos comparados com Jesus em sua "fraqueza", mas também somos comparados com ele em sua ressurreição. A vida cristã genuína pode não ser triunfante sob a perspectiva humana, mas estamos destinados a um reino que faz de Babel um castelo de cartas.

A certeza que temos é que há uma glória para além desta vida. Chegará o dia da justiça vinda da mão do Senhor. Temos um poder que está além deste mundo e que, apesar da nossa fraqueza, se manifestará como glória divina pela eternidade.

A segunda convicção é que faz parte da nossa missão lutar pelas pessoas. Não somos seus inimigos, estamos aqui para amá-las e alcançá-las. Quanto mais ninivitas vierem para a terra de Jerusalém, menos serão destruídos na vingança do Cordeiro. Nossa missão é declarar as maldições de Naum, apregoando para este mundo mau que a desgraça predita recairá sobre aqueles que insistem em seguir o curso da maldade. Mas também levamos a mensagem de arrependimento proferida por Jonas. Devemos ansiar que esses homens e essas mulheres encontrem em Cristo Jesus sua salvação e esperança. Declaramos, sim, a verdade da ira divina que recai sobre um mundo de maldade, mas com o desejo de obter arrependimento e fé genuína.

Diante do pecado do mundo, é fácil desenvolver um coração que se apega à punição iminente de Deus. Às vezes, nossa pregação é de ódio, de ira, e nos colocamos como inimigos dos indivíduos maus, desejando o seu mal. Nossa missão, porém, é alertar sobre a ira convidando para a graça. Não é preciso pregar a ira, ela já é o estado natural do homem sem Deus. É por isso que, em sua primeira vinda, Jesus disse que não veio ao mundo para condená-lo, mas para salvá-lo. O mundo já estava sob condenação. O espírito da Nova Aliança é orar pelos que nos perseguem e amar os que nos odeiam.

A terceira convicção é que, se essa é a verdade que provém da Palavra, não devemos viver apegados aos valores do mundo. Valorizamos tanto o poder do mundo que passamos a temê-lo. Mas a realidade é que Nínive foi destruída. Assíria foi destruída. Vivemos em um mundo que também será destruído. A única forma de escapar da destruição não é ter mais do que o mundo tem — poder político ou financeiro, controle social —, mas ter algo que está além do que os inimigos de Deus acham que têm.

Anos depois da queda de Nínive, que ocorreu em 612 a.C., Jerusalém enfrentou a destruição por não ter se arrependido de seus pecados. Foi capturada e, mais tarde, demolida pelos mesmos babilônios que destruíram e saquearam Nínive. O povo de Deus ouviu Jonas, ouviu Naum, apontou para os inimigos, mas não se arrependeu do próprio pecado. Celebraram a derrota dos infiéis, mas se tornaram eles próprios infiéis. Permaneceram idólatras, valorizando o mundo. Confiaram em suas defesas militares, mas não confiaram no Deus todo-poderoso.

É aqui que quero deixar uma reflexão. Ouvimos sobre a conversão e destruição de Nínive, mas quanto da verdade de Deus sobre essa cidade violenta encontra eco em nosso coração? Vemo-nos como Judá e os profetas Naum e Jonas, mas muitas vezes agimos como os ninivitas.

Nosso coração é violento e inimigo de Deus. A espada da justiça está apontada sobre nós também, e a única forma de escapar da destruição é cair de joelhos diante do Deus todo-poderoso, que tomou sobre si a ira, a destruição e a violência que era nossa. Inescapavelmente, Deus virá para destruir os infiéis. O que nos separa dessa destruição é o Cristo que bebeu do cálice da ira em nosso lugar. O que faz que não sejamos hipócritas, ignorantes e arrogantes que apontam para os pecados do mundo é nosso olhar fixo naquele que não foi e não é por enquanto.

Precisamos encontrar em Cristo o arrependimento pelos pecados e, à semelhança dos ninivitas do tempo de Jonas, estar dispostos a nos prostrar diante do Senhor na esperança de encontrar misericórdia para além dos séculos. Precisamos encontrar a graça que é mais firme que os muros da cidade e maior que a vida, a misericórdia que é mais poderosa que exércitos e maior que a morte, o amor que permanece, a alegria que dura muito mais que qualquer exército da história, o poder de compaixão, paternidade e perdão que permanecerá quando os séculos ruírem, porque vêm diretamente do coração de Deus.

Isso é o que nos separa da ira vindoura. As perguntas para as quais devemos estar atentos são: Será que já nos prostramos diante do amor e da graça, diante do Deus que fará toda dor ser por enquanto? Será que já encontramos em Cristo a razão de uma existência que vai para além da eternidade?

Quero convidar você que termina este livro a se prostrar diante de Deus. Se você entende que ainda não se aproximou do Cristo salvador, esta é a hora de ir até ele. Somente assim, orando num clamor de arrependimento por perdão, pedindo que Cristo aceite você de fato, toda dor será por enquanto, e você terá convicção de que este mundo já vai passar. Você olhará para este século e o achará curto demais, pequeno demais, jovem demais.

Somente em Cristo você será capaz de entender a alegria que virá e que se estenderá por toda a eternidade.

# NOTAS

### INTRODUÇÃO
[1] Karlos Rischbieter, *Fragmentos de memória* (Curitiba: Travessa dos Editores, 2007), p. 243.

### CAPÍTULO 1
[2] Leslie C. Allen, *The Books of Joel, Obadiah, Jonah, and Micah*, The New International Commentary on the Old Testament (Grand Rapids: Wm. B. Eerdmans, 1976), p. 203.
[2] Erika Bleibtreu, "Grisly Assyrian Record of Torture and Death", *Biblical Archaelogy Review*, jan./fev. de 1991, p. 57-8.
[3] Ibid., p. 58.
[4] W. J. Deane, "Jonah", in: Joseph S. Exell e Henry Donald Maurice Spence-Jones (eds.), *The Pulpit Commentary: Amos to Malachi*, vol. 14 (Grand Rapids: Wm. B. Eerdmans, 1950), p. 295.
[5] Ibid.

### CAPÍTULO 2
[7] "A Nation Challenged: Portraits Of Grief", *The New York Times*, 30 de setembro de 2001, <https://www.nytimes.com/2001/09/30/nyregion/nation-challenged-portraits-grief-victims-giving-it-all-business-pleasure.html>

### CAPÍTULO 3
[1] William Shakespeare, *A tempestade*, Ato I, Cena I, trad. César Lignelli, disponível em: <http://icts.unb.br/jspui/bitstream/10482/3197/1/2007_CesarLignelli.PDF>.

²Phillip Cary, *Jonah*, Brazos Theological Commentary on the Bible (Grand Rapids: Brazos Press, 2008), p. 47.
³Ibid., p. 46.
⁴Ibid.
⁵Renato do Vale, *Jonas: Quando o homem quer fugir de Deus* (Curitiba: Emanuel, 2018), edição Kindle.
⁶Dante Alighieri, *Divina comédia*, trad. Vasco Graça Moura (São Paulo: Landmark, 2024), "Inferno", Canto I.
⁷Herman Melville, *Moby Dick*, trad. Rogério W. Galindo (Rio de Janeiro: Antofágica, 2022), p. 60.
⁸Shakespeare, *A tempestade*, Ato I, Cena I.
⁹Ibid., Ato I, Cena II.
¹⁰Ibid., Epílogo.

## CAPÍTULO 4

¹Phillip Cary, *Jonah*, Brazos Theological Commentary on the Bible (Grand Rapids: Brazos Press, 2008), p. 56.
²Sobre esse assunto, recomendo Francis Schaeffer, *The Church Before the Watching World: A Practical Eclesiology* (Downers Grove: InterVarsity Press, 1971).
³Cary, *Jonah*, p. 58.
⁴Ibid.
⁵Ibid., p. 62.
⁶Ibid., p. 63.

## CAPÍTULO 5

¹Herman Melville, "Letter to Nathaniel Hawthorne, November [17?] 1851", <http://www.melville.org/letter7.htm>.
²Albert Camus, *O mito de Sísifo* (Rio de Janeiro: Record, 2021), p. 17.
³Herman Melville, *Moby Dick*, trad. Rogério W. Galindo (Rio de Janeiro: Antofágica, 2022), p. 83.
⁴Irineu de Lião, *Contra as heresia*, Patrística, vol. 4 (São Paulo: Paulus, 2014), III, 3.4.
⁵Frank S. Page, "Jonah 1:13", in: Billy K. Smith e Frank S. Page, *Amos, Obadiah, Jonah*, The New American Commentary (Nashville: Broadman & Holman Publishers, 1995).
⁶Melville, *Moby Dick*, p. 83.
⁷LEONB, "Tão Perto", *O sol há de brilhar mais uma vez* (2022).
⁸Melville, *Moby Dick*, p. 698.

## CAPÍTULO 6

[1] Charles Haddon Spurgeon, "Labour in Vain", sermão de 1º de maio de 1864, *Metropolitan Tabernacle Pulpit*, vol. 10, disponível em: <https://www.spurgeon.org/resource-library/sermons/labour-in-vain/#flipbook/>.
[2] Ibid.
[3] St. Augustine, "Letter 102", disponível em: <https://www.newadvent.org/fathers/1102102.htm>.
[4] Moody Adams, *The Titanic's Last Hero* (Columbia: Olive Press, 1997), p. 24-5.

## CAPÍTULO 7

[1] Charles H. Spurgeon, "Exposition in Jonah", <https://www.preceptaustin.org/spurgeons-exposition-jonah>.
[2] James Reeves, "The Sea", *Thespiai*, 19 de maio de 2023, disponível em: <https://thespiai.wordpress.com/2023/05/19/the-sea-by-james-reeves/>.
[3] Måneskin, "Coraline", *Teatro d'ira*, vol. 1 (Sony Music Entertainmnet Italy S.p.a., 2021).
[4] Ernest Hemingway, *O velho e o mar*, trad. Fernando de Castro Ferro (Rio de Janeiro: Civilização Brasileira, 1962), p. 146.
[5] Charles Baudelaire, "O homem e o mar", in: *Flores do Mal*, trad. Delfim Guimarães, 2ª ed. (Lisboa: Livraria Editôra Guimarães & C.ª, 1924), p. 55-6.
[6] Fernando Pessoa, "Mar português", disponível em: <https://pt.wikipedia.org/wiki/Mar_Portugu%C3%AAs>.
[7] Renato do Vale, *Jonas: Quando o homem quer fugir de Deus* (Curitiba: Emanuel, 2018), edição Kindle.
[8] LEONB, "Tão Perto", *O sol há de brilhar mais uma vez* (2022).
[9] Armor D. Peisker, *Oseias a Malaquias*, Comentário Bíblico Beacon, vol. 5 (Rio de Janeiro: CPAD, 2005), p. 149.

## CAPÍTULO 8

[1] Herman Melville, *Moby Dick*, trad. Rogério W. Galindo (Rio de Janeiro: Antofágica, 2022), p. 484.
[2] Charles H. Spurgeon, *C. H. Spurgeon's Autobiography*, vol. 2, 1854-1860, disponível em: <https://www.princeofpreachers.org/uploads/4/8/6/5/48652749/chs_autobiography_vol_2.pdf>.
[3] Charles H. Spurgeon, "Jonah's Resolve, or 'Look Again'!", 14 de dezembro de 1844, *Metropolitan Tabernacle Pulpit*, vol. 30, disponível em: <https://www.spurgeon.org/resource-library/sermons/jonahs-resolve-or-look-again/>.
[4] Stênio Marcius, "E se...", *Canções à meia-noite* (2008).

[5] Melville, *Moby Dick*, p. 87-8.
[6] Carlo Collodi, *As aventuras de Pinóquio* (São Paulo: Autêntica Editora, 2021), p. 211.

## CAPÍTULO 9

[1] Jack London, *O lobo do mar*, trad. Daniel Galera (Rio de Janeiro: Zahar, 2015), p. 18.
[2] Ibid., p. 20.
[3] C. H. Spurgeon, *The Metropolitan Tabernacle Pulpit Sermons*, vol. 36 (Londres: Passmore & Alabaster, 1855-1917), p. 320.

## CAPÍTULO 10

[1] New Advent, "St. Ambrose", disponível em: <https://www.newadvent.org/cathen/01383c.htm>.
[2] "I Fioretti di San Francesco", disponível em: <http://centrofranciscano.capuchinhossp.org.br/fontes-leitura?id=2905&parent_id=2864>.
[3] Armor D. Peisker, *Oseias a Malaquias*, Comentário Bíblico Beacon, vol. 5 (Rio de Janeiro: CPAD, 2005).
[4] Phillip Cary, *Jonah*, Brazos Theological Commentary on the Bible (Grand Rapids: Brazos Press, 2008), p. 104.
[5] Antônio Vieira, *Sermão de Santo Antônio aos Peixes* (Lisboa: Guerra & Paz, 2020), p. 25-6.

## CAPÍTULO 11

[1] Ver Samuel Irenaeus Prime, *The Power of Prayer* (Nova York: Charles Scribner, 1859).
[2] Armor D. Peisker, *Oseias a Malaquias*, Comentário Bíblico Beacon, vol. 5 (Rio de Janeiro: CPAD, 2005).
[3] Ibid.
[4] Charles H. Spurgeon, citado em W. Y. Fullerton, "Charles Haddon Spurgeon: A Biography", cap. 8, disponível em: <http://www.romans45.org/spurgeon/misc/bio8.htm>.
[5] Phillip Cary, *Jonah*, Brazos Theological Commentary on the Bible (Grand Rapids: Brazos Press, 2008), p. 111.

## CAPÍTULO 12

[1] Eusebius, *Life of Constantine*, Clarendon Ancient History Series (Nova York: Oxford University Press, 1999), p. 80-1.

²Lactâncio, citado em Peter Leithart, *Em defesa de Constantino: O crepúsculo de um império e a aurora da cristandade* (Brasília: Monergismo, 2020), p. 78.
³Sêneca, *Tiestes*, tradução, notas e estudos de José Eduardo S. Lohner (Curitiba: UFPR, 2018), p. 66-9, versos 588-595, 607-612.
⁴Martin Luther, "The Second Sermon, March 10, 1522, Monday after Invocavit", *Luther's Works*, vol. 51, Helmut T. Lehmann (ed.) (Philadelphia: Fortress Press, 1957-86).

## CAPÍTULO 14

¹Miroslav Volf, *Exclusão e abraço: Uma reflexão teológica sobre identidade, alteridade e reconciliação* (São Paulo: Mundo Cristão, 2021), p. 21.

## CAPÍTULO 15

¹Emithir, "Fantasmas", *Não se trata de mim* (2021).
²Phillip Rieff, *O triunfo da terapêutica* (São Paulo: Brasiliense, 1990).
³@timkellernyc, 1º de dezembro de 2023, <https://www.instagram.com/timkellernyc/p/C0UmygMykjS>.
⁴Tudo sobre *sukkah* foi extraído de Philip Cary, *Jonah*, Brazos Theological Commentary on the Bible (Grand Rapids: Brazos Press, 2008), p. 139-146.

## CAPÍTULO 16

¹Agostinho, *Solilóquios e a vida feliz*, Patrística, vol. 11 (São Paulo: Paulus, 1998), p. 21.
²João Calvino, *A instituição da religião cristã* (São Paulo: Unesp, 2008), tomo I, p. 38.
³Fernando Pessoa, *Poesias inéditas: 1930-1935* (Lisboa: Ática, 1955), p. 111.
⁴Andrew A. Bornar, *Memoir and Remains of Robert Murray M'Cheyne* (Londres: The Banner of Truth Trust, 1966), p. 153.
⁵Santo Agostinho, *O De excidio Vrbis e outros sermões sobre a queda de Roma*, tradução, introdução e notas de Carlota Miranda Urbano (Coimbra: Universidade de Coimbra, 2013), p. 48.
⁶Herman Melville, *Moby Dick*, trad. Rogério W. Galindo (Rio de Janeiro: Antofágica, 2022), p. 88.
⁷Sanford C. Yoder, *He Gave Some Prophets* (Scottdale: Herald Press, 1964), p. 82.
⁸Charles H. Spurgeon, "Jonah's Objetc Lessons", 11 de junho de 1885, *Metropolitan Tabernacle Pulpit*, vol. 43, disponível em: <https://www.spurgeon.org/resource-library/sermons/jonahs-object-lessons/#flipbook/>.

## CAPÍTULO 17

[1] Jérôme Ferrari, *O sermão sobre a queda de Roma* (São Paulo: Editora 34, 2013), p. 16.
[2] Ver B. B. Warfield, *The Emotional Life of Our Lord* (Wheaton: Crossway, 2022).
[3] Ver Yago Martins, *A máfia dos mendigos: Como a caridade aumenta a miséria* (Rio de Janeiro: Record, 2019).
[4] C. S. Lewis, *O peso de glória* (Rio de Janeiro: Thomas Nelson Brasil, 2017), p. 166.
[5] Na mitologia de Tolkien, anão é uma raça e seu plural é "anãos", não "anões".
[6] J. R. R. Tolkien, *A Sociedade do Anel*, O Senhor dos Anéis, Parte I, trad. Ronald Kyrmse (Rio de Janeiro: HarperCollins, 2022), p. 503-4.

## CAPÍTULO 18

[1] James Bruckner, "Introduction to Nahum", in: *Jonah, Nahum, Habakkuk, Zephaniah*, NIV Application Commentary (Grand Rapids: Zondervan, 2004).

## CAPÍTULO 19

[1] C. S. Lewis, *Letters to Malcolm: Chiefly on Prayer* (Londres: Geoffrey Bles, 1964), disponível em: <https://gutenberg.ca/ebooks/lewiscs-letterstomalcolm/lewiscs-letterstomalcolm-00-h.html>.
[2] Jack London, *O lobo do mar*, trad. Daniel Galera (Rio de Janeiro: Zahar, 2015), p. 29.

## CAPÍTULO 21

[1] Benjamin Foster, *Before the Muses: An Anthology of Akkadian Literature* (Bethesda: CDL Press, 2005), p. 817.

## CAPÍTULO 23

[1] José Lúcio de Azevedo, *O Marquês de Pombal e sua época* (Annuario do Brasil, Seara Nova, Renascença Portuguesa: Rio de Janeiro, Lisboa, Porto, 1922), p. 142.
[2] Carl E. Armerding, "Nahum 3:14", in: John H. Walton, Carl E. Armerding e Larry L. Walker, *Jonah, Nahum, Habukkuk, Zephaniah*, The Expositor's Bible Commentary (Grand Rapids: Zondervan Academic, 2017).
[3] Agostinho, sermão 81, de 8 de dezembro de 410, citado em Jérôme Ferrari, *O sermão sobre a queda de Roma* (São Paulo: Editora 34, 2013), epígrafe.
[4] Domingos Amaral, *Quando Lisboa tremeu* (São Paulo: Casa das Letras, 2015), p. 146-7.

## CAPÍTULO 24

[1] James Bruckner, "Nahum 2.11-13", in: *Jonah, Nahum, Habakkuk, Zephaniah*, NIV Application Commentary (Grand Rapids: Zondervan, 2004).

## CAPÍTULO 25

[1] A Banda Mais Bonita da Cidade, "Já vai passar", *Maré alta, enfim* (2023).
[2] Ver C. S. Lewis, *Perelandra*, Trilogia Cósmica (São Paulo: WMF Martins Fontes, 2011).
[3] James Bruckner, "Nahum 3.8-13", *Jonah, Nahum, Habakkuk, Zephaniah*, NIV Application Commentary (Grand Rapids, Zondervan, 2004).
[4] Ibid.
[5] Stênio Marcius, "Está consumado", *Está consumado* (2013).

# AGRADECIMENTOS

Este livro existe por causa de pessoas que não fogem, mesmo quando tudo em volta parece se despedaçar. O pastor Valberth Veras foi meu professor e deão acadêmico no seminário. Não apenas formou meu caráter e minha teologia em suas aulas, mas sobretudo guiou os rumos do meu ministério por meio de sua aguçada leitura dos momentos sociais, a partir da cosmovisão cristã. Foi quem primeiro lutou para que eu me tornasse pastor e enfrentou julgamento de seus pares por fazer de um aluno ainda por se formar seu auxiliar, não só no seminário como na igreja local. Sem ele, não saberia o que poderia ter me tornado. Foi no púlpito da igreja que ele pastoreia há anos que pude ensinar sobre a tolice de fugir de Deus refugiando-se em ruínas mundanas.

No meu primeiro mês como pastor na Igreja Batista Maanaim, o missionário Tiago Alexandre fez quatro exposições do livro de Jonas, com ênfase no engajamento missionário e na necessidade dos povos distantes. Nos anos seguintes, pude não apenas testemunhar, mas participar do envio do Tiago, de sua esposa, Germana, e de seus filhos para o campo missionário transcultural. O testemunho da família aqueceu meu coração para a importância do chamado missionário e para a força necessária à obediência. Eles mantêm acesa, em meu coração, a chama missionária que norteou o conteúdo deste livro.

Davi Vitor servia como voluntário na Missão GAP havia alguns anos quando decidiu ir para o seminário. Seu talento para cuidar de pessoas foi se tornando cada dia mais evidente, não apenas pela capacidade técnica acumulada com a formação em psicologia, mas também pelo espírito manso e dedicado para lidar com quem sofria com as ruínas que as batalhas da vida provocavam na alma. Quando o convidamos a compor a equipe pastoral da Maanaim, ele aceitou com garra, e tem vivido um ministério de muita fidelidade e sacrifício. Sem ele, eu não teria tempo para me dedicar à pregação.

Daniel Faria se tornou uma grata surpresa na minha vida. Seu trato editorial torna meus textos não apenas mais bem escritos, mas mais bem voltados à edificação da igreja. Ele tem acreditado em meus projetos de um modo ímpar, o que me mantém alegre quando uma nova ideia de obra surge. Matheus Fernandes tem prestado um trabalho de preparação em vários dos meus livros que vão muito além de mera assistência. Muito do que escrevo só existe por causa de suas contribuições. Alana Lins me recomendou a leitura de "A terceira margem do rio", de João Guimarães Rosa, durante o tempo que expus o livro de Jonas na igreja. O texto não foi apenas útil para esta obra, mas alento de boa literatura no meio das labutas pastorais.

Em todos estes anos, a Isa nunca quis fugir. Ela não apenas formou o homem que sou, mas aceitou criar mais de quem somos através de nossos filhos, Catarina e Bernardo. Ela tem sido um porto seguro diante das Nínives da vida, e uma memória diária de que Deus sempre distribui generosamente graça e bondade sobre filhos imperfeitos. Ela é coautora de cada boa ideia que já escrevi e uma catedral de fé diante de um mundo tão despedaçado.

Por fim, e certamente mais importante, este livro, seu autor e todo o universo onde ele foi escrito só existem porque Deus não foge de nós, mas nos atrai com amarras de amor. Sou grato porque seu amor sempre prefere me arruinar a me deixar fugir. Que seus olhos de misericórdia permaneçam sempre sobre nós.

## SOBRE O AUTOR

Yago Martins é mestre em Teologia Sistemática pelo Instituto Aubrey Clark, bacharel em Teologia pela Faculdade Teológica Sul Americana e pós-graduado em Escola Austríaca de Economia pelo Centro Universitário Ítalo Brasileiro e em Neurociência e Psicologia Aplicada pela Universidade Presbiteriana Mackenzie. Autor de outros vinte livros, é pastor na Igreja Batista Maanaim em Fortaleza desde 2015 e trabalha desde 2009 com evangelismo de estudantes secundaristas e universitários na Missão GAP, sendo presidente do conselho diretor desde 2016. Atuante na popularização de teologia na internet, apresenta o canal Dois Dedos de Teologia no YouTube. É casado com Isa Martins e pai de Catarina e Bernardo.

Compartilhe suas impressões de leitura,
mencionando o título da obra, pelo e-mail
**opiniao-do-leitor@mundocristao.com.br**
ou por nossas redes sociais

Esta obra foi composta com tipografia Adobe Text Pro
e impressa em papel Pólen Natural 70 g/m² na gráfica Santa Marta